Willy Peter Müller
Das Alphabet der Traumdeutung

Willy Peter Müller

Das Alphabet der
Traumdeutung

Psychologie und Parapsychologie

Bibliografische Information der Deutschen Nationalbibliothek:
Die Deutsche Nationalbibliothek verzeichnet diese Publikation
in der Deutschen Nationalbibliografie, detaillierte bibliografische
Daten sind im Internet über http://dnb.dnb.de abrufbar.

© 2016 Willy Peter Müller (www.traumpsychologie.de)
Herstellung und Verlag: BoD – Books on Demand, Norderstedt
Layout und Satz: Katharina Jüssen
Hirsch-Foto auf dem Umschlag von Georg May
Weltall-Foto von
NASA, ESA and the Hubble Heritage Team (STScI/AURA)
Hirschfoto innen von Jetti Kuhlemann

ISBN 978-3-7412-2301-3

INHALT

Einführung 11

Abtreibung und bedrohte Schwangerschaft 13
Abwehrmechanismen 17
   Adoption: vgl. → Kuckuckskind 153
Aggression 20
Albträume 25
Ambivalenz 30
Amplifikation 33
Angstträume 34
Anima 37
Animus 39
Arbeitswelt 40
Archetypen 41
Artemidor von Daldis 49
Assoziationen 52
   Auto: siehe → Fahrzeuge im Traum 78
   → Körperliches im Traum 147

   Baum: siehe → Pflanzenträume 174
   Blumen: siehe → Pflanzenträume 174
Buch 54
   Buchstaben: siehe → Zahlen 310

   Chakren: siehe → Farben 81

Déjà-vu-Erlebnis 56
Destination 59

Engel: siehe → Erleuchtungsblitze 72
Erinnern der Träume 60
Erleuchtung 67
Erleuchtungsblitze im Traum (Eingebungen) 72

Fahrzeuge im Traum 78
Fallen 80
Farben 81
Fliegen 85
   Forscher-Träume: siehe → Erleuchtungsblitze 72
   Frau, männlich: siehe → Penisneid 171
Frauenträume – gibt's die? 87
Freud, Sigmund 91

   Ganzheitssymbole: siehe → Erleuchtung 67
Geburtsträume 101
   Gras: siehe → Pflanzenträume 174

Haus-Träume 110
Historisches 113
Homosexualität 122

Ich 123
   Identität: vgl. → Kuckuckskind 153
   Indianer: siehe → Schamanen und Träume 194
      → Unbewusstes 273

Jung, Carl Gustav 126
Jung-Freud-Gegensatz 132
   Karma: siehe → Schuld 202
      → Wiedergeburt 297
Kind im Traum 134
Kinderträume 135
   Klarträume: siehe → Luzides Träumen 157
      → Positives Denken 176

Kleidung 138
Kollektivträume 140
Komplementärträume 141
Komplex 143
Komplexwanderung 144
Kompromissbildung im Traum 146
Körperliches im Traum 147
Kuckuckskind. 153

Latenter Trauminhalt 156
Lebenslauf 156
    Lüge: vgl. → Kuckuckskind. 153
Luzides Träumen 158

Magersucht 159
Manifester Trauminhalt 162
Männerträume 163
    Medizinmann: siehe → Schamanen und Träume 194
Muttertabu. 165

Nacktheitsträume 168
    Nahtoderlebnisse: vgl. → Erleuchtungsblitze 72
    Objektstufige Traumdeutung 169

Penisneid 171
Pflanzenträume 174
Positives Denken 177
Prüfungsträume 183

Regeln der Traumdeutung 184
    Religiöse Träume: siehe → Erleuchtung 67
REM-Phasen 188
Rezentes Material. 192
    Rollen: siehe → Kleidung 138

Schamanen und Träume. 194

7

Schicksal 199
Schuld 202
Schwangerschaftserinnerungen 207
   Schwimmen: siehe → Wasser 296
Seniorenträume 212
Sexualität im Traum. 216
Sexualstörung 218
Sinn-Antworten. 220
Stellvertretung. 225
Subjektstufige Traumdeutung. 229
   Suggestion: siehe → Positives Denken. 177
                  → Luzides Träumen 158
Symbol 232
Symbolik 235
   Symbolisierungszwang: siehe → Wiederholungszwang 306
Synchronizität 237
Systemische Psychologie 239

Tat twam asi 241
Teppichträume 242
Themenrangfolge in Träumen. 244
Tibetisches Totenbuch. 245
Tiere im Traum 247
Tod im Traum 253
Toilettenträume 257
Trauer und Trost 259
Traumentstellung 263
Traumfinale 264
Traumkomprimierung 265
Traumquellen. 266
Traumserie. 268
Traumtheorien 270
Traumverschiebung 272
   Trost: siehe → Trauer und Trost 259

Unbewusstes 273
Vatertrauma................................. 287
Verarbeitung 290
Verfolgungstraum 291
   Verstrickung: siehe → Systemische Psychologie...... 239
Visionen 293
Vogelträume................................. 293
   Wald: siehe → Pflanzenträume 174
   Warnträume: vgl. → Zukunftsträume 317
Wasser...................................... 296
Wiedergeburt und Karma 297
Wiederholungszwang......................... 306
Wunschtraum................................ 308

Zahlen und Buchstaben 310
Zahnträume 313
   Zeit im Traum: siehe → Zukunftsträume 317
Zensur im Traum 316
Zukunftsträume 317

Anmerkungen 326
Literaturauswahl zur Traumsymbolik 329

„Das Leben und die Träume sind Blätter eines und des nämlichen Buches.
Das Lesen im Zusammenhang heißt wirkliches Leben."

(Arthur Schopenhauer, Die Welt als Wille und Vorstellung, Buch 1, §5)

Einführung

Es gab Zeiten, in denen uns große Philosophen erklärten, der Mensch sei ein Vernunftwesen. Dann kamen andere Zeiten, in denen uns Wissenschaftler erklärten, der Mensch sei ein Triebwesen. Welch ein Gegensatz. Sigmund Freud ist nicht der erste, aber der bekannteste Entdecker des Unbewussten. Er betonte nicht nur die Macht der Triebe, sondern er deckte auf, dass generell das Unbewusste uns entscheidend motiviert. Zum Verständnis des eigenen Unbewussten, dieses ungeheuren Motors, ist der Traum das geeignetste Mittel. Dass Freud als Hauptantriebseinheit dieses Motors die „sexuelle Libido" glaubte entdeckt zu haben, ist ein anderes Thema, auf das wir unter dem Stichwort Sigmund Freud eingehen werden. Die sexuelle Revolution hat nicht das erhoffte Ergebnis gebracht; die seelischen Krankheiten, auch alle Arten von subtiler Verdrängung, scheinen heute noch zahlreicher in der Gesellschaft zu sein als früher. Die Rolle des „Unbewussten" herausgearbeitet zu haben, das ist Freuds bleibendes Verdienst. Auch den Ablauf der Traumproduktion nüchtern wie ein Techniker beobachtet und beschrieben zu haben, ist eine besondere Leistung von ihm. Seine Hintergrunderklärung der Träume aber – es handele sich immer um einen Wunsch – ist genauso relativ und subjektiv zu sehen, und natürlich auch interessant, wie viele andere Traumtheorien.

Seit Menschengedenken gibt es unterschiedliche Vorgehensweisen, das Mysterium des Traumes zu verstehen. Das Geheimnis des Traumes ist nicht erst seit Sigmund Freud entdeckt, mit seinem Buch „Die Traumdeutung" von 1900. Auch Carl Gustav Jung kann als Vater der modernen oder wissenschaftlichen Traumdeutung angesehen werden. Seine Forschungen über das „Kollektive Unbewusste" sind bahnbrechend. Die Sprache des

Traumes ist nach ihm die der „Archetypen", das sind Erz- und Hauptsymbole. Diese benutzen im Prinzip alle Menschen, ohne sie irgendwo gelernt zu haben. Auf Jungs Werk fußt aber, wichtiger noch, die Erkenntnis, dass Komplexe wandern können. Von einem Menschen zum andern, über Generationen hinweg können seelische Inhalte, besonders schwerwiegende Traumata, überliefert, mitgeteilt, weitergegeben werden. Dabei sind die Wege, Drähte, Sendungen zwar sicher zu erschließen, am Ergebnis nämlich, aber über ihr Wie und das Funktionieren gibt es noch keine abgesicherte, verbindliche Erkenntnis. D. h. unsere Träume können auch im Einzelfall aus anderen Quellen kommen als aus dem persönlichen Erlebnis. Diesen Ansatz greift die Systemische Familientherapie auf, die die ‚Macht des Clans' auf das einzelne Gruppenmitglied, den sogenannten Indexpatienten, untersucht und feststellen muss, dass man auch mit dem Schicksal anderer Personen, Angehörigen verstrickt sein kann. Und zwar besonders im Unbewussten, d. h. nicht selten im erinnerten Traum.

Früher sagte man „Mir träumte" und noch früher „Ich wurde geträumt" – das ist ein Hinweis für unsere Erkenntnis und unser weises Eingeständnis: Gegen Träume kann man sich nicht wehren. Das ist keine Ohnmacht, sondern ein Geschenk, denn so ergibt sich auch die Möglichkeit, dass überraschende, großartige Einsichten sich in unsere Träume schleichen können. Einem ungehobenen Schatz begegnen wir in der Nacht. Der Kundige kann das wertvolle Mineral zutage fördern.

A

Abtreibung und bedrohte Schwangerschaft

Der Foetus bzw. der Embryo speichert alle Erfahrungen, darunter besonders diejenigen, die seine Existenz und Sicherheit im Mutterbauch bedrohen. Der Foetus „reagiert" – vergleichbar mit anderen Lebewesen, etwa Tieren, die nach unserem Verständnis kein Bewusstsein haben. Er reagiert bei Lärm, Stress, Liebe, Zuspruch, er reagiert auf Hormonzustände, Nahrungsbestandteile, Medikamente. Vieles dieser Art hat die Pränatalforschung schon bewiesen.

Die Frucht stellt eine Symbiose mit der Mutter und der Mutterseele dar. Der Foetus „flieht", im Ultraschallbild, wenn die Fruchtblase punktiert wird. Im Krieg fühlt er die gleichen Ängste wie seine Mutter; er kann deren Kriegserlebnisse später träumen. Insbesondere reagiert er, wenn die Sicherheit und Dichtheit seiner Behausung bedroht ist. D.h. wenn eine Abtreibung oder eine Fehlgeburt droht. Abtreibungsattacken massiver, aber auch sanfterer Art registriert er. Auch der Foetus hat, wie alle Lebewesen vor oder nach der Geburt, den zentralen Inhalt: Überlebe ich oder muss ich sterben?! Die Wege selbst, wie das pränatale Wissen entsteht, können von der Wissenschaft noch nicht ausreichend plausibel genug erklärt und beschrieben werden. Als Ergebnis jedoch ist manifest, dass ein Mensch in seinen Träumen die Erfahrung hat, darstellt und ausagiert, nicht selten in schlimmen Albträumen: dass er und wenn er in der Uteruszeit den Tod erleben sollte. Noch weniger erklärlich, aber dennoch unübersehbar, ist das Phänomen, dass ein Mensch die uteralen Todesfälle in Vorstufen in seinen Träumen präsent hat. Das meint: Wenn vor der Einzeugung, Geburt, Existenz eines Menschen ein anderes

A Kind, speziell ein Geschwisterkind, als Frucht im Bauch bereits gestorben ist, taucht dieses Thema im Traum als des Träumers Tod auf. Abtreibungs-Tode früher, also in Vorstufen, legen ihre Erinnerungsmatrix auf das folgende Kind. Der Tod einer Frucht zuvor wird meist als eigenes Trauma geträumt, nur manchmal über das Geschwister-Symbol. Das betrifft auch Vor-Kinder, die etwa im ersten Lebensjahr starben und wovon das spätere Kind aber keinerlei bewusste Nachricht hat. – Hier ist Anlass zu einer Nebenbemerkung, dass es „Ersatzkinder" gibt, welche so schnell wie möglich, als neue Zeugung, den Verlust eines Babys „ersetzen" sollen, möglichst noch mit demselben Namen. Dies Los ist für das Ersatzkind ein schweres Schicksal, auch wenn die Geschichte nur unbewusst, offiziell nicht bekannt ist. Dem Unbewussten entgeht nichts. Die Wahrheit sowie die Trennung von der falschen Belastung, fatalen Rolle, Erwartung sind für das Ersatzkind angezeigt und erstrebenswert.

Die tödliche Bedrohung im Mutterleib wird als Angst/Trauma/Stress für verschiedene Lebenssituationen später bewahrt. In der entsprechenden Erinnerungsmatrix ist jedoch nicht einfach zu trennen, ob ein tatsächlicher Abtreibungstod in früherer, verwandter Inkarnation, vorlag, ob nur manifeste, aber erfolglose Abtreibungsattacken in der eigenen pränatalen Zeit vorlagen oder ob nur ein Abtreibungs- und Vernichtungswunsch von elterlicher Seite vorlag. Die Hoffnung einer Frau, dass eine unerwünschte Schwangerschaft denn doch nicht zum Endergebnis Kind führe, ist nicht selten. Wenn nur Absichten, geheime Wünsche oder auch Wut über die Schwangerschaft bei der Mutter vorlagen, kann sich das in Traumbildern vom bösen Raubtier zeigen. „Löwin, Tiger", großer „bissiger Hund" oder „Haifisch" als Archetyp können die Mentalität der Schwangeren zeigen, nämlich Hass und Abwehr gegen die Frucht. Sehr sprechend ist das Traumbild, dass der Schwimmer in einem Bach oder

Flusslauf davongetragen wird, untergeht, d.h. wörtlich „abtreibt". „Wassereinbruch" in die eigenen vier Wände im Traum stammt gern von einem Bedrohtsein der uteralen Schutzhülle. Haus, Wohnung, Zimmer, Auto, Zug, Bus können den Bauch der Schwangeren darstellen. Eindringlinge, Einbrecher und Einbruch allgemein sind typische Bilder für eine gefährdete Schwangerschaftszeit. Auch „Fliegen oder Insekten" im Traum, und zwar an den Wänden oder unter dem Dach, verweisen auf einen unsicheren, stressigen und aversiven Aufenthalt im Uterus. Hornissen und besonders „Wespen" mit ihrer todesgefährlichen Alarmfarbe verraten zuweilen, dass es eine handgreifliche Abtreibungsattacke gab. Sie sind weibliche Tiere und können „stechen", sic. Eine Mutter, die wütend mit einem Spaten zuschlägt im Traum, kann eine Abtreiberin sein. Auch eine Frau mit allerlei gefährlichem Werkzeug, z.B. Messer u.a., kann eine Abtreiberin verraten. „Schläge" sind ebenfalls sprechend, z.B. für eine Schwangere, die per Schlagen auf den Bauch oder mit Hilfe von Fahrradfahren oder Eisenbahnschwellen, also mit „Erschütterungen", die Frucht verlieren wollte.

Die Mentalität einer Mutter, die die Schwangerschaft nicht will und bei der Geburt lieber aussteigen würde, verrät sich in dem Traumbild, dass diese Frau quasi „männlich" ist oder männliche Attribute aufweist. Dies soll die Information darstellen: es fehlt an Weiblichem, Mütterlichem.

Der gedachte, unausgelebte Hilferuf eines Foetus, um einen tödlichen Abgang vor der Geburt zu vermeiden oder sich gegen eine abtreibende Person zu wehren, kann sich im Traum in folgender Szene offenbaren (und vielfach wiederkehren): statt Rufen, Artikulieren kommt es nur zu einem Stammeln, Röcheln, Stimme-Versagen; weder Polizei noch sonst eine Person können erreicht werden; das Telefon funktioniert nicht, oder die Telefon-

A nummern sind alle falsch. Man ist überraschend hilflos! Und tatsächlich, so war es auch, damals. Einbrecher-Symbole mögen später den Träumer bedrohen, oder seine Wände wackeln, stürzen zusammen, oder eine Bestie draußen ist losgekommen.

Typisch für Abtreibungsinhalte, ob nun als Fakten oder als Ängste, sind auch Szenen rund um die Toilette, genauer das Toilettenbecken. Was geht in einer solchen „Toilettenschüssel" wirklich ab und unter? „Eimer" generell und das „Wegschütten" und „Abziehen" gehören auch hierhin. Toiletten, Kleintonnen, auch abdeckende Tücher nehmen das Geheimnis von Abtreibungen auf. Doch dass niemand die Geschichte mitbekommt ist eine Illusion. Rudolf Steiner, der Anthroposoph, sagt intuitiv oder hellseherisch, etwa dies: Abgetriebene Seelen versuchen es sofort wieder neu... Das bedeutet auch, dass viele Seelen Mengen von vorherigen Abtreibungen in sich tragen, besonders in atheistischen Staaten. Der Kundige weiß, welche Unzahlen von Abtreibungen z.B. im kommunistischen Moskau, Bukarest oder Magdeburg täglich stattgefunden haben; Abtreiben galt als Form der Verhütung. Manche Menschen könnten ihre seelischen Störungen verstehen und heilen, wenn sie sich ihr Abtreibungstrauma bewusstmachen könnten! „Alle Ängste sind Varianten der Todesangst", sagt Sigmund Freud. Nicht wenige der alltäglichen Ängste stammen aus der Todesangst der bedrohten Frucht. Müllsäcke, mit großem Volumen, von abgetriebenen Körpern fielen real in den genannten atheistischen Krankenhäusern täglich an, so berichten Krankenschwestern. Ähnlich wie die Geburtstraumata liegen Abtreibungserinnerungen in den Bodensatz-Ecken nicht weniger träumender Seelen.

Vgl. auch: → **Schwangerschaftserinnerungen**,
→ **Geburtsträume** und
→ **Toilettenträume**

Abwehrmechanismen

Eine verbreitete Form des Abwehrmechanismus ist es, die Schuld auf andere zu schieben oder auch auf sich selbst, oder wiederum seine Eltern in der Ursachen-Falle zu halten. Leider, so würde Nietzsche kommentieren, ist die „Unschuld des Werdens" verlorengegangen. Schuld zuweisen entlastet wohl enorm. Z. B. wenn man in der Trauerarbeit weiß oder zu wissen glaubt, wer am Tod eines Menschen „schuld" ist – dann tut das erfahrungsgemäß gut, kann jedenfalls den Schmerz etwas mildern; man hat eine Erklärung; Unkenntnis dagegen macht Stress. Im Traum läuft es ein Stück weiser ab: Statt Schuld finden wir oft eine neutrale Ursache vor, eine Bestandsaufnahme ohne Wertung, und zwar auf beiden Seiten ‚gerecht verteilt', d.h. die Ursachen an unseren Mitmenschen wie auch an uns selbst werden klar erkannt (wenn auch symbolisch, gleichnishaft). Im Gegensatz zur Realität oder zu unserer Ego-Manie täuschen die Träume nicht, sie sind objektiver, sie weisen nicht aus egoistischen oder unlauteren Motiven Schuld zu.

Die Träume helfen unserer Selbsterfahrung, indem sie unsere unbewussten Abwehrstrategien erläutern, darstellen, offenlegen. Eine häufige Form der Abwehr von Frustration und Leid ist die Aggression. Entgegen unserer sonst nicht seltenen Verdrängung zeigen die Träume, dass wir manifest wütend und aggressiv sind. Die Aggression, als Gegen-Aggression desjenigen, der verletzt wird, ist eine natürliche und normale Reaktion. Doch oft im Leben ist uns das angemessene Objekt unserer Gegen-Reaktion entwischt, entflohen. Das versetzt den Menschen in Aufregung, Nervosität, in eine große Trieb-Frustration. An so etwas kann man krank werden. Im Traum schlägt sich das als Albtraum nieder: Das Opfer hat keine Option irgendeiner Gegenwehr. Es bleibt quasi dabei stehen, dass es Aggression erfahren hat und Angst hat. Könnte man ‚zurückschlagen', hätte der Albtraum seine magische Quelle verloren. Rache, Gegenreaktion aufgeben muss man jedoch oft im Leben – wenn man sich nicht an anderen Personen, an Stellvertretern rächt. U.a. in der Kindheit unterbleibt oft die Gegenreaktion – schon weil man unterlegen, schwächer ist. Hier haben wir generell die große Lebensaufgabe des Verzichtens, Aufgebens, Lassens vor uns, vielleicht aus ethischen Gründen, aber auch weil uns eine entsprechende Gelegenheit für eine Aktion fehlt. Therapeutisch empfiehlt sich hier das Delegieren der Gegenreaktion, beispielsweise religiös: „‚Mein ist die Rache', spricht der Herr".

Nicht-abgeführte Gegenreaktion, gestaute Triebenergie kann grundsätzlich fatale Folgen haben: z.B. Größenwahnsinn – Depression – Mord – Suizid. Dagegen ist direkte „Rache" entlastend und „süß", wenn auch oft genug oder natürlicherweise destruktiv.

Verbreitete Muster der Abwehrstrategien sind: Verdrängen, Vergessen, Verarbeiten, Kompensieren, Lügen. Irrtümliche oder auch abgestrittene Formen der Abwehr werden am Ende eines Traumes in der Regel demaskiert. Sie eröffnen Platz für eine bessere Wahrheit oder zeigen das bereits im Traumfinale: ein typisches Motiv ist hier der „Verzicht". Er ist tatsächlich heilsam, denn er löst, befreit. Verzicht, auch auftretend als ethisches „Verzeihen", lässt Vergangenheit großmütig hinter sich.

Die Abwehrmechanismen und -absichten führen im Unbewussten, und also auch im Traum, ein Eigenleben, das betrifft besonders die entsprechenden Anstrengungen, Versuche, die ohne Befriedigung geblieben sind. Klassisch kennen wir das bei den Folgen einer Traumatisierung; Die unausgelebten Gegenreaktionen leben und wirken weiter als Optionen, Komplexe,

Besetzungen. Dann kann z.B. die Persönlichkeit später aus zwei, drei Schattengeistern bestehen, da wird die Spaltung unter den damals unterbliebenen Gegenreaktions-Möglichkeiten offenbar. Ausgelassene Optionen und Tatwünsche können sich auch später in neurotischen, psychotischen Auffälligkeiten zeigen (in scheinbar skurrilem Ersatzverhalten). Zum Glück liefert der Traum dann die Gründe zum Ersatzverhalten, er verbindet den Ersatz mit dem Ersttrauma zurück. Z.B. beim Missbrauch hätte das Kind damals theoretisch über einige optionale Gegenreaktionen verfügt – sie leben später als mehrere, sich widersprechende Verhaltensweisen weiter, losgelöst, leider abgespalten von der Ursache, wie bei einer multiplen Persönlichkeit.

„Ausagieren" ist ein häufiger Abwehrmechanismus, nicht nur destruktiv, sondern psychologisch-energetisch auch gesund. Typisch ist das Ausagieren in der Verschiebung. Die Energie wird in ein großes Werk, in Leistung übergeführt; hier sprechen wir von Sublimation, Transformation. Aber auch in Destruktion und Hass hinein wird ausagiert. Unkontrolliert, aktiv, passiv, autoaggressiv oder projizierend kann der Mensch etwas „ausagieren" (das Tier nicht anders). Sich Luft machen ist das oberste Ziel, spätestens im Traum meldet es sich.

Andere verbreitete Abwehrmechanismen sind das Verharmlosen und das Pseudo-Rationalisieren, das Intellektualisieren – sie kann man schon als Tricks bezeichnen (auf die der Zuhörer hereinfällt). Es gibt auch diese Auswege: Idealisierung oder Omnipotenzstreben (oben als „Größenwahn" bezeichnet); auch der Narzissmus oder der Minderwertigkeitskomplex sind (wenn auch fatale) Lösungen. Etwas hysterisch oder manisch als ungeschehen anzusehen oder sich betont altruistisch zu geben: auch solche Verhaltensweisen können im Dienste einer Abwehrstrategie stehen. Meist geht es um die Abwehr der eigenen wahren

Emotionen. Oder sich zu unterwerfen, sich anzubieten ist ebenfalls eine ‚Lösung'. Auch alles ins Lächerliche zu ziehen: Humor, Komik und Satire plus Zynismus als Verarbeitungsstrategien. Manche Menschen docken, hängen, biedern sich überall an oder werden Extrem-Fan von irgendetwas: hier geht es um Anlehnung als Abwehrstrategie. Fehlerhafte Identifikation, auch Sadismus und Masochismus, können als Abwehr entlastend wirken. – Trocken und nüchtern klärt der Traum die geheimen Strategien, besonders die ersatzartigen, die nicht eigentlich authentischen Abwehrtricks auf. Der Traum desillusioniert. Er zeigt hinter den tausend Abwehrstrategien die Wahrheit auf. Was schmerzt mich eigentlich? Über was trauere ich in Wahrheit? Was wünsche ich geheim? Solche Fragen beantwortet der Traum – unabhängig von der gewählten Abwehrstrategie im Bewusstsein. Die „abgewehrten" Emotionen tauchen im Traum auf: das ist Aufklärung und Heilungsschritt.

Adoption:

vgl. → Kuckuckskind

Aggression

Sigmund Freud hatte in seinen theoretischen Ansätzen zur Erklärung der Aggression wechselnde Modelle. Es beschäftigte ihn z. B., ob die Aggression ein eigener Trieb sei oder eine Zutat zum Sexualtrieb, Überlebenstrieb und ähnlich. Als Beiwerk wäre die Aggression so zu erklären: Wenn der Mensch seine Ziele nicht leicht und direkt erreichen kann und wenn andere, z. B. Konkurrenten, ihn stören, dann erst setzt er seine Aggression ein, die dann primär nur als Steigerung der Aktivität zu sehen wäre. Wenn er „machen" kann, wie beliebt, wenn er also Macht hat, braucht er zur Durchsetzung seines Willens keine

Aggression einzusetzen. Weil dann das Machen unproblematisch ist, streben übrigens alle nach dominanter Position (Erklärung des Machtstrebens).

Das Verb zum Begriff aggressio heißt ag-gredi und meint wörtlich: herangehen, sich nähern; man kann ergänzen: mit dem Willen, am Zielpunkt eine Aktion durchzuführen, beispielsweise Nahrung aufnehmen oder Sex betreiben oder was auch immer. Aggression ist das Mittel oder das Phänomen, wie und warum aus dem friedlichen Herangehen (um etwas tun zu wollen) ein kämpferisches Herangehen wird. Ein Krieg bricht aus, wenn zwei Parteien verschiedene Ansichten haben, verschiedenen Willen haben, verschiedene Ziele haben. Das soll, wie unter Männern üblich, per Duell, per Krieg entschieden werden. Wenn eine Partei gänzlich nachgibt, gibt es keinen Widerstand, keine Aggression, keinen Krieg. Aggression ist also dann normales Handeln-Wollen unter Kampfbedingungen.

Aggression ist auch ein Ausdruck von unbewusster oder versteckter oder verleugneter, ursprünglich psychischer „Ablehnung". D.h. die körperliche Aggressivität gehört zu mentaler Antipathie. Oder sie ist auch gern ein Ausdruck von Frustration an anderer Stelle, ein Ersatz gegen ein Ersatzopfer, eine Erregungsabfuhr gegen ein (verwechseltes, stellvertretendes) Projektionsopfer. Viele Quellen, Gründe gibt es, um die Durchsetzung des Willens kämpferisch, gewaltsam, aggressiv zu gestalten oder werden zu lassen. Aggression ist in der Traumsymbolik bevorzugt „männlich" – was aber nicht ausschließt, dass in der Realität auch Frauen aggressiv sein können oder Frauen die Aggressionstäter hinter dem Symbol sind. Besonders die offene, direkte Aggression ist männlich, zu ihr gehören daher die Kriegsgötter Mars, Ares, Thiu.

A Aggression, wie ihr Umschlag in Angst, kommt in Träumen oft vor. Der Traum bevorzugt „Tiere" als Illustrierung der Aggression. Das Tierische, Animalische, Raubtierartige im Menschen ist der Sitz seiner Aggression. Zu nennen sind: Löwe, Tiger, Hund/Wolf, Schlange, Spinne, Krokodil/Drache/Lindwurm, Fluss- oder Nilpferd, Wespen (seltener Hornissen), auch das Rattenartige und sogar etwas wie Mäuse. Mäuse sind aber nur deshalb angstmachend, weil sie wie unheimlich im Loch verschwinden, nicht zu packen sind und wie auch der dunkle Keller einer anderen Dimension angehören (dem Nicht-Licht). Wie kleine Echsen können Mäuse übrigens gelegentlich sogar abgelehnte Schwangerschaft ausdrücken.

Die weibliche Aggression, z.B. die von Mutter oder die einer wütenden Medea, konstelliert gern im Archetyp „Die Schöne und das Biest"; da führt die Frau eine gefährliche Bestie (Tigerin, Löwe) mit sich. Gegenüber Männern entspricht weibliche Aggression auch gern dem Typus der jungfräulichen Pallas Athene (weisheitsorientiert, kriegerisch und betont Vatertochter seiend) oder noch mehr dem Typus Artemis/Diana: das ist die Herrin der wilden Tiere und Berghöhen, sehr männerfeindlich, fast schon wie die männer-bekämpfenden Amazonen. Diese Frauen brauchen und wollen Männer partout nicht. Es kann bei Frauen wie Männern immer auch der C.G. Jungsche „Schatten" aggressiv gegen das andere Geschlecht sein. U.a. als Animus und Anima. Das ist und wirkt wie eine Besetzung oder eine uralte schlechte Erfahrung.

Die männliche Aggression zeigt sich gern in den Symbolen Jagen, Schießen, Dominanz-Haben, Angst-Machen (Drohen), Rennwagen-Fahren (oder Motorrad, Traktor), Töten. „Töten" ist im Übrigen eine Art Kern oder Superlativ von Aggression, nicht etwas ganz Anderes/Fremdes. Herangehen (aggredi) >

Aggression > Töten: das ist die Kette, die logische Klimax. – Hier ist aber darauf hinzuweisen, dass der Archetyp „Töten" in der Traumsymbolik gern auch für den sexuellen Vollzug steht, also oft eine ganz andere Bedeutung hat. –

Beim Mann ist der Zusammenhang von Aggression und Sex ein besonderer. Hormonell sind beide Triebe, Phänomene im gleichen Bereich verankert (Testosteron), also enorm verwandt. Für die Frau gilt diese Kombination abgeschwächt. Wir kommen damit zu einem weiteren Aspekt, um mit Aggression im Traum wie im Leben umgehen zu können, nämlich zur „Konkurrenz". Männliche Sexualität im Tierreich und im menschlichen tier-affinen Bereich ist geradezu grundsätzlich mit Duell, Kampf verbunden. Alle Lebewesen unterliegen der vorgegebenen Geschlechterkonkurrenz, man kann sich zwar gegen sie entscheiden, aber sie ist normal, sie ist ein Schöpfungs- oder Natur-Element. Allein dieser latente Kampf um Fortpflanzungsmöglichkeiten oder um -vorteile ist eine unversiegbare, riesige Quelle für Aggression in der Welt. Sie kann bis in die Familien reichen, vgl. Freuds „Ödipuskomplex", und ist auch unter Freunden üblich. Kein Hühnerhof und kein menschlicher Ort ist von der Geschlechterkonkurrenz, harmlos als Wettbewerb zu bezeichnen, ausgenommen. Kein Hirsch begattet ohne Kampf. Schneewittchen oder die Stutenbissigkeit oder der Boxkampf der Männer: solches ist überall.

Eine weitere Quelle der Aggression ist dies: Der Mensch versucht permanent unbewusst die Todesgefahr abzuwehren. Am sichersten scheint man Herr des Lebens zu sein, wenn man andere tötet... Vielfach ist Aggression also eine Art panikartige Todabwehr. Die Bedrohung durch den Tod lauert ja überall, sie beginnt mit dem ersten Atemzug. Nur wer den Tod wirklich annimmt, ist aggressionsfrei! Das Optimum von Todabwehr ist, die (illusionäre) Position errungen zu haben: Herr über Leben und Tod zu sein...

Neben der latenten Todesangst sind Individualität und Wille des Menschen Aggressionsgründe. Alle Lebewesen sind unterschiedliche Individuen, die Einheit ist verloren. Wir leben im Separationszustand. Trennung, Vereinzelung ist unsere (quasi außerparadiesische) Bedingung. Jedes individuelle Ich „will" etwas, und zwar je etwas anderes. Damit gibt es einen riesigen Pool ungleicher Meinungen, die alle etwas Verschiedenes wollen. Das ist die naturgegebene Hyperkonkurrenz aller Individuen. Sie wird in der Liebe oder bei abgesprochenen gemeinsamen Zielen kurzfristig ausgesetzt (für wie lange auch immer). Man kann dies auch als Überlebenstrieb bezeichnen: alle gegen alle. Es gibt also eine Konkurrenz aller Individuen, nicht nur unter gleichen Geschlechtern. Schiller sagt: „Des Menschen Wille ist sein Himmelreich" (nicht sein Sex). Das legt nahe, dass von allen genannten Gründen das mentale Moment, nämlich dass der Mensch seine Absicht, Meinung, Ideologie **durchsetzen** will – nicht selten um jeden Preis – die stärkste Aggressionsquelle ist (vgl. dazu viele Kriege). Das Ich also mit seinem verbundenen Willen – um dies geht es. Von den Aggressionsinhalten im Traum ist deshalb Herrschen, Willen-Durchsetzen der häufigste. Wenn das nicht möglich ist, wird Gewalt angewendet. Oft jedoch subtil, nicht offen. Bei der Unoffenheit kommt es zu den Symbolen wie Spinne, Schlange, oder die Aggression tritt als Manipulation, Lüge auf.

Man achte bei der Trauminterpretation auf: Wer will hier herrschen. Sich durchsetzen und Macht haben wollen unsere Gegner im Traum. Nicht selten mit dem radikalen Ziel: Du sollst hier weg (du sollst besser tot sein, du störst). Das äußert sich gern in „gegen"-Symbolen. Auf der „gegenüberliegenden" Straßenseite im Traum wohnen die Nicht-Wohlgesonnenen. Deutlicher sind Fahrzeuge, die dem Träumer „entgegen" fahren/rasen, also falsch, in widriger Richtung, hindernd, verdrängend: das ist ein Vernichtungskampf, wenigstens ein Vernichtungsstreben. Ausmerzen möchte auch ein Feind den Träumer, wenn er ihm einen Ausgang total versperrt oder eine Sitzgelegenheit entfernt, verweigert: d.i. den Platz des Lebens rauben.

Große „Lautstärke" und „Enge" sind typische Aggressionssymbole, auch „Beton" oder „Stürme", ebenso „Plastik". Sie zeigen im Traum an, dass man eine Bedrohung intuitiv bemerkt, aber nicht recht verstehen, einordnen kann. Getarnte Aggression im Traum ist häufig, gar bevorzugt. Hierzu gehört auch das „Kantige/Spitze/Eckige" (Gegenteil: „rund" ist Leben). Aggression gegen ein Sex-Opfer äußert sich gern als Raub, Diebstahl gegenüber „Geld", Münzen, Gold. Tabuisierungen, die einem nicht bewusst sind, verschleiern vielfach das Erkennen des Aggressors im Traum (z. B. ein Muttertabu oder auch eine politische Ideologie). Selten in der Realität, aber umso mehr im Traum kann man die Aufklärung erhalten, dass der gut angesehene Mensch, die gute Organisation geheim die Zerstörungskraft in sich trägt: der Teufel im Priestergewand ist dafür ein treffendes Traumsymbol, oder der Intolerante im Pazifisten.

Albträume

Der Traum möchte Inhalte, die zwar begraben und vergessen erscheinen, die aber trotzdem noch nicht erledigt sind und noch eine gewissen Ausstrahlungskraft haben, und zwar als Belastung, kennen, darstellen, ausagieren, ablegen können. D.h. er möchte Unverarbeitetes erledigen. Gravierende Inhalte, die man auch als Traumata (seelische Wunden) bezeichnet, können immer automatisch und spontan, bei entsprechenden Anlässen, nach oben geschwemmt werden, d.h. ins Bewusstsein oder ins reale Verhalten kommen. Das gilt für den Tag wie auch für die Nacht. In der Regel handelt es sich um schlimme Erlebnisse von früher, die weder verstanden noch wirklich akzeptiert worden sind. Der Mensch hat die Angewohnheit, im Bewussten wie im Unbewussten, schwere Verletzungen schnell zu überspringen. Anstatt die Übergangsphase des Schmerzes auszuhalten, wird nach Ablenkungen und Kompensationen gesucht. Das findet sich z.B. auch in der Trauerarbeit. Das sehr Schlimme ist unerträglich, und es soll möglichst schnell wegoperiert werden oder wenigstens ausgeglichen werden. So bleibt also manchmal ein tiefer seelischer Eindruck wie übersprungen. Er führt dann sein Eigenleben in der Tiefe des Unbewussten, oder im Bezirk der Verdrängung. Das Trauma kann nicht angesehen werden, wenigstens nicht bis zum Ende angeschaut werden und nicht ausgehalten werden. Es existiert aber. Solche Dramen und große Verletzungen sind die Quelle für Albträume.

Albträume beruhen auf Ereignissen und Fakten, die anscheinend unzugänglich sind, die aber weiterhin eine große Lebendigkeit haben. Keineswegs sind Albträume Halluzinationen oder Einbildungen. Der Traum geht mit Heilungsabsichten an die große Verletzung heran, möchte sie darstellen, erklären, bewusstmachen, akzeptierbar machen, damit sie in der Aktei der Vergangenheit als erledigt abgelegt werden kann. Man kann also dem Albtraum danken, er meldet etwas, was unbedingt bewusstgemacht werden soll, was durch Verstehen und Akzeptanz seiner magischen Wirkung beraubt werden soll, was belastungsfrei abgelegt werden soll, damit der Mensch im Alltag und in seinen Träumen freier leben kann. Erste Regel für die Bearbeitung eines Albtraumes ist also: Es hat tatsächlich irgendwo etwas stattgefunden, was der symbolisch chiffrierte Inhalt des Albtraums ist. Die Einzelheiten des Albtraums sind nach der

Stellvertreter-Regel und nach den Gesetzen der Symbolik relativ austauschbar, das Gefühl ist aber authentisch gegenüber dem Erst-Fakt oder der Urcausa. Das träumende Ich möchte heilen, endlich erkennen und einen Umgang mit dem belastenden Trauma finden, um die Sache hinter sich lassen zu können. Der Albtraum hat aber oft die Eigenart, dass er auf dem Höhepunkt der Szenerie, wo das Schmerzlichste, die alte Wahrheit hochkommen könnte, abbricht – weil wieder der Schmerz zu groß erscheint bzw. unerträglich ist. In diesem Zusammenhang sind die vielen wiederkehrenden Albträume zu verstehen, die gleiche oder jedenfalls ähnliche Inhalte haben und die „abbrechen", wie der Träumer den Eindruck hat. Es fehlt oft bei Albträumen am Ende die Lösung, die Antwort, die Erklärung. Der Grund ist: weil es jetzt ganz schmerzlich würde! Also empfiehlt es sich, einen Albtraum später, wenn man ihn erzählt oder vielleicht in einem Rollenspiel ausagiert, gedanklich und besonders gefühlsmäßig so fortzuführen, dass man das Schlimmste, was im Albtraum fehlt, nach-inszeniert. Erfahrungsgemäß geht es meistens um Todeserlebnisse, um Todeserinnerungen. Nicht selten liegen diese Ereignisse vor der bewussten Erinnerungsfähigkeit, die ungefähr mit drei Jahren eintritt. D.h. viele Albträume spielen auf einer Basis, die vorgeburtlich ist oder die um das Geburtsgeschehen herum stattfand. Ebenso in der Säuglings-Still-Zeit, also in den sogenannten oralen und analen Phasen, sind Albtraumquellen gern beheimatet. Der Inhalt des Albtraums hat einen außerordentlichen Druck, er muss bewältigt werden. Wenn nicht, gehen Belastungen und Zerrüttung untergründig weiter. Da gilt es, Schwächen, Verletzungen, außerordentliche Frustrationen anzusehen und auszuhalten; und erfahrungsgemäß machen die Menschen darum lieber einen Bogen. Oft liegen auch die Quellen des Albtraumes in der Sippengeschichte, in Eltern, Großeltern, in Kriegsereignissen, in verstorbenen Geschwistern, in Abtreibungen von irgendeiner Tante und in ähnlichen

Verwandtschaftsgeschichten. Man kann auch nicht ausschließen, dass sie aus früheren Inkarnationen stammen.

Der Erst-Fakt, d.h. also die Ur-Causa, muss gesucht werden bei der Trauminterpretation. Die beeindruckende Lösung ist die: wenn der Inhalt des Albtraums verstanden ist, ist der Albtraum verschwunden. Es geht also nicht darum, mit irgendwelchen Tricks den Albtraum zu beschönigen oder zu löschen, vielleicht sogar in der Hoffnung auf luzides Träumen, welches in der Regel trügerisch ist, sondern ganz nüchtern, rücksichtslos und neutral die Kerngeschichte des Albtraums zu erkennen. Zu der großen früheren Wunde, die wie gesagt nicht selten mit Todesnähe zu tun hat, hilft kein Aussteigen und Überspringen. Hier hilft nicht die übliche Trauerreaktion des Entsetzens, nämlich der folgenden Art: „Das kann nicht wahr sein, das gibt es nicht!" Den Albtraum gibt es, weil es die Geschichte, die ihm zugrunde liegt, auch tatsächlich gegeben hat... Unerträgliches und Unerwartetes ist der Inhalt des fehlenden Albtraum-Finales. Man kann dem Albtraum dankbar sein, er möchte uns eine Information schenken. Er möchte uns über eine Lüge aufklären, auch das ist vielfach ein Grund von Albträumen. Wir interpretieren einen Fakt aus unserem Leben falsch, u.a. deshalb, weil uns erwachsene Leute ehemals über den Sachverhalt belogen haben. Oder man hält einen bestimmten Fakt für nicht wirklich, z.B. den, dass die Mutter den Träumer während der Schwangerschaftszeit extrem abgelehnt hat; das Mutter-Tabu lässt einen solchen Gedanken nicht zu. Die wiederkehrenden Albträume stellen manchmal dasselbe zentrale Gefühl (und Ereignis), also eine verwandte Art von Angst, Schrecken und Panik, mit sehr verschiedenen, wechselnden Gegenständen, Objekten, Szenen dar. Das ist eine Informationsanreicherung, der man dankbar sein kann. Die Vermeidung des Ansehens und Aushaltens ist ein schlechter Ratgeber bei jeder Art von Therapie. Zur Bearbeitung von Albträumen braucht es Mut und Schonungslosigkeit. Beschwichtigen oder mit irgendwelchen luziden Lustbildern das Schlimme des Albtraumes wegputzen zu wollen, ist der falsche Weg.

Albträume haben handfeste Gründe. Man kann sich als Interpretationshilfe die Frage stellen: Welche Situationen gibt es denn (gab es), typischerweise, wo das Unbewusste oder das Innere Kind in Panik geglaubt hat, dass es sterben müsste? Am häufigsten trifft folgende Antwort zu: die Mutter-Kind-Trennung wirkt wie ein Todesurteil auf den Fötus, auf den Säugling, auf das Kleinkind. In jeder Tierherde ist die Trennung des ganz jungen Tieres oder Neugeborenen von der Herde, von der Gruppe, von der Mutter tatsächlich ein sicheres Todesurteil. Auch Säuglinge spüren diesen Sachverhalt. Wenn wir davon sprechen, dass Albträume besonders gern tod-nahe Erfahrungen beinhalten oder auch Irrtümer/Lügen, dann muss man sich daran erinnern, dass Träume grundsätzlich auch übertreiben. D.h., wenn man also das Todesereignis als Grundlage des Traumes sucht, in der Geschichte oder in der Sippschaft, dann muss man sich klar machen, dass man vielleicht eine Situation sucht des „Wie-Wenn". D.h. das Todeserlebnis damals war nicht wirklich real oder besonders konkret, sondern es war nur (und aber echt) so gefühlt wie tödlich. Das reicht schon als Quelle für einen Albtraum. Die Angst zu sterben reicht, um endlose Albträume zu erzeugen. Stellen Sie sich vor, Sie bekommen im Krankenhaus die Krebsdiagnose. Das Unbewusste ist nun mit einem Schlag durchtränkt von dem Thema: Muss ich sterben? Auch wenn 10 Jahre später das Ganze harmloser aussieht.

Zum Albtraum gehören die Panik oder das Tod-Thema. Das überdominante Gefühl kann den wahren Kern der Geschichte manchmal verhüllen. Der Albtraum fügt die alte Geschichte vielleicht auch in ein passendes aktuelles Erlebnis ein. Das erschwert, die grundlegende frühere erste Situation zu erkennen.

Ein Lösungsversuch innerhalb des Albtraums ist auch der Versuch oder das Bemühen, zu schreien. Aber in der Regel bekommen wir keine Silbe artikuliert oder lallen nur. Das kann schon ein kleiner Hinweis sein. Wenn wir in einem Albtraum nicht vermögen zu artikulieren, kann die Geschichte sich abgespielt haben zu einer Zeit, in der wir noch nicht sprechen konnten (also in ganz früher Kindheit). Zuvörderst ist der Albtraum ein Abwehrversuch, der quasi ursprünglich begründet (logisch) war. Man kann sagen, die Abwehr im Unbewussten ist jedoch nicht gelungen. Deshalb kommt dieser scheinbar begrabene Inhalt immer wieder hoch. Und jetzt muss man ihn aushalten und verstehen. Neben der Ur-Causa muss man in der Trauminterpretation sich den Gefühlen stellen, der Emotion, die sich im Albtraum abspielt, ja man muss sich voll in dieses Gefühl hineinwerfen. Das ist dann das berühmte Nachagieren oder Rollenspiel bezüglich der Träume. Verstehen (1) ist wichtig und das Annehmen von Gefühlen (2). Der Albtraum ist keine Magie, und er wird auch nicht von einem Dämon geschickt, sondern Realfakten kommen in maskierter Form hoch; besonders die unverstandenen, historischen Ereignisse, beispielsweise ein Geburtstrauma oder gar ein Kriegserlebnis der Großmutter, also Ereignisse, die man oberflächlich gern übersieht. Ohnmacht, Todesangst und Überraschung kennzeichnen den Albtraum – und Fakten, keine Einbildung.

Ambivalenz

Es gibt den klugen Spruch: Erkennen oder Philosophieren heißt Unterscheiden. Es klingt auch nicht schlecht, dass die Menschen nach dem Essen vom Baum der Erkenntnis endlich Gut und Böse unterscheiden konnten. Aber die Trennung, Polarität, Gegensätzlichkeit wird grundsätzlich im Sinne des Egos benutzt, sie produziert und provoziert einseitige, individuelle, egoistische Standpunkte. Dagegen ist Einheit ein Charakteristikum für Gemeinschaft. Man könnte sagen: Die Welt besteht aus beidem, meistens aus Gegensätzlichkeit, seltener aus Einheit. Das Thema berührt das kosmische Sein allgemein und unser reelles Zusammenleben unter einer Vielzahl von separaten Elementen. Auch Menschen sind separiert, sind Schöpfungseinzelteile, und so werten und urteilen sie ständig nach einem Standpunkt und verwerfen die gegenteilige Ansicht als z.B. falsch oder dumm oder unbewiesen oder aggressiv. Ein Höhepunkt dieser Polarität ist die Unterscheidung in Gut und Böse. Mit diesem Sortieren von Pro und Kontra bewegen wir uns in der Welt, in der Welt der Gegensätze. Das ist auch die Welt der Rationalität und die Welt des Ichbewusstseins.

Nun kommen aber z.B. die Kunst und die Träume daher, stellen ein Symbol dar, und trennen das nicht in Gut und Böse. Stier ist Stier auf dem Bild irgendeines Malers, und von dem Vogel auf dem Foto weiß man auch nicht, ob er eine gute oder böse Seele hat, ja man ahnt, dass diese Unterscheidung auf ein Tier bezogen Unsinn sein kann. Gut und Böse, Positiv und Negativ, Schuld und Unschuld sind Kategorien, in denen sich Menschen bewegen und hervortun, die dominieren wollen oder wenigstens besserwisserisch sind. In der Sprache der Symbole und Archetypen sind die gegensätzlichen Bedeutungen und Deutungen immer noch vereint. Ob das eine ‚alte' Schicht ist oder die zukünftige, entwickelte, androgyne Wahrheit, lassen wir einmal dahin gestellt. Wir müssen einfach konstatieren, dass die Träume eine Welt so darstellen oder aber auch von einer Welt berichten, und zwar nicht nur von einer materiellen, sondern durchaus auch von einer mentalen, in der die Gegensätze noch vereint sind oder wieder vereint sind. Ob das kindlich unschuldig ist oder zukünftig transzendent, wer weiß. Nur in der Presse und in den anmaßenden Urteilen der Menschen ist Wasser manchmal böse und manchmal gut. In der Welt des Wassers und im Sein des Wassers und im Bewusstsein des Wassers ist Wasser weder positiv noch negativ. Es ist ganz wichtig für die Traumdeutung, bei jedem Archetyp die positive oder negative Bedeutungsmöglichkeit zu berücksichtigen. Die Weisheit des Traumes hat die Unterscheidungsfähigkeit, als Trennung, oder Hysterie, in Schwarz und Weiß, im Prinzip nicht. Der Traum kündet von einer Welt, in der Yin und Yang noch Einheit sind, nämlich das Tao.

Wie der Traum arbeiten auch andere Sektoren des Unbewussten. So gibt es im Märchen das Wasser des Todes und das Wasser des Lebens. Und tatsächlich kann Wasser eigentlich immer beides sein. Es kommt auf die Umstände an, auf das Bezugssystem, oder sagen wir auf die Wertung des Menschen, oder sagen wir: auf seinen Vorteil. Der Mensch unterscheidet die Naturkräfte darin, ob sie für ihn lebensfördernd oder lebensmindernd sind, und dann natürlich auch noch je nach Situation anders. Besonders C. G. Jung hat auf die Ambivalenz des Traumsymbols hingewiesen, wir finden im Symbol die „coincidentia oppositorum". Jung drückt es so aus: „extrema sese tangunt" oder französisch „les extrèmes se touchent". Die Extreme, die sich im Archetyp berühren oder im Symbol zusammenfallen, gehören immer genau passend zusammen. So ist der Gegensatz zu Lachen: Weinen. Und tatsächlich kann das „Lachen" im Traum Schmerzen, Weinen, verkniffenes Leid bedeuten – neben Lachen. Das Motiv „fallen" im Traum hat sowohl sein Angst- oder Todes- oder Gefahrenmoment, als es auch positiv ein radikaler Entwicklungsschritt ist, wie der Sprung ins kalte Wasser, der auch ein großer Fortschritt ist, aber mit einem Kälteschreck verbunden. Die Farbe Schwarz kann bedeuten: Trauer, Tod, Verlust, Depression

– aber auch Power, Sexualität, Weltlichkeit, Wiedergeburt. Besonders Tiersymbole haben gern zwei gegensätzliche Charakterbedeutungen. Also einfach ausgedrückt bedeutet Ambivalenz: Jedes Traumsymbol kann eine positive oder eine negative Seite haben (oft beides parallel). Deshalb sollte man das Symbol zu Beginn eines Traumes unbedingt neutral deuten und nicht gleich die (unkluge, egoistische) Frage an das Symbol, d.h. den Traum, stellen: Ist das gut für mich oder ist das schlecht für mich? Man lässt sich vom Traum belehren und hält anfangs mehrere mögliche Optionen der Deutung offen. Es kann ja auch im Leben durchaus passieren, dass eine Kündigung, die man vor 20 Jahren erhielt, sich später als ein Segen herausstellt, dass also die Kündigung zwei gegensätzliche Werte in sich enthielt – es kommt immer auf den Standpunkt an.

Amplifikation

Es ist im Grund unerlässlich, jedes Traumsymbol zu amplifizieren. D.h. zu dem Symbol Hund oder Vier oder Rot oder Wasser oder Stier wird ein Annäherungs- und Deutungsversuch der Art unternommen, dass sich der Traumdeuter überall in der Welt herumschaut, wie im Produktionsbereich des Unbewussten „Hund" oder „Stier" verwendet werden. Wenn der Traumdeuter Literatur-, Märchen-, Kunst-, Mythen-Kenntnisse hat, ist das sehr nützlich. Am einfachsten ist es noch, sich wenigstens in Mythen und Märchen und Religionen auszukennen. Das Symbol „Hund" im Traum z.B. bekommt seine Inhalte zum einen durch die Anmutungen und Assoziationen des Träumers. Hier spielen also persönliche Besetzungen und persönliche Erfahrungen eine Rolle. Doch verwendet das Traum-Ich „Hund" immer auch als kollektiven Archetyp. Amplifikation ist die notwendige Anreicherung eines Traumsymbols. So sind in diesem Falle z.B. die Bedeutung des Anubis-Hundes, des Wolfes im Grimm'schen

Märchen oder des Höllen-Hundes als Hüter der Schwelle oder des Fenris-Wolfes in der germanischen Mythologie, oder die Bedeutung eines Blindenhundes nützliche Bereicherungen, um zu verstehen, was „Hund" grundsätzlich im Unbewussten bedeutet. Für das kollektive Unbewusste ist „Hund" inhaltlich vorgegeben, wenn auch in großer Bandbreite und Ambivalenz. So wäre auch die Bedeutung des Traumsymbols Einhorn oder Frosch durch die sonst in der Welt verbreiteten oder verwendeten Bedeutungen ‚anzureichern'. Das lässt sich durchführen, wenn man übergeordnete Symbolkenntnisse hat. Dann muss man eben den Hund in der Malerei des Mittelalters oder auch den literarischen Hund Bauschan bei Thomas Mann als Information mit-hinzuziehen. Eine ausreichende Amplifikation erfordert entweder viele Symbol-Lexika oder eine breit gestreute Bildung. In der Regel können aber gute Märchen- und Mythenkenntnisse schon reichen. Zur Amplifikation eines Traumsymbols gehört auch die Umgangssprache, d.h. bildliche Redewendungen oder auch drastischer Slang (z.B. geiler Hund, feiger Hund, treuer Hund). Auch Werbung und Filmindustrie verraten hin und wieder, wie ein Symbol unbewusst allgemein, nämlich kollektiv, besetzt ist. Man muss feststellen: Amplifikation ist im Grunde unerlässlich. Wer keine Affinität zur Symbolkunde und zum Amplifikationsgeschehen hat, sollte nur in Ausnahmefällen einen Traum deuten.

Angstträume

Angst ist im Prinzip gesund, sie schützt uns vor Tod und Verletzungen. Ein Problem ist sie nur, wenn sie als krankhafte Angst bezeichnet wird, und das ist sie dann, wenn es für Angstzustände keinen erkennbaren aktuellen Grund gibt oder auch wenn der Anlass bei vergleichbaren Menschen keine Angst auslöst oder auch wenn der Angstzustand sehr lange anhält, quasi nicht mehr aufhört. Das Maß der Angst ist entscheidend. Es gibt generell im Menschen angelegte Ängste oder Angstpotentiale, die also der Träumer im Prinzip mit den Mitmenschen teilt: Angst vor der Dunkelheit, Angst vor dem Alleinsein, Angst, einen bestimmten Anschluss zu verlieren, Höhenangst, Angst vor Fremdem. Diese Angstoptionen sind quasi angeboren.

Dazu wollen wir noch wichtige Erkenntnisse von Sigmund Freud berücksichtigen, nämlich dass Unbekanntes Angst macht, dass jede Angst eine Variante der Todesangst ist (!) und dass die Angst ein Anstatt sein kann. Es ist zur Selbsterfahrung und bei der Traumdeutung wichtig, daran zu denken, dass möglicherweise Angst ausgelebt wird anstelle von Aggression. Der Sieger kann Aggression leben, der Unterlegene kann sich keine Aggressionen leisten, sondern fühlt und dokumentiert stattdessen Angst. Sigmund Freud geht noch weiter und sagt, Angst sei oft eine unterdrückte Triebregung aus dem Unbewussten, und zwar ein „libidinöser Impuls". Also etwa: nicht nur Angst statt Aggression, sondern auch Angst statt Sex. Es kann also sein, dass die Unterdrückung von irgendeiner Regung in Angst verwandelt wird. So haben wir viele Quellen für die Angst-Entstehung. Es gilt zu berücksichtigen, dass ein Lebewesen nie ganz angstfrei sein kann. Die Tatsache des ständig möglichen Todes schließt völlige Angstlosigkeit aus. Jedes Lebewesen ist mehr oder weniger auf der Hut, alle möglichen Minimierungen zu vermeiden. Angst schützt uns vor Verlusten, Minderungen.

Ängste sind selten rational, sondern in der Regel tief im Unbewussten verankert. Deshalb zeigen sich Ängste auch gerne im Traum, welcher ein bevorzugtes Medium des Unbewussten ist. Angstträume und Albträume sind natürlich verwandt. Wir können aber folgenden Unterschied machen: Albträume beruhen auf Tatsachen, die einmal extrem bedrohlich waren, mögen sie

A auch weit im Vergessenen liegen; Albträume beruhen auf Fakten. Angstträume dagegen stellen eher nur eine latente Bedrohung dar. D.h. die Quelle für einen Angstraum ist eine Situation, in der man ständig mit dem Schlimmsten rechnen musste, was aber keineswegs eintreten musste. Alb- wie Angstträume bevorzugen Informationen über frühere Erfahrungen, in denen der Aggressor nicht klar zu erkennen war, so dass nur ein allgemeines diffuses Angstgefühl vorlag, was aber durchaus seinen Grund hatte. Später spricht man dann in der Psychologie von der „generalisierten Angst", die überraschend bei allem Möglichen ausbricht. Die Angst vor Kontrollverlust ist eine typische Angstform und weit verbreitet, sowohl in der Realität als auch im Traum. Angst ist gern verbunden mit Stress und Depression. Die Angst in der Form der Phobie zeigt sehr deutlich, dass einmal ein hoch bedrohliches Ereignis stattgefunden hat.

Man muss bei Angstträumen immer auch an die Komplex-Wanderung denken, wie bei anderen Träumen, d.h. dass Ängste ererbt sein können und von Sippschafts-Angehörigen, gern von Eltern, weitergegeben werden können. Und dann liegt eine Phobie z.B. nicht im eigenen Erleben des Träumers, sondern in der Panik der Mutter, schwanger zu werden, um nur eine Möglichkeit anzudeuten. Eine Maus-Phobie ist von einem Sex-Thema nicht weit entfernt. Andere Phobien, wie Tunnelängste, Fahrstuhlängste oder die Agoraphobie, sind sprechend und verweisen z.B. auf ein Erlebnis todesgefährlicher Beengung, was sich im Geburtskanal hat abspielen können.

Angstträume haben als Darstellung der Bedrohungsgefühle, d.h. als Bedrohungserinnerungen, gerne solche Szenen wie die übergroße Spinne, die Schlange auf dem Bett oder der lauernde Bär am Weg. Die Angst ist ein Element oder ein Geist im Unbewussten, der uns vor schlimmen Verlusten oder vor dem Tod warnen will, wobei dieser Geist eine Logik und seinen sehr berechtigten Grund hat, aber dennoch die Situation meist nicht ganz versteht. Die Stimmen des Unbewussten kann man keinesfalls einfach mit der Rationalität zum Schweigen bringen oder besiegen. Das ängstliche Innere Kind im Unbewussten oder das Angst-Tierchen sollte man, als Therapie, liebevoll ansprechen, ihm zuhören und ihm seine Berechtigung nicht absprechen. Mit Logik allein ist dem Angst-Komplex nicht beizukommen. Die Warnung aus dem Unbewussten ist begründet, aber sie passt nicht mehr in die aktuelle Situation. Nur die Vernunft weiß, dass die neue Situation eine andere ist, das Unbewusste spricht jedoch dagegen: ich kenne die neue Situation, sie ist ähnlich wie eine frühere tödliche oder tod-nahe. Mein Rat: Geben Sie dem großen Angstvogel im Unbewussten Akzeptanz(1) und die Möglichkeit zur Aussprache, dann wird er vielleicht nicht mehr so viele Angstträume produzieren. Oder nehmen Sie radikal die Möglichkeit des Todes (2) an, als Einübung, oder werfen Sie sich spielerisch hinein in den Kontrollverlust (3) – neben diversen Therapien sind dies Strategien gegen die Angst.

Anima

Die Anima ist ein lateinischer Ausdruck für Seele. Und die Tatsache, dass jeder Mann auch einen weiblichen Seelenanteil hat, beschreibt Carl Gustav Jung so, dass jeder Mann eine Anima habe, welche zu seinem Unbewussten gehöre. Sie ist der Archetyp des Weiblichen. Das innere Verhältnis des Mannes zum Weiblichen kann sich in seinem Verhältnis zu Frauen außen spiegeln. Wenn es da ein illusionäres Bild gibt oder auch eine negative abwertende Besetzung, dann gerät diese Anmutung zum Weiblichen leicht in die Realität und erzeugt eine Übertragung oder Projektion auf eine Frau. Träume helfen, den Charakter der Frau-Vorstellung oder Frau-Assoziation aufzuklären und sich auch ggf. in seiner Beziehung besser zurecht zu finden. Die Frage, was die Anima sei, ist nicht leicht zu beantworten. Die Anima im Manne hat viele Quellen, da ist die Evolution relevant, die Sippschaft, und natürlich ganz besonders die Muttererfahrung. Aber auch Tanten, Schwestern, allgemeine Frauenbilder spielen eine Rolle. In der Mythologie gibt es interessante Variationen darüber, wie und was eine Anima sein kann, das reicht von der Venus zur Medusa, von der Hexe bis zur Königin oder Großen Mutter. Sie kann auch aus Weisheit, Jungfräulichkeit oder purem Sex bestehen. Wenn die Anima im Seelenleben eines Mannes alles überragt, kann sie zur Homosexualität führen. Aber genauso gebiert die Anima Kreativität, Empfindsamkeit, positive alternative Wege zur Lösung eines Problems, die nicht typisch männlich sind. Es ist auch möglich, dass ein Mann die weibliche Seite in sich unterdrückt und negiert. Dann zeigt sich die Anima von ihrer rachsüchtigen oder herrschsüchtigen oder sonst wie traumatisierten und traumatisierenden Seite. Zur Traumdeutung: Es ist eine interessante Methode, im Traum eines Mannes jede (!) weibliche Figur als mögliche Facette seiner Anima zu interpretieren. Spiegel und Aufklärung, also ein gutes Stück Selbsterfahrung, sind dann die Frauensymbole im Traum. Das ist auch für die Realität empfehlenswert. Manch ein Mann mag seine Partnerinnenwahl entsprechend seiner Anima vorgenommen haben, aber sehr unbewusst. Die Partnerin, ob hoch geschätzt oder kritisiert, kann als geheime Information über den weiblichen Seelenteil des Mannes, ggf. über einen verdrängten, angesehen werden. Die Anima ist kompensatorisch, und zwar unter anderem so, dass sie das Unbewusste des Mannes repräsentiert und nach C.G. Jung – klingt vielleicht überraschend – die „Vorgeschichte" des Mannes ist. (Wie der Animus also in gewisser Weise die „Vorgeschichte" der Frau darstellt.)

Animus

Der Animus stellt den männlichen Seelenteil einer jeden Frau dar, ob nun verdrängt, unterdrückt, geliebt oder geschätzt; auf jeden Fall ist er im Unbewussten lokalisiert. D.h. das Männliche in einer Frau spielt an der Oberfläche oder scheinbar im Alltagsleben keine große Rolle. Es dürfte insgesamt Übereinstimmung darüber bestehen, dass jeder Mensch männliche und weibliche Seelenanteile hat. Bei der Frau ist aber in der Regel, anders als beim Mann, das Männliche nicht dominant. Der Animus mag etwas mit dem Handeln, dem Lehren, der Macht und dem Willen zu tun haben. Grundsätzlich ist es aber immer strittig, das typisch Männliche oder das typisch Weibliche zu definieren oder zu unterscheiden. Der Animus ist einfach das komplementäre Gegenteil oder Ergänzungsstück im Unbewussten zu der Rolle als Frau draußen in der Welt. Sollte dieser Komplex heldenhaft sein können – im Unterschied zur Weisheit, die eher weiblich ist? An Schulfächern abgehandelt, könnte man Mathematik eher dem Männlichen und Sprache eher dem Weiblichen zuordnen. Die Animus-Quelle in einer Frau ist bevorzugt die Vater-Erfahrung, aber auch Sippschaft, Evolution, Verwandte, Zeitgeist spielen eine Rolle. Man kann auch manchmal von einer Animus-Besessenheit sprechen; C.G. Jung fiel in diesem Falle eine besondere Rechthaberei der Frau auf. Landläufig sprechen wir von einer animus-betonten Frau etwa als von einer typischen Vater-Tochter. Zur Deutung des Traumes einer weiblichen Person empfiehlt sich als eine spezielle Verständnismethode, jede (!) männliche Figur im Traum als Spiegel, als Geheiminformation über die unbewusste Besetzung und Anmutung des Animus bzw. des Männerbildes in der Frau zu interpretieren. Für die Heterosexualität kann es fruchtbar sein, wenn eine Frau sich über die unbewusste Assoziation zum Thema Mann in ihrem Innern klar wird, denn das gestaltet die Beziehung zum männlichen Partner außen mit. C.G. Jung setzt den Animus einer Frau mehr oder weniger mit ihrem Unbewussten und mit ihrer Vorgeschichte gleich.

Arbeitswelt

Träume zur Arbeit, zu Werkshallen, zur Fabrik, zum Büro, über Kollegen sind als Gleichnis zu sehen für das Privatleben. Der mittelalterliche Ausdruck ‚arebeit' bedeutete Mühen, Anstrengung, Leid, Pein. Es geht also um irgendetwas, was bewältigt werden muss. Und zwar geht es um einen Lebensbereich, der einem nicht leicht fällt. Träume, die unser Ankommen auf der Welt darstellen, sind oft so gestaltet, dass das Weltleben als Arbeitsaufnahme symbolisiert ist. Bevorzugt steht das Traumsymbol „Arbeit" für unser privates Beziehungs- und Partnerschaftsleben. Es ist nicht selten, dass Träume, in denen man eine bestimmte Arbeitstätigkeit nicht zu Ende bringen kann, in denen man einen großen Stress mit der Arbeit hat, eigentlich Intimes, nämlich die eigene erotische Welt zeigen. Das heißt z.B. wenn man sexuell nicht zum Ziel kommt oder unbefriedigt ist, mehr Stress als Vergnügen hat, zeigt sich das gern in dem stellvertretenden Symbol, dass man hoch gestresst mit der ‚Arbeit' nicht zurechtkommt. In der Arbeitswelt lebt sich verstärkt aus, dass wir Menschen Konkurrenten sind. Man konkurriert ums Überleben, um Position, um Macht, um Lebensmittel. Besonders sind alle Lebewesen von der Geschlechterkonkurrenz infiziert. Sie ist ein Stück Natur und Triebwelt und im Prinzip nicht auszuschalten. Der klassische ödipale Konflikt oder die klassische Rivalität zwischen zwei Männern (um eine Frau) zeigt sich fokussiert in der Feindschaft und Konkurrenz zweier Arbeitskollegen. Das Privatleben und das Erotikleben durchzieht die Arbeitswelt, obwohl das in der Realität geleugnet wird oder obwohl versucht wird, es fernzuhalten. Im Traum sieht man hart und deutlich, dass es um Männerkonkurrenzen geht, um Privatduelle zwischen Hähnen, und nicht um die Frage, welcher Ingenieur den besseren Plan im Büro hat. Auch die Sekretärinnen sind in erster Linie Frauen, das mag im Büro kaschiert werden, im Herzen aber geht das nicht. Und das offenbaren die Träume sehr schön. Also denken Sie bei der Interpretation von Arbeitsweltträumen an ihr Privatleben. Zusammenfassung: „Arbeit" steht für den Beginn des Weltlebens (1) und kann subtil für privat-erotische Themen (2) stehen.

Archetypen

Der Begriff Archetypus leitet sich her von griechisch „arche" (Anfang, Grundprinzip) und griechisch „typos" (Bild, Typus). Die Archetypen sind Optionen im Unbewussten, die vorgegeben sind und die einen Rahmen darstellen, in denen die Seele fühlt. Sie sind Strukturformen, Energiezentren, Konstellationen und Kräfte, in deren System und Geflecht unsere Erlebnisse eine Einordnung, Anordnung und Ordnung finden. Sie sind also Formen, welche diffuse Erlebnisse in Anschauungsbilder bringen oder in Muster oder in Beispiele, damit das Gefühl sozusagen auf einen Nenner gebracht werden kann. Sie sind die Bildbegriffe der Seele, im Unterschied zu den philosophischen Begriffen des Verstandes. Archetypen sind nicht sichtbar und nur in ihren Ersatzabbildungen greifbar und darstellbar. Man kann sie vergleichen mit den Instinkten, welche vorgegebene Muster für Verhalten sind. Archetypen sind vorgegebene Strukturen dafür, wie man Gefühle ausdrückt und empfängt. Die ‚Begegnung' mit einem archetypischen Gefühl in einer archetypischen Bildform, wie man sie sozusagen plastisch in der Mythologie oder im Traum erleben kann, stellt auch eine Kraft dar. Die Begegnung mit einem Archetyp kann heilen, sie kann zur Ganzheit führen, und sie kann auch Angst machen. Das Unbewusste eines

A Menschen weist so viele Archetypen auf, dass man sagen könnte, das Unbewusste besteht generell, oder über und über, aus Archetypen. So wie die Natur aus einzelnen Schöpfungen besteht und nicht nur aus unsichtbarer Lebenskraft, besteht die Seele aus Formen, Fassungen, Urbildern, die das riesengroße und endlos tiefe seelische Empfinden konfigurieren, konstruieren und konturieren. Man unterscheidet also zwischen dem unsichtbaren, vorgegebenen, archetypischen Inhalt und dem archetypischen Bild, der Imago, als Ausdruck dieses Inhaltes. Das ist eine feine Unterscheidung, und man kann sie in der Praxis etwas vernachlässigen. So ist es also zulässig, vom Archetyp cum grano salis als von einem Symbol zu sprechen. Archetypisch sind besonders die weit verbreiteten Ur- und Erz-Symbole. Sie sind die Bilder, die übergreifend und aus Prä-Prägung heraus Strukturen in den Seelen aller Menschen abbilden. Dort im Seelischen oder Unbewussten befinden sich natürlich auch Symbole, die nur für das einzelne Individuum eine Bedeutung haben. Wenn man von Archetypen spricht, so meint man die kollektiven Bilder. Das Kollektive und die Archetypen und das Unbewusste sowie die Vorprägung gehören zusammen. Als viertes kommt zum Verständnis hinzu, dass diese Muster a-priori sind. D.h. die Archetypen haben (besitzen) mehr uns, als dass wir sie haben, sie sind nicht erworben, sondern als Lebewesen bringt man sie mit. Sie sind energetisch, sie haben eine Dynamik, eine Potenz, sie können eine Erleidensform und eine Erschütterung sein. Sie sind wirksam, energiereich. Als angeborenes Reaktionsmuster erzeugt der Archetyp eine (entsprechende) Aktion. Der Archetyp entspricht einem psychischen Prozess, meist unbewusster Art, der hilft, eine Aussage über einen speziellen psychischen Eindruck zu machen, etwas in die Imago, ins Bild zu bringen, und der relativ automatisch eine Aktion durchführt oder ein Gefühl ausdrückt, welche zu einem typischen, kollektiv bekannten Ziel führen. Eine „Prozession" z. B. ist ein archetypischer Ausdruck, als Modell oder Aktion, für ein gemeinsames religiöses Gefühl – und auch bekanntermaßen weltweit verbreitet.

Die Archetypenlandschaft ist die innere Ordnung des Unbewussten. Da der Mensch polar ist, besteht diese Landschaft aus dem, was der Gesundheit und der Lust förderlich ist, aber auch aus dem, was bedrohlich ist. Dennoch trennen, bewerten und urteilen die Archetypen im Prinzip wenig, jedenfalls viel weniger als der Verstand, oder auch viel weniger als das Ego. Archetypen berücksichtigen das Ego überhaupt nicht, sie bringen ihre eigene, ewige, unabhängige Botschaft. Auch wenn man sie nicht als Erbe oder als vererbt darstellen kann oder will, so sind sie doch das Ergebnis der Evolution, das Fazit der Vorfahren. Wie sie entstehen, weiß man nicht unbedingt, aber dass sie sich ein wenig mit der Zeit verändern können, muss man annehmen. Es kommen also manchmal neue Archetypen hinzu, z. B. Auto, Bus, Zug, Flugzeug, Monitor als Traumsymbole.

Archetypen stammen aus der Tiefe des Unbewussten, dort im Bodensatz liegt Einheit, während an der Spitze des oberen und äußeren Psychenteils das Individuum liegt. Das Ich-Bewusstsein ist ein kleiner, wandernder Platz auf der Kugel Psyche. Das Ich-Bewusstsein „trennt", das hat C.G. Jung sehr deutlich formuliert. Ob Goethe, Jung, Hesse oder Meister Eckhart oder Theresa von Avila, viele Mystiker wussten und haben erfahren, dass in der tiefsten Seelenschicht, wo Grenzen nicht mehr feststellbar sind, wir Lebewesen Einheit sind – und auch wenigstens in einigen Fällen zur Einheit praktisch zurückfinden können, z. B. im Traum, in der Meditation, unter Drogen, in der Liebe. So stellen Archetypen auf ihre Weise auch Einheit dar. Sie sprechen eine andere Sprache, sie zeigen ein anderes Weltbild als die Rationalität. Für die Ratio gilt: Erkennen heißt Unterscheiden. Die unbewusste Psyche trennt bei weitem nicht so viel. Die

A Archetypen sprechen gern von einer Welt, in der es die Unterscheidungen Gut und Böse nicht gibt; der Archetyp „Wasser" ist neutral und unschuldig. Archetypen werten nicht, sie sind nur Kraftzentren wie Galaxien. Sie drehen sich, haben eine eigene Gestalt und drücken einen interessanten Inhalt aus. Das ist sehr wichtig für die Traumdeutung. Die Träume sprechen über eine Welt oder stellen als Ausnahme eine Weltsicht dar, wo oft zwischen Gut und Böse nicht unterschieden wird. Wir wissen, wie relativ, wahnsinnig und aggressiv die subjektiven Unterteilungen in Gut und Böse sein können. Millionen Feindschaften werden durch die Unterscheidung auf der Welt aufgebaut und viele Kriege, nicht nur Propaganda-Aktionen, auf dieser Basis geführt. Die Archetypen gehören im Prinzip nicht zur Welt der Gegensätze. Das muss man als Traumdeuter begreifen, dass es „die Unschuld des Werdens" gibt (Friedrich Nietzsche), dass große Abläufe, innerseelisch wie kosmisch, ohne radikales und auch ohne ridiküles Werturteil zu sehen sind. Der Archetyp Wasser kann durch das Zeichen des ägyptischen Buchstabens MEM als doppelte Wellenlinie dargestellt werden. Wie im Märchen gibt es „das Wasser des Lebens" und „das Wasser des Todes", also sozusagen zwei Linien. Märchen und Mythen sind die hilfreichsten Schätze, aus denen man etwas über Archetypen lernen kann.

„Der Vogel der spricht" ist der Archetyp eines weisen Gedankens, einer überraschenden Intuition. Der Pegasus in der Mythologie verbindet zurecht das Weibliche und die Literatur. Der weiße Elefant, der Buddhas Mutter vorgeburtlich besuchte, ist der Archetyp der Weisheit des Kindes. Grundsätzlich sind Archetypen intra-polar zu verstehen bzw. besser gesagt ambivalent. Sie können immer einen negativen und/oder positiven Inhalt aufweisen. Sie künden von einer Welt, wo die Gegensätze zusammenfallen, wo Yin und Yang noch das Tao sind. Diese

Welt ist fern von ich-betonten Ich-Bewusstseins, sie ist groß, stark, autonom und wirkt ständig. Man könnte auch sagen, der Archetyp entspricht einer seelischen Programmierung, und zwar einer vorgegebenen, und einer allgemein menschlich üblichen, einer kohärenten und generalisierten Programmierung. Alle Menschen haben z. B. ein Zentrum, ein Programm, eine Erwartung, die man als „Mutter" bezeichnen kann. Diese vorgegebene Mutterstruktur wird durch Muttererlebnisse gefüllt. Wenn dem drängenden energetischen Muster keine Erlebnisse entsprechen, dann fehlt tragischerweise das Erlebnis „Mutter". Das kann krank machen. Genauso kann Fehlverhalten oder eine absichtliche Negierung eines Archetypus krank machen. Der Archetyp „Mutter" wartet auf Erfüllung; leer geblieben macht er krank. Wenn man in sich das Gefühl der Mutterliebe und der Muttererfahrung, des Muttererlebens, vom Kind aus wie auch von der Mutterseite aus, bekämpft oder löschen will, dann ist das eine Entfernung von den Archetypen, und das ist eine tragische Entfremdung von sich selbst; es ist etwas wie Nicht-Identität und Unwahrheit, und dies kann krank machen. Archetypen soll man leben und wirken lassen, das ist das Gesündeste.

Im Traum haben wir die großartige Chance, dass sich Archetypen melden, die vernachlässigt sind. Je mehr sie unterdrückt werden, umso heftiger ist ihr Gegenstreben, erst psychisch, dann ggf. körperlich krank machend. Wie man seine vorgegebenen Sehnen, Muskeln und Gefäße somatisch akzeptieren sollte, so sollte man auch die vorgegebenen Archetypen in der Seele annehmen. Verdrängte Archetypen packen den Einzelnen wie auch die ganze Menschheit mit enormer Kraft und mit manchmal verheerenden Folgen – oder auch umgekehrt mit endlich erreichter Befriedigung, Freude, Vitalität und Ganzwerdung. Es gibt Archetypen der „Ganzheit", z. B. Kreis, Pyramide, Swastika, Kreuz, Energierad, ein Kranich, ein Engel, ein Gott, ein Mandala oder ein Farbenmeer. Ihr Auftauchen, z. B. im Traum, durchströmt die Seele mit Lust, Lebenskraft und Gesundheit. Sie tauchen auch in der Literatur, in den Filmen, in der Kunst auf – und faszinieren. Viele gesellschaftliche Systeme, politische Ideologien und philosophisch-religiöse Konstrukte vergewaltigen den Menschen, indem sie ihm rationale Pseudoerkenntnisse aufzwingen, entfernt von den Archetypen. Viele Gesellschaften in der Geschichte sind krank, neurotisch, dekadent oder hyperaggressiv gewesen, weil die herrschenden Weltanschauungen im unglaublichen Kontrast (im Gegensatz) zum archetypischen Fühlen der Menschen standen.

Archetypen könnte man als Abbilder bezeichnen von unsichtbaren Optionen, Programmierungen, Erwartungen im Unbewussten, mit deren Hilfe man Ordnung schafft und auch Ordnung erkennen kann. Das ist in der Traumdeutung interessant. Die Archetypen, von denen es in jedem Traum eine Menge gibt, sind hilfreiche Bausteine, Informationsträger, die die Einseitigkeiten und Engstirnigkeiten des rationalen Bewusstseins „korrigieren" und einen Gegensatz, eine wichtige Abweichung zur Ratio anzeigen und melden, was die Seele in Wahrheit fühlt. Alle Menschen verwenden die Archetypen für die Traumgestaltung, auch wenn sie sie, wie schon gesagt, keineswegs irgendwann in der Kindheit oder durch Studium gelernt haben. Die Sprache des Unbewussten ist die Bildersprache, die Symbolik, die Ansammlung der Archetypen. Jeder Träumer verwendet die richtigen und passenden Archetypen, intuitiv und zielgerichtet. Da gibt es keine Fehler wie etwa in der Logik, wo man sich verrechnen kann. Das Unbewusste irrt nicht. Es irrt ebenso wenig, wie die Natur irrt. Aus sich heraus verfehlt sich die Natur nicht, sondern nur durch Eingriffe. Archetypen sind die eigenständige, automatische Abbildung der psychischen Welt, einer Psyche, die weit über die persönlichen Erfahrungen des Psychen-Trägers oder des Bewusstseins-Trägers hinausgeht. Ihre Klugheit kann vom Verstand und vom Traumdeuter nicht übertroffen werden. Der Traumdeuter sollte sich über die Wahrheit durch die Archetypen belehren lassen, durchs Bild also. Die Archetypen befinden sind in einem magischen Buch, wenn man es aufschlägt, findet man an der Oberfläche nur Chiffren und Bilder. Der Verstand wundert sich über die Hunderttausend Symbole, Imagines in diesem Buch. Sie gelten bei allen Menschen, und sie haben eine lange Wachstumszeit hinter sich. Niemand muss eine Fremdsprache lernen, um dieses Buch zu verstehen, sondern intuitiv erfassen das Unbewusste und die Träume jeden Archetyp. Archetypenkenntnis ist unerlässlich für das Verständnis eines Traumes. Der Traumdeuter muss „so denken", wie die Traumsymbole denken. Er muss bildlich denken, er muss auf seiner inneren Archetypenwelt fußen. Auf solcher Basis verstehen sich zwei Menschen direkt, der Träumer versteht den Deuter und der Deuter versteht den Träumer; so wie man auch keine Erklärungsworte braucht, wenn man vor einem Engelabbild steht, und so wie alle spontan wissen, was los ist, wenn jemand drohend den Stock erhebt. Auch Handlungen, Rituale, Prozesse haben archetypischen Charakter, auch sie sind Symbole oder Gleichnisse, die ohne Umwege berühren und informieren.

Der eigentliche Archetyp, als Inhalt, weiter oben als Option oder Programm bezeichnet, kann in mehreren Bildern mit Leben gefüllt werden oder dargestellt werden. Das gilt besonders für zentrale Archetypen z.B. für den Archetyp „Mutter". Mutterähnliches kann durch folgende Traumsymbole ausgedrückt werden: Haus, Wand/Front, Tür, Zimmer/Raum, Höhle, Baum, Hauskatze, Leben/Lebendigkeit, Sicherheit/Vertrauen, Ernähren/Nahrung, Küche, Verkaufsladen, Trinken/Wasserhahn, Brust/Birne/Beeren, Blätter und Pflanzen allgemein, als Bindung an die Mutter gern durch Efeu, weiter durch Gebären/Unterstützen/

Helfen/Fördern, sowie durch Kuh, Bär, Chefin/Lehrerin, Freundin, Bäckerin, Kellnerin, Kassiererin (im Supermarkt). Eine negative Mutter kann symbolisiert werden durch: Spinne, Schlange, Tiger, Löwin. Die schwangere Mutter kann dargestellt werden durch: Bus, Zug, grünes Gras, Pferd, Urlaubszeit, Blumentopf mit Pflanze.

Um Archetypen geht es auch bei folgenden Symbolen, wobei der Kürze halber hier nur ein Deutungsaspekt je erwähnt werden soll: Blut (= Tränen), Brücke (Geburt), Gold (Jenseitigkeit), Fallen/Sprung (Trennung), Männliches (Aggression), Plastik (Negativum), Holz (Leben), Licht (Leben), Kino (Unbewusstes), Enge (Angst), Fahrrad (Kindheits- oder Singlezustand), Schwimmen (Uterusaufenthalt oder Sex), Orkan/Sturm (Stress, Bedrohung), Insekten (körperliche oder seelische Krankheit), Berggipfel mit Schnee (Gottbezug), Erreichen von Hochplateau oder Marktplatz oder Burg (= Geburt), Würfel (Schicksalsentscheidung), Fliegen (reiner Geist, frei von Materien-Abhängigkeit sein), Bewegung/Sport/Joggen (Vitalität, im Gegensatz zu Tod, Starre), Tisch (Beziehung), Brief (unbewusster Kontakt).

Archetypen sind im Grunde ererbt. Sie sind nach Jung seelische patterns of behavior. Ererbte Muster entdeckte auch Sigmund Freud, aber für ihn waren das keine psychischen vorgegebenen Konstellationen und Strukturen, sondern kollektive Reaktionsmodelle, die aus der „Körperlichkeit" der Lebewesen resultieren oder die (ausschließlich) im Dienste des Körpers stehen, er nannte diese vorgefundenen archaischen Typen „Triebe", verankerte sie also auch sprachlich in einer anderen Ebene. Triebe sind körperlich begründete Instinkte und Abläufe, auch überindividuell (wie die Archetypen); sie sind jedoch betont körper-nah, nicht seelen-nah, eher also materiell-biologisch zu denken. Anders die Archetypen in der Psychologie: sie sind als virulente, vorgegebene Bilder rein-seelische Energie, sie sind die Form, in der sich die Seele ausdrückt. Vereinfacht ausgedrückt gehören sie mehr zum mentalen Bereich als etwa die manifester zu beobachtenden Triebe und Instinkte.

Artemidor von Daldis

Traumdeuter sind Weisheits-Liebhaber, altgriechisch „philo-sophoi" oder „oneiro-sophoi", auch wenn der Eindruck besteht, sie seien in erster Linie Psychologen. Artemidor lebte in Ephesos, im 2. Jahrhundert n. Chr. Er hinterließ ein vollständig erhaltenes Traumbuch, in dem rund 1400 Traummotive gedeutet sind. Er berücksichtigte die soziale und persönliche Situation des Träumers und unterschied in seiner Deutung, ob der Träumer ein Sklave oder Freier oder ein Gefangener war, und variierte entsprechend in der Auslegung.

Er dürfte seine Kunst längere Zeit beruflich in Ephesos ausgeübt haben. In der berühmten kleinasiatischen Stadt trafen sich viele Kulturen der damals bekannten Welt.
Ephesos war eine Vielvölkerstadt, mit dem zentralen Artemis-Dienst, mit viel Sex und Kriminalität, mit Weltoffenheit, Bildung und Dekadenz. Das „Traumbuch", eigentlich fünf Bücher, war auch ein Vermächtnis an Artemidors Sohn.

Im Altertum, im Mittelalter und in der Neuzeit interessierten sich die Menschen für die Traumdeutung aus folgenden zwei Gründen: Zukunft und Gesundheit. Selbsterfahrung oder die Erkenntnis des eigenen Unbewussten waren nicht die Ziele. Die Traumdeutung war also bevorzugt eine mantische, d.i. wahrsagerische, hellseherische Kunst.

A Artemidor ging in Analogie zu Aristoteles so vor: dass im Traum ein Gegenstand, Thema durch einen anderen, ähnlichen Gegenstand oder durch ein Thema stellvertretend dargestellt würde. Das entspricht auch der modernen Symbolkunde sowie der Freudschen Assoziationsmethode. Übrigens studierte und schätzte S. Freud den Artemidor. Artemidors Ansatz war: Gleichnisse, Allegorien, Bilder, Stellvertreter und Archetypen müssen per Analogiemethode und per Erfahrung und Intuition des Deuters entschlüsselt, verglichen werden – das ist eben Traumdeutung.

Wir bringen nun ein paar Beispiele seiner Traumauslegungskunst: Den „Acker" verstand Artemidor so: „das Ackerland bedeutet ja nichts anderes als die Frau" [I 51 (die Angabe bedeutet: I. Buch des Artemidor, darin das 51. Symbol)]. – Hier könnte man ergänzen: der moderne Archetyp „Bauer", der Sämann, steht gern für Erzeuger und Vater. – Der „Apfel" [I 37] bedeutet nach ihm „Liebesgenuss" oder auch „Geliebte, Frau", er wusste, dass der Apfel der Aphrodite heilig war, sic. Auch die Ambivalenz eines Symbols war ihm bekannt: mit Bezug auf die Göttin Eris (Streit) kannte er auch den „Zankapfel". Ein anderes Beispiel: „Der Falke bedeutet eine königliche und reiche Frau, die auf ihre Schönheit stolz ist, Klugheit und feine Umgangsformen besitzt"[II 20]. Der „Fuchs" [II 12] sei ähnlich wie ein Wolf zu verstehen, aber als Feind viel verborgener und tendenziell weiblich. Ein anderes Beispiel: „Ich kenne einen Sklaven, dem es träumte, er masturbiere seinen Herrn; er wurde Betreuer und Erzieher von dessen Kindern; denn er hatte das Glied seines Herrn, das dessen Kinder bezeichnet, in die Hand genommen." [I 78 ; S. 93] Die Analogie ist: das Zeugungsglied steht für das Zeugen und für Abkömmlinge. Artemidor wusste, dass das Glied des Mannes im Traum für dessen Sohn stehen kann [so auch in zeitgenössischen Träumen]. „Die Hochzeit gleicht dem Tod" [II 65] und der Tod der Hochzeit, „immer wird das eine durch das andere angezeigt". [Tatsächlich sind diese beiden Hoch-Feiern oder Hoch-Zeiten im Traum austauschbar.] Oder: „Selene [der Mond] bedeutet die Gattin und die Mutter des Träumenden" [II 36], auch das ist archetypisch bestätigt. "Das Meer in sanfter Bewegung und in ruhigem Wellenschlag zu schauen ..." [II 23], sei ein sehr günstiges Vorzeichen [vergleichbar heutiger Deutung, dass es sich um eine positive Gemütsstimmung handelt, um eine ruhig-ausgeglichene, entspannte Emotion oder Seele, die sich in der Wasseroberfläche kundtut]. In der „Schlange" [II 13] sah Artemidor „Krankheit und einen Feind". Ein „Schlüssel" [III 54] bedeute etwas verriegeln, verschließen (mehr denn öffnen). „Tauben bedeuten Frauen" [II 20], nicht zuletzt, weil sie der Aphrodite (Venus) heilig seien [tatsächlich ist dieser Archetyp stark weiblich: die weibliche Seele oder der weibliche Teil der göttlichen Trinität: der sogenannte Heilige Geist = Taube]. – Der Vergleich mit den Mythen hat immer Logik, heute wie damals, man kann daraus viel lernen, besonders als Traumdeuter. – „Wespen sind von schlimmer Vorbedeutung" [II 22], meinte Artemidor [auch sind sie tendenziell nicht unweiblich].

Genial ist Artemidors Erkenntnis über das Motiv „Zähne/ Mundraum", denn fast kein Schriftsteller oder Forscher in der Traumdeutung oder Symbolik der Welt versteht oder schreibt, dass der Mundraum (a) einem genitalen, uteralen Raum (b) und einem Haus-, Familien-, Beziehungs-Raum (c) entspricht. Lediglich Wilhelm Stekel, ein Freud-Schüler, formulierte 1911, in seiner Symbolischen Gleichung, dass der Mund-, Kieferbereich Analogie und Ähnlichkeit zum genitalen Bereich hat, dass hier „oben" (im Gesicht) dem „unten" (Unterleib) entspricht. Viele Träume belegen, dass Zähne Personen darstellen können, gern auch vorgeburtliche. Das ist der Hintergrund des überall verbreiteten Volksglaubens, dass Zahnverlust im Traum ein schlechtes Omen sei, d.h. dass sogar eventuell dann jemand sterben könnte [wird als typisches Großmutterwissen abgetan – war aber dem Fachmann Artemidor bekannt – meistens jedoch meint Zahnverlust etwas an Schwäche, Unterlegenheit.] Bei Artemidor [I 31] heißt es dazu: „Man hat nämlich den Mund als ein Haus, die Zähne als die Menschen im Haus aufzufassen; dabei bezeichnen die der rechten Reihe Männer, die der linken Frauen [I 31]." [Vgl. die Rechts-Links-Symbolik.] „Die oberen Zähne weisen auf Personen von höherem Range ..., die unteren aber auf die von geringerem Stande".

Nicht Weniges hat Artemidor von Daldis genial erkannt. Wir können davon ausgehen, dass er akzeptiertes Wissen seiner Zeit verbreitete, anwendete. Und dass wir mit ihm ein beeindruckendes Zeugnis antiker Traumdeutungskunst vor uns haben. Und dass bis in die Neuzeit hinein die Traumdeutung eher von Rückschritten als von Fortschritten gekennzeichnet war. In manchen Teilen stellt die moderne, universitäre Traumdeutung geradezu einen Verlust gegenüber dem antiken Stand dar.

Assoziationen

Das Unbewusste denkt im Gleichsetzungsverfahren und in Bildern. Überall in der Evolution, auch im Menschen, arbeitet das Unbewusste nach etwa nach dem Motto: Person mit rotem Pullover ist gleich Person mit rotem Pullover, ist gleich einer weiteren Person mit rotem Pullover usw. usf. Enttäuschung ist gleich Enttäuschung – ist gleich Enttäuschung – ist gleich Enttäuschung. Dieses Lernen in der Art, dass neue „Tisch"-Eindrücke sofort mit dem alten Tischmuster verknüpft werden und gleichgesetzt werden und man sich mit dem Verstehen und Erkennen nicht minutenlang aufhalten muss, ist nützlich in der Evolution und im Überlebenskampf. Aber es stellt natürlich auch Fallen. Man denke an das Beispiel, wenn ein Ehemann zu seiner

Frau sagt: Du bist wie meine Mutter. Daran ist etwas wahr und auch genau so viel unwahr. Übertragungen laufen also, nicht nur in Ehen und in Beziehungen, auch in der Arbeitswelt oder in der Therapie, über die Assoziationskette, und zwar geradezu hervorragend. Der Verstand arbeitet anders. Der Verstand kann unterscheiden, er hat eine vernünftige Logik, und er hält es für möglich, dass die neue Person mit auffälligem rotem Pullover nicht denselben Charakter hat wie eine altbekannte Person mit rotem Pullover. Doch das Unbewusste denkt: Hund ist gleich Hund ist gleich Hund; und wenn der aktuelle Hund ein kleines liebes Tierchen ist, was nie beißt, so wird über die Assoziation die Erinnerung an einen bissigen Hund aus der Kindheit zwingend da sein oder hoch kommen oder wenigstens unbewusst wirken. Umlernen für das Unbewusste ist sehr schwierig. Im Gegenteil, es fühlt sich durch neue Erfahrungen lieber in seiner vorgefassten Meinung bestätigt und macht neue Erfahrungen gern ‚passend' zu der vorhandenen Situation oder Denkweise. Für die Traumproduktion ist die Assoziation ganz wichtig, deshalb kommt es zu Verfahren des Vergleichs, der Stellvertretung und zum bekannten Wie/Wenn. Wenn der Träumer bei der Interpretation mit vielleicht unbekannten oder überraschenden Personen nicht klar kommt, ein unvertrautes Traummotiv also nicht versteht, dann empfiehlt es sich, sich in das Traum-Ich in folgender Weise hineinzuversetzen: Dieses sagt, die unbekannte Figur XY im Traum ist **wie** eine vergleichbare, ähnliche Person XY vor 30 Jahren. Der Aspekt des „Wie" und der „Stellvertretung" sind also nachhaltig zu beachten, wenn man einen Traum richtig deuten will. Man ist als Verstandesmensch oft selbst überrascht, welche vergleichbaren Figuren, also Komparationselemente, das Unbewusste und der Traum per automatischer Assoziation zusammen bringen! Die indirekten Vergleiche im Traum sind erstaunlich, sie wirken tollkühn, für den Verstand sind sie fast außer Reichweite. Der Verstand rechnet nicht damit, dass im Traum eines alten Menschen eine ehemalige siebenjährige Mitschülerin genau treffend den Vergleich zu einer bestimmten aktuellen Charaktereigenschaft darstellt, symbolisiert. Die Assoziation ist perfekt – und der Verstand staunt. Nicht zufällig ist Sigmund Freud auf genau diese Methode gekommen oder gestoßen, per Assoziationskette unbewusste Besetzungen und Anmutungen beim Klienten abzurufen und so den manifesten Trauminhalt in den latenten Trauminhalt übersetzen zu können.

Auto:

siehe → Körperliches im Traum
→ Fahrzeuge im Traum

B

Baum:

siehe → Pflanzenträume

Blumen:

siehe → Pflanzenträume

Buch

Das Buch des Lebens – es kommt relativ oft in Träumen vor. „Buch" hat zum einen die Bedeutung einer Information, und zwar einer jeden möglichen (1). Zum andern steht das „Buch" gern für Lebensskript, Biografie, Rolle und Aufgabe auf der

Welt. Speziell die vorweggenommene, bestimmte Aufgabe eines Lebens, die bei der Geburt schon festzustehen scheint, kann mit dem Archetyp „Buch" im Traum gemeint sein. Ähnlich wird das im Islam gesehen, als ein vorbestimmtes Schicksal einer Person, als „Buch", das bei Allah schon geschrieben ist. Das Buch ist dann das biografische Muster, es enthält auch Kürze oder Länge, d.h. als dickes oder dünnes Buch kommentiert es sogar die Lebensdauer. Auch die übertragene oder spirituelle Bedeutung eines Lebens-Buches ist manchmal erkennbar, z.B. im Goldschnitt. Die Stelle, Seite im Buch, die sich im Traum zeigt, kann etwas aussagen über das Lebensalter oder über die Wichtigkeit eines Ereignisses. Entsprechend gibt es im Traum noch nicht geöffnete oder bereits geschlossene Bücher. Oder: Im Alter befindet man sich aktuell weit im hinteren Teil des Lebensbuches, das kann im Traum tatsächlich, nicht einmal unpräzise, gezeigt werden. Im Hinduismus und Buddhismus ist das Karma das Skript, das ‚Buch'. Eine Einzelheit aus dem Lebensbuch zeigt sich gern im Traumsymbol „Zeitung" (Titelseite, einzelnes Blatt). Manche Träume können die Vermutung bestätigen, dass man unmittelbar vor der Geburt einen Blick, vorausschauend, in sein Lebensbuch, d.h. in sein zukünftiges Schicksal, werfen kann. Dazu gibt es auch in der Mythologie Beispiele. Wir lassen die Frage hier offen. – „Teppichmuster" übrigens, auf der Leinwandunterlage, können auch alternativ ein Symbol des Lebensskriptes, des Lebensbuches sein.

Buchstaben:

siehe → **Zahlen**

C

Chakren:

siehe → Farben

D

Déjà-vu-Erlebnis

Déjà-vu-Erlebnisse unterscheiden sich darin, dass manchmal die Wiedererkennung diffus, ahnungsvoll, intuitiv, nur stark gefühlt ist (a), dass aber manchmal auch die Erinnerung sehr präzise ist und konkrete Einzelheiten umfasst (b). Der Begriff ist zu übersetzen mit „schon mal gesehen" und bezeichnet das Betroffenheitsgefühl eines Menschen, der in einer offensichtlich neuen, erstmaligen Situation den tiefen Eindruck hat: ‚Das kenne ich doch, hier war ich schon einmal, ich erinnere mich'. Oder man hat den Eindruck, dass faktisch eine Realität oder Szene sich wiederholt. Nun, das Gefühl täuscht nicht, es ist auch keine banale Emotion, sondern eine faszinierende, frappierende. Aber wie erklären? Sind jetzt etwa die üblichen Welt- und Zeitgesetze außer Kraft? Manche erklären Déjà-vu-Erlebnisse mit der Theorie der Wiedergeburt. Der Gedanke lautet dann: ‚Sollte ich in einem früheren Leben hier oder in einer ähnlichen Konstellation schon einmal gewesen sein'? Man kann solches letztlich nicht ausschließen, zumal wenn es um sonst unerklärliche Einzelheiten, Details geht. Die „Erinnerung" ist ein Sinn, auf den man sich normalerweise tief und archaisch verlassen kann.

Was die Psychologen angeht, so redet die Hälfte den Klienten ein echtes Déjà-vu-Erlebnis aus. Da das Gehirn oder das Unbewusste gern per Assoziation denkt, besonders im Gedächtnis, erklären sie das Phänomen so: Einige markante Einzelheiten der neuen Situation, Gegenstände, Gefühle, Räume, Personen, Stimmen oder Gerüche, würden assoziativ ähnliche Eindrücke aus der Vergangenheit anstoßen und verwandte, vergleichbare Speicherungen aktivieren. Das Gefühl, nicht der Verstand, würde scheinbar Vertrautes erblicken, erleben und dem Ich vorgaukeln, sich in „schon bekannter" Umgebung zu befinden. Also das Déjà-vu-Erlebnis der Person sei letztlich eine Täuschung, eine verständliche, aber leicht aufzuklärende Illusion. Besonders atheistische Psychologen müssen so argumentieren, denn sonst befürchten sie zugeben zu müssen, dass die Zukunft in der Vergangenheit schon vorweggenommen sein könnte. Dass die Zukunft noch nicht geschehen ist bzw. noch nicht „gesehen" worden sein kann bzw. dass sie offen ist – das klingt wie ein Naturgesetz. Wie überzeugend wirkt dann nicht eine solche psychologische Erklärung (des Erlebnisses als Täuschung).

Aber der betroffene Mensch weiß es in Einzelfällen sehr genau, dass er alles in diesem neuen Raum kennt und dennoch noch nie hier war. Beispiel: Eine Frau steht vor einem Krankenhausaufenthalt, wird schon einmal als erstes in das zu beziehende Zimmer eingewiesen, von einer Krankenschwester. Sie staunt, dass sie alles kennt... und sagt schließlich zu der Schwester: ‚Sie brauchen mir auch diesen Schrank [persönlichen Spind] nicht zu zeigen, zu öffnen, ich kenne das alles hier schon'. Die Erinnerung der Frau zu diesem Krankenzimmer war latent, nicht angewendet und nicht aktuell, sie schlummerte so lange, bis passende äußeren Anlässe, z.B. Gegenstände des Zimmers, die Erinnerung aus dem tiefen Unbewussten anstießen und hervorholten. Für Erinnerungen gibt es in der Regel Anlässe: sie werden angesprochen und ausgelebt, wenn und bis passende Auslöser sie aus dem Speicherkeller holen. Auch vergessene Träume können z.B. um 17:00 des Tags wieder in die Erinnerung schießen, wenn man genau die Kaffeetasse mit den exotischen Blumen um 17:00 sieht, die im Traum in der Nacht zuvor vorkam (oder eine ähnliche Einzelheit). D.h. das ist ein normaler, logischer Vorgang, wenn in der oben beschriebenen Frau die irgendwo weit entfernt schlafende Erinnerung erst durch korrespondierende Geschehnisse, Umgebungen wach wird. Wenn nun die Frau versichert, dass ihr das anscheinend Neue doch sehr bekannt sei – wo mag sie denn die Grundlage ihrer Behauptung, ihrer Erinnerung erlebt haben, oder woher mag sie das „Schon-Gesehene" jetzt holen? Die Antwort ist naheliegend: Sie hat die Szene schon einmal geträumt. Sie hat die Szene, die jetzt neu ist, wörtlich „schon einmal gesehen", nämlich im Traum, als inneres Bild. Manchmal ist die Wahrheit einfach. Und die einfachste und logischste Erklärung für die mysteriösen Déjà-vu-Erlebnisse ist das Traumgeschehen. Dazu gehört nun aber auch das Wissen, dass Zukunftsträume theoretisch möglich sind, bzw. die Erfahrung, eines Träumers wie eines Traumdeuters, dass es Zukunftsträume in Einzelfällen gibt. Sie stellen das Weltbild nicht auf den Kopf, sondern ergänzen es. Der Traum spielt sich in einer Art geistigen Welt ab, vor inneren Augen, obwohl die Augen äußerlich geschlossen sind (inaktiv sind), in der die Gesetze der Materie, Gravitation, Zeit nicht gelten.

Besonders sehr spirituelle Träume oder solche im Tiefschlaf entfernen den Träumer von den gerade genannten Gesetzen so sehr, dass er in zeitlosen Dimensionen sich bewegt. Der alternative religiöse Begriff dafür ist die „Ewigkeit". Die Unterteilung in Vergangenheit, Gegenwart, Zukunft ist aufgehoben. Selbst die Welten der Unterscheidung, würde ein Buddhist sagen, gibt es in solchen Traumdimensionen nicht mehr, Polarität ist aufgehoben.

Überflüssig ist es eigentlich, die Tatsache zu nennen, dass man in Träumen sich außerhalb der Zeitstruktur bewegen kann – und deshalb auch das, was wir Zukunft nennen, sehen kann. Ein Déjà-vu-Erlebnis ist eine Traumerinnerung, die aber nach langer Zeit nicht mehr wie ein „Traum" daherkommt, sondern nur wie eine kuriose Erinnerung, Wiedererkennung.

Vgl. → Zukunftsträume

Destination

Einem Träumer kann in Ausnahmefällen die ‚Aufgabe von oben' genannt werden. Man stellt dann in der Realität fest, dass man diese Aufgabe die ganze Zeit schon erfüllt. Die Aufklärung über die Lebensaufgabe beruhigt das Individuum sehr. Es ist ein Teil des Lebenssinns, sich auch mit dem Bewusstsein der Akzeptanz dieser Lebensaufgabe anzunähern. Das wird im Traum auch als „Selbstwerdung" bezeichnet. Wie dem Weltgeist in der Philosophie Hegels eignet es auch dem Geist einer Biografie, mit sich identisch zu sein, am Ende zu sich selber zu kommen... Der Mensch scheint, nach den Träumen zu urteilen, ohne die Freiheit des Willens auszuschließen, eine Bestimmung zu haben. Diese „Aufgabe", so wird in Träumen gezeigt, wählen wir vor dem Leben als eine „Rolle" aus verschiedenen Möglichkeiten für die diesmalige Existenz. Diese Wahl steht nicht im Gegensatz zu einer Zuteilung. Es gibt ein Mysterium der Einheit von Wahl und Schicksal. Die Destination ist ein strittiges Thema. In vielen Religionen, auch Philosophien, ist die Aufgabe als Prädestination enthalten – mit ebenso vielen anderen, gegenteiligen Belegstellen über die Offenheit der Zukunft.

Vgl. auch → Schicksal

E

Engel:

siehe → Erleuchtungsblitze

Erinnern der Träume

Träume zu vergessen ist der übliche, normale Vorgang. Wenn man Träume erinnern will, muss man schon ein wenig dagegen arbeiten. Sicherlich ist es nicht zutreffend, wenn jemand sagt, er träume nie. Man muss das übersetzen in dieses: Ich vergesse immer alle Träume. Es gibt keine schlagende Methode, um Träume zu behalten, sondern es handelt sich um eine Gewohnheit, um eine sich einschleichende Übung. Als erstes nehme man sich vor, morgens die Augen geschlossen zu halten, denn das Licht ist der Feind des Traumes. Ein Blick ins Helle, und schon ist der Traum verschwunden. In der Regel wird man die letzten Träume morgens am ehesten erinnern können, sie spielen sich ab in einer flacheren Schlafphase, und es ist so, dass man die Träume aus den tiefsten Schlafphasen der Nacht nur sehr schwer erinnern kann. Wenn man etwas einübt, helfen Rituale. So kann man sich etwas zum Schreiben auf den Nachttisch legen oder auch ggf. ein Diktiergerät. Der unbewusste tiefe Wunsch, einen Traum zu behalten, mit anderen Worten an der Weisheit des Traumgeschehens zu partizipieren, ist natürlich ein wichtiges Motiv. Doch wie man weiß, nicht alle Suggestionen oder Autosuggestionen gelingen. Zum Ritual kann auch gehören, sich einen Zettel unter das Kopfkissen zu legen mit einer Frage an die Nacht oder an das Traum-Ich, mit einer Bitte um eine spezielle Antwort.

Sehr hilfreich ist es, wenn man sich in einer Traumkultur bewegt, das meint, wenn man sich angewöhnt oder es gewohnt ist, sich morgens die Träume zu erzählen. Das Aussprechen des Traumes ist fruchtbar, es ist eine Art Ent-Äußerung, es ist eine Art, sein eigenes Unbewusstes sich gegenüber zu stellen und ihm zuzuhören. Tatsächlich kann man bei der Erzählung des Traumes „sich zuhören" und durch diese Aufmerksamkeit mehr verstehen, wie wenn man plötzliche Einfälle oder Assoziationen hätte, als dadurch, dass man den Traum im Innern hin und her wägt. Die Meisten greifen zu dem Mittel, ein Traumtagebuch zu schreiben, also die Träume schriftlich festzuhalten. Das hat auch einen gewissen Erfolg, aber Aussprechen dem Du gegenüber ist noch effektiver. Im Bett noch, also mit geschlossenen Augen, kann man, wie wenn man etwas auswendig lernt, sich die wichtigsten Begriffe, Vokabeln, Szenen oder Wörter des Traumes merken. Es reichen vier, fünf Stück, die man im Bett noch rekapituliert, um sich ein Gerüst einzuprägen. Mit diesen paar Wörtern ist es meistens möglich, nach dem Aufstehen, auch z. B. eine halbe Stunde später, den Traum noch einigermaßen vollständig niederzuschreiben. Im Übrigen muss man damit leben, dass man nie sicher sein kann, ob man einen Traum nun vollständig erinnert oder ob es Lücken gibt. Manchen Menschen ist klar, dass sie nicht den ganzen Traum behalten haben, und sie berichten dann nur Traumsequenzen. Wenn man trotz vieler Vorsätze und Bemühungen beispielsweise zwanzig Tage lang keinen Traum erinnern kann, dann empfiehlt es sich, den Wunsch vorläufig oder pro forma aufzugeben. Manchmal bekommt man etwas geschenkt, wenn man es hat lassen können. Es ist durchaus möglich, dass es Widerstände im Unbewussten gibt, die auf ihre Weise das Traum-Erinnern denn doch nicht wollen.

E — Die Wichtigkeit eines Traumes spielt auch eine Rolle bei der Erinnerungsfähigkeit. Es gibt das Phänomen, dass Menschen ein, zwei Träume aus ihrem Leben erinnern können und sonst nichts. Diese Träume haben eine tiefe Wirkung auf sie gemacht, und sie bezeichnen sie manchmal als Klarträume. Zwar kann man generell nicht bedeutende von unbedeutenden Träumen unterscheiden, das ist immer nur eine subjektive Momentaufnahme, aber es mag sein, dass besonders wichtige gravierende klarere Träume von sich aus den Durchbruch zum Bewusstsein, d.h. zur Akzeptanz finden. Nicht selten geht es dabei um Träume aus der Kinderzeit oder aus der Jugendzeit, diese beinhalten tatsächlich manchmal den gesamten Lebensentwurf, wie man rückblickend feststellen kann. Es gibt auch Lösungen für Probleme, die mit Wucht durchbrechen, die man also als energiereicher ansehen muss durch die Tatsache, dass sie automatisch erinnert werden (z. B. Forscherträume). Für Erinnerungen braucht man in der Regel einen Anstoß. Jeder kennt das, dass beispielsweise am Nachmittag durch das Erblicken einer Turmuhr der Traum aus der Nacht, in dem eine Turmuhr vorkam, erinnert wird. Auslöser, Parallelen, Trigger, Assoziationsbrücken fördern generell die Erinnerung beim Menschen. Die Qualität der Erinnerungen ist unterschiedlich. Es gibt trübe diffuse Erinnerungen, die vielleicht nur noch ein Gefühl des Traumes nachwirken lassen, und es gibt umgekehrt sehr präzise Traumerinnerungen.

Wissbegier ist für das Erinnern von Träumen eine Vorbedingung. Äußere Anlässe wie Geräusche, Wachwerden, Wecker können einen Traum in die Erinnerungsebene bringen – oder aber auch zerstören. Nicht nur die Bedeutung, sondern auch die Gefühlsqualität eines Traumes beeinflusst die Erinnerungsfähigkeit. Jedermann weiß, dass Albträume etwas häufiger erinnert werden als Seligkeitsträume. Angst und Schrecken oder nicht aushaltbare Gefühle fördern sowohl das Wachwerden als auch die Erinnerung. Viele Faktoren beeinflussen, nicht nur bezüglich des Traumes, das Speichern, Vergessen und Erinnern des Menschen. Erinnerungsverlust ist ein Drama. Ein Mensch mit totalem Erinnerungsverlust, etwa durch einen Verkehrsunfall, der Teile des Gehirns beschädigte, tritt uns gegenüber, als hätte er kein Ich. Auch durch Schock gehen manche Erinnerungs-Teile verloren. Wer ohne jegliche Erinnerung ist, ist ohne Tradition, ist ohne Geschichte, ist ohne das, was ihn zu dem gemacht hat, was er bisher ist. Wenn ein solcher Hirnverletzter Teile wieder aus der Erinnerung hervorholen kann, ist das erfreulich, und man hat den Eindruck, als würde er Teile seiner Seele und seines Ichs zurückgewinnen. Man kann sagen, sich mit seinen Träumen zu beschäftigen und diese zum großen Teil zu erinnern, ist, wie seine zerstückelte Seele wieder zusammen zu setzen; desperate Elemente werden wieder zur Ganzheit gebracht; Dissoziationen rückgängig gemacht. Es wird berichtet, dass die vollkommene Erinnerung sogar zur Erlösung führt. Angeblich konnten Pythagoras und Buddha alle ihre früheren Leben erinnern, das machte sie zu Erleuchteten, zu Erwachten. Damit waren sie unterschieden zum Rest der Menschen, welcher in Unwissen um seine Herkunft und um sein Sein agiert und vielleicht hilflos seinen Sinn sucht.

In diesem Zusammenhang müssen wir kurz das Vergessen ansprechen. Zwar informieren uns die Träume über viele dunkle Seelenstücke und über unsere Wahrheit, vielleicht auch existentiell über das, wer und was wir eigentlich sind im Kosmos, aber das Vergessen hat im diesseitigen, körperlichen und zeitbestimmten Leben auch einen Sinn. Die Funktion des Vergessens ist, uns den Kopf frei zu halten, mit anderen Worten: das Vergessen ermöglicht das Leben im Hier und Jetzt. Es ermöglicht uns Konzentration, Aktivitäten, Lösungen der Probleme um uns herum. Wenn wir morgens alle Träume behalten hätten – und man kann davon ausgehen, dass es sehr viele sind; wir träumen immer, der Geist braucht keine Pause –, dann würden wir vermutlich mit dem Kopf gegen die Wand laufen und nicht frühstücken können oder ein Chaos veranstalten, wenn wir uns anziehen. Das Vergessen heißt ja nicht, dass Erfahrungen gelöscht sind, sie sind nur für den Moment weggeschoben oder auch nicht zugänglich. Die Aufgaben der Welt und des Tages erfordern es, die jeweilige Vorgeschichte im gewissen Maße zu vergessen oder wenigstens weit weg zu schieben. Das kann man auch so ausdrücken: Nicht-Wissen fördert die Aktivität, fördert jede Art von Energie, Aggressivität und Leistung. Noch krasser ausgedrückt: Dummheit ist eine Bedingung für das diesseitige Leben, für die weltliche Aktivität. Wer alles weiß, wird wahrscheinlich aufhören, sich mit irgendwelchen Problemen der Welt zu beschäftigen. Es ist ja auch von großen Weisen schon ausgesprochen worden, dass bei der Geburt, zu Beginn unseres Lebensstarts, jeder den „Becher des Vergessens" trinken muss (so z.B. nach Platon). In den indischen Veden steht geschrieben, dass der Mensch kurz vor der Geburt allwissend ist, und das bezieht sich auf Karma, frühere Inkarnationen, auf die Unterscheidung von Gut und Böse, dass aber dieses Wissen bei der Geburt verloren geht (Garbha-Upanishad). Auch im tibetischen Buddhismus, z.B. im Tibetischen Totenbuch, ist das Vergessen angesprochen: Sobald du der Inkarnation nahe bist, „fällt dein Bewusstsein in Ohnmacht", das übersetzen wir so: rutscht dein Wissen ins Unbewusste weg. Wenn uns der mythologische Fährmann im Tod ins Jenseits bringt, überqueren wir ebenfalls den „Fluss des Vergessens", die Lethe. Nicht-Vergessen und Erinnern hat etwas mit Wahrheit zu tun, Unwissenheit dagegen mit Aktivitätsdrang und Aktivitätsschüben. In diesem Zusammenhang kann man auch erkennen, dass Gruppen, die ihre Geschichte, Tradition und Erinnerung pflegen, der Entwurzelung und Zersplitterung ihres Ichs entgegen wirken. Das sind homogene Gruppen.

Es kommt noch ein anderer Gedanke hinzu: dass auch das für Neu erkannte in Wirklichkeit ein Wieder-Heraufholen geschauter Inhalte ist. Mit anderen Worten, es kann sein, dass alle Erkenntnis Wiedererinnerung ist. So äußern sich z. B. der heidnische Sokrates und der christliche Augustinus. Das Wissen um die Genese sowohl des einzelnen Menschen als auch der Welt vertieft die Identität und die Authentizität. Jedoch, das blinde Tun, oder positiver ausgedrückt die „Tätigkeit", wie Goethe den Lebenssinn bezeichnet, ohne in Erinnerung zu schwelgen, hat auch ihren Sinn. Ebenfalls sinnvoll ist es, sich mit der Zukunft zu beschäftigen, Ziele, Pläne, Aufgaben zu haben, im Kontrast zu einer zu intensiven Erinnerung an früher. Alle drei Elemente haben für den Menschen ihren Stellenwert: Zukunft, Erinnern/Vergangenheit und die augenblickliche Tätigkeit.

Kurz gefasst: Träumen ist dasselbe wie Erinnern. Es ist ein Erinnern unter den Voraussetzungen des Schlafes, also ein Erinnern im Unbewussten, nicht wie am Tag, im Bewussten. Es ist ein Erinnern ohne Störung. Auch wenn Sigmund Freud betonte, dass alle Träume Wunschträume seien, so war ihm doch andererseits klar, dass alle Träume auf gemachten Erfahrungen beruhten. Wir haben das an verschiedenen Stellen des vorliegenden Buches so ausgedrückt: Alle Träume beruhen auf Fakten. Man muss allerdingst hier die Komplexwanderung hinzuziehen. D.h. das Erlebte, was die Basis oder der Anstoß eines Traumes ist, kann auch in der Uteruszeit, in der Sippschaft oder Clangeschichte liegen, oder vielleicht sogar im Unbewussten eines Nachbarn oder Partners. Grundsätzlich können psychische Inhalte im Unbewussten „wandern". Früher sprach man hilfsweise von „Übertragung" oder „Projektion".

Im Geburtsprozess hat man viel erlebt, was nicht selten in den Träumen dargestellt wird. Der Unkundige meint dann, weil er sich bewusst nicht erinnern kann, der Traum beruhe nicht auf Fakten. Ein Traum ist ein Element der Reproduktion und der Erinnerung. Träume halluzinieren nicht. Träume erinnern das, was der bewussten Erinnerung fehlt, was aber notwendig wäre, um sich über sich klar zu werden. So erinnern Träume bevorzugt Verdrängtes oder auch solches, was das Bewusstsein verstockt leugnet. Die Träume erinnern gerne das, was das Bewusstsein als scheinbare Banalität abtut oder abgetan hat. Der Traum sagt: diese Geschichte hier ist ganz und gar nicht nebensächlich.

Träume wirken, auch wenn sie vergessen werden. Das ist aber nicht messbar, sondern nur indirekt erfahrbar. Wenn das jemand bestreitet, dann kann man ihm das Gegenteil nicht beweisen. Die Auswirkung der Träume verliert sich in vielen Ästen, ist vielleicht sogar eine Grauzone. Sigmund Freud meinte, dass das Erinnern eines Traumes stark von Freuds Lieblingsinstanz, der „Zensur" abhänge. Es würde also die Kontrolle des Bewusstseins oder des Ich-Willens ihre Hand im Spiel haben, wenn ein Traum möglichst nicht erinnert werden soll. Mit anderen Worten: was dem Über-Ich nicht ganz zumutbar ist, wird lieber vergessen. Es dürfte aber etwas anders zu sehen sein. Der Traum ist ja ein selbstbestimmtes Phänomen, er macht, was er will. Er trickst nicht, er lügt nicht, er hat keine Absichten. Zuerst einmal will er nur plakativ darstellen und erinnern, er will Vorführung, er will ein Thema vorführen und abhandeln, damit es in der endgültigen Ablage deponiert werden kann. D.h. der Traum zeigt etwas, und zwar im Prinzip neutral. Er zeigt es so, wie es ist oder wie es war. Andere Momente werden gerne vom wachen Denken und vom bewussten Ich hinzugefügt oder hinzugedichtet. Der Traum will einen Kinofilm vorführen, unabhängig davon, ob er jemandem gefällt oder nicht, und er bestimmt selbst, was von dem Film erinnerbar ist, was erinnert werden soll und was nicht. Wir wissen zwar heute ungefähr, wie das Gedächtnis abspeichert und ordnet, aber die geheimen Motive, warum etwas trotz Bemühens vergessen ist und warum andererseits etwas Vergessenes zwanghaft oder auch zaghaft in die Erinnerung schießt, sind uns noch nicht hinreichend bekannt. Das wäre die Frage: Welche Vorliebe hat das Gedächtnis? Oder kümmert es sich um Präferenz nicht?

Erleuchtung

Mit Erleuchtung ist hier weniger ein Licht-Erlebnis gemeint, welches durch Begriffe wie illuminatio oder enlightment nahegelegt wird, sondern ein höheres Wissen, was dem üblichen rationalen Erkenntnisprozess nicht eigen ist. Erleuchtung gibt es im Traum und im Wachsein, im letzteren Fall ist es schon ein besonderes Wachsein, was mit außersinnlicher Wahrnehmung gepaart ist oder bezeichnet werden kann. Im Traum entspricht Erleuchtung einem mystischen, intuitiven Wissen, was ein Mehr gegenüber dem kognitiv zu erreichenden Wissen ist. Man spricht gerne von Charis, Gnade, Geschenk, das meint wenigstens, dass Erleuchtung nicht durch Anstrengung erzwungen werden kann. Es ist eine offene Frage, ob höheres Wissen von innen kommt, also psychisch aus dem tiefen Unbewussten, oder von außen, von einer höheren Macht gegeben, eingeflößt wird. Also: psychisch oder transzendent? – darüber kann man sich bei extraordinären Erkenntniserlebnissen lange streiten. Der Traum ist jedenfalls ein bevorzugter Boden dafür, dass unser rationales Denken nach den Gesetzen der üblichen Logik von Wissensinhalten, die der übersinnlichen „Gnosis" oder anderen „Kräften" zu entspringen scheinen, abgelöst wird.

Wir bevorzugen im Moment die einfacheren Begriffe: transzendentes, spirituelles, kosmisches Wissen (für Erleuchtung) – könnten aber auch von Religion oder „Gott im Traum" sprechen.

E Dann kämen wir aber zu weit weg, zur Diskussion über die Existenz eines göttlichen Wesens. Die Tatsache, dass es im Traum ein simples höheres Wissen gibt als im Wachzustand, kann auch der Atheist annehmen.

Die transzendente Weisheit im Traum hat Ähnlichkeit mit den Nahtoderlebnissen und mit den historisch beschriebenen Erleuchtungen. Yogananda z. B. konnte den Wandel von Feuer/Energie in Materie/Landschaft sehen, ebenso umgekehrt den Wandel von Materie in Energie erleben. Der Däne Martinus erkannte, dass alles Bewusstsein ist, dass auch Galaxien und Pflanzen Lebewesen sind. Manche erfahren in Erleuchtung und Traum, dass die Wiedergeburtstheorie insofern stimmig ist, als alles rhythmisch im Kreise sich bewegt, und zwar ewig und eigentlich unveränderlich, dass „Neues" ebenso wie die Zeit eine Illusion ist.

Liebe und Entwicklung/Lernen/Wahrheitserkenntnis mögen der Sinn des Lebens sein. Unsere hiesige Existenz ist nur eine vorübergehende. Die Transformation vom Geistwesen zum menschlichen Körper, also quasi vom Himmel auf die Erde hin, geschieht laut Traum durch eine wahnsinnige „Beschleunigung"/Geschwindigkeit. Erleuchtung ereignet sicht, unter dem Erkenntnisbaum wie auch im Traum, „ohne Ich". Das irdische Ego wird als untunlich und eher als verrückt auf weiteren Bahnen weggeworfen, als dass es in der geistigen Welt etwa gepflegt würde. Das Böse ist nur das mangelnde Gute, ein Fehlen, keine eigene Entität. Unsere Spiralbewegung führt uns nach dem Tod zu immer mehr Gemeinschaftlichkeit (Gruppen). Wir sind auch jetzt schon alle Einheit, ohne es zu wissen, irrtümlich halten wir uns für separat und separiert. Unsere Heimat ist der Himmel, nicht die Erde. Wir sind nicht autonom, sondern „Mieter" in Gottes Haus. Wir dienen dem Schicksal und den Schicksalsgöttinnen, nicht umgekehrt. Gott und die Engel, wie theoretisch oder symbolisch ehemals im Paradies, „sprechen" mit uns im Traum. Die Zukunft ist schon geschehen. „Aus Liebe" nehmen manche Menschen den Tod und verachtete Rollen, Aufträge, Funktionen auf sich. Der Prozess, der abläuft, ist das Leben, und dieser Prozess ist weder schuldig noch unschuldig. „Welt" kann am ehesten durch Lüge und Betrügen, abgemildert als Irrtum beschrieben werden. „Wir werden geführt." Die Hölle ist das Diesseits, drüben gibt es keine. Die Welt ist eine After-Schöpfung, eine Imitatio Dei (gnostisches Denken). Es geht nicht um uns, als Person, Ego, sondern um unseren Auftrag. Im Tiefsten fallen unser freier Wille und das überlegene Wollen Gottes zusammen. Das sind ein paar Erleuchtungstraum-Inhalte.

Man kann im Traum seine Geburt erleben, und zwar nicht nur biologisch, sondern transzendent als Herabkommen, Einfliegen aus einer anderen Welt, ebenso in schönen, kosmischen Bildern seine Zeugung (z. B. „Kristallobelisk stößt in große goldene Kugel"), und auch seinen Tod (freundliches Abgeholtwerden), sowie die weiter oben erwähnte Bestimmung – und zwar unabhängig davon, ob das nun Vergangenheit oder Zukunft ist, also außerhalb der Zeitschiene. Man erkennt, dass alles Sinn hat, auch das scheinbar Absurde. Oft gibt es den Ganzlebensüberblick, die distanzierte Panoramaschau auf das Leben des Träumers, ob als Theater, Kino, Film, Buch, manchmal schwebend, fliegend. Auch die auf der Welt unsichtbaren Geheimnisse anderer Menschen kann man im Traum „sehen". Wir sind geboren, um zu sterben (man könnte sagen: um nach dem Leben Geist zu werden). Das Leben auf der Erde ist abhängig von „elektrischen Impulsen aus dem Kosmos" bzw. vom „elektrifizierenden Königshaus", das meint: vom belebenden Geist, von oben. Alle Schmerzen auf der Erde werden einmal zu wertvollen, goldenen Erfahrungsstücken. Der Zustand totaler „Angstlosigkeit" ist

E (allein) überirdisch, im Tod nähert er sich, verbunden mit überwältigender Erkenntnis. Angstlosigkeit ist identisch mit Glückseligkeit. Der Traum lehrt: Du brauchst Dich nie im Leben zu „entscheiden". Was man aufgegeben hat, bekommt man zurück. Das Leben besteht in Wahrheit „immer". Wir haben auf Erden unsichtbare Begleiter. Das All ist die „Leere", ebenso die Weltkugel. Man muss die Welt, oder auch die Schlange „essen", das ist die Inkarnation. Oder: Schicksal und Welt erscheinen als „Kartenspiel" – jeder zieht eine spezielle Karte, das ist die Biografie (sie wird im Tod „zurückgegeben").

Schweben und Fliegen sind typisch für Erleuchtungsträume, manchmal auch überirdisches Licht oder überirdische Musik. Es gibt keine Klagen, keine Vorwürfe, sondern alles treibt am heiter und harmonisch gestimmten Träumer vorbei. Entrückung, Tanz, Verklärung können zu Erleuchtungsträumen gehören, auch die Liebe sowie verschiedene Symbole für den Geist (Feuer, Wind, Wasser, Engel), besonders aber die Wahrheit (!). Engel im Traum treten fast immer „wie Menschen" auf, wie normale oder banale Begleiter oder vielleicht Bergführer – erst am Ende des Traumes (noch im Traum) erkennt man: „das müssen Engel gewesen sein". Als einzelnen Typus erlebt man am ehesten im Traum den Geburtsengel, nämlich als überraschenden Helfer, notwendigen Eingreifer. Schnee, Gold, Leere/Ruhe, Kobaltblau mit Gold (=Lapislazuli), Himmel sind Göttlichkeitszeichen. Erleuchtete oder hoch-spirituelle Träume verlassen den Polaritätsraum (es gibt nur das Tao, kein Yin und Yang). In der Transzendenz, die manchmal in den tiefsten Tiefschlafphasen in unser Weltleben hineinragt, gibt es keine Gegensätzlichkeit (vgl. die Nirwana-Vorstellung).

Ganzheitssymbole bereiten quasi den Boden für ein Einheitserlebnis, gerade das „Identitätserlebnis" ist ein markantes

Erleuchtungszeichen, auch außerhalb von Träumen, z. B. im Hinduismus oder in der christlichen Mystik. Ganzheitssymbole sind beispielsweise: ein Engel, Jesus, Mohammed, Gottgestalten in vielerlei Variation, ein Kreuz, ein Kreis, eine Pyramide, eine Verbindung mit einem Himmlischen, Vier-Zahlen oder Acht-Zahlen, ein Mandala, die Dame (wie in den Marienerscheinungen), das unschuldige Kind als die Liebe, auch ein Säugling, der sprechen kann, ein Stern, eine „Stimme", auch die überraschenden Worte von Tieren sowie die berühmte Goldene Kugel. Die Kugel ist aber sehr ambivalent, sie zeigt, dass ein Mensch sich selbst genug ist, niemanden und nichts weiter braucht, in Ruhe und saturiert lebt, eine gewisse Idealität darstellt. Ihr Manko aber ist, dass sie das betonte Nicht-Du darstellt, also keine Entwicklung, keine Sexualität, kein Miteinander, keinen Fortschritt. Im Märchen „der Froschkönig" lebt die vorpubertäre Vatertochter in der Sonne und Dekoration des Schlosses, spielt mit sich selbst (!), wie im sterilen goldenen Käfig. Unbewusst-absichtlich geht ihr die Goldene Kugel verlustig. Als fehlendes Du tritt, ganz alternativ, ein Mann auf, aus dem Schatten- und Brunnenbereich, der genauso wie das Mädchen erlösungsbedürftig ist und seines Froschcharakters verlustig gehen möchte. Die Ganzheit der Goldenen Kugel ist zu ‚autistisch', ihr Verlust also sinnvoll. Das Ende der Kindheit, das männliche und sozial und emotional alternative Du, die Partnerschaft und den Fortschritt stellt der Verlust der Goldenen Kugel, im Märchen wie im Traum, dar. Ganzheit kann eben auch im Kontrast zum Miteinander, zum Leben, zum Leben mit dem Du stehen.

Zu jedem spricht die göttliche Welt im Traum, jeder erhält Offenbarungen. Aber man weiß: wenige erinnern die Träume, und viele bestreiten solche Botschaften. Man wird davon ausgehen können, dass alle Religionsstifter im Traum geführt und belehrt worden sind – nicht nur Nobelpreisträger (z. B. Bohr, Einstein), welche naturwissenschaftliche Erkenntnisse, initial und als Vorgriff, in Träumen gezeigt bekamen.

Vgl. → Erleuchtungsblitze

Erleuchtungsblitze im Traum (Eingebungen)

Der Einfachheit halber wählen wir hier für ein bestimmtes Phänomen den Begriff „Erleuchtung". Es geht um den blitzartigen, überraschenden Einbruch eines höheren Wissens, einer transpersonalen Weisheit, einer transzendenten Wahrheit. Lösungen und Intuitionen wie aus einer anderen Welt können im Traum auftauchen. In der Nacht steigen die Engel auf und nieder, und mit ihnen der Geist – so heißt es sinngemäß im Koran. Erleuchtung, Enlightment, Illuminatio suggerieren als Begriffe, dass eine Lichterscheinung mit dem Einbruch einer spontanen, sehr außergewöhnlichen oder außersinnlichen Wahrnehmung verbunden sei, das ist aber nicht so oft der Fall. Bekannter noch als im Traum ist der Erleuchtungseinbruch in der Wachheit, Realität, wenn natürlich auch hier sehr umstritten und nicht selten abgelehnt. Erleuchtungserlebnisse sind sehr persönlich und subjektiv – dem Nächsten sind sie eigentlich nicht zu vermitteln. Wer kann schon Beweise dafür liefern, dass er eine Marienerscheinung gehabt habe oder in fremden unbekannten Sprachen im Traum hat reden können? Verklärung, Wunder, Entrückung sind weitere Begriffe, die den Zustand beschreiben sollen, wenn man vom Blitzeinschlag des Höheren Wissens gepackt, ergriffen und hinweg genommen worden ist. Man denke an die Nachtreise des Muhammad auf der wunderbaren Stute nach Jerusalem und von dort aus in den Himmel, an die Jenseitsreise des Parmenides oder Dante, an Zungen und Feuer auf die Apostel zu Pfingsten, an diese Art von Erleuchtungsgeschenk, was das

Predigen in fremden Sprachen erzeugte. Damals deuteten viele, die Apostel seien betrunken (Glossalolie = unverständliches, doch beindruckendes, wunderhaftes Zungenreden). Wer soll es glauben, wenn etwa Yogananda den Übergang von Feuer/Licht/Energie in Materie, und auch diesen Prozess rückwärts, in seinem Erleuchtungserlebnis gesehen hat? Wer es aber selbst erlebt hat, z. B. eine Entrückung, ein Identitätserlebnis, dem kann man die Realität dieses Erlebnisses niemals mehr aus seiner Person herausprügeln oder herauszwingen.

Wenn es Erleuchtung gibt, wird man sie als Geschenk, Gnade bezeichnen müssen. Sie ist nicht mit dem Willen oder per Meditation zu erzwingen. Allerdings kann sie indirekt angezogen werden dadurch, dass ein Mensch sich intensiv, besonders unbewusst (und da ist der Traum schon nahe), mit einem Thema, einer Wissenssuche länger beschäftigt. Wer um die Lösung eines Problems echt und tief und mit hehrem Charakter ringt, hat Chancen auf eine Erleuchtung, d.h. hat Chancen auf einen automatischen Umschlag, auf eine blitzartige Eingebung. In der Geschichte der Wissenschaft gibt es solche Fälle. Man denke auch an die klassischen ‚Blockaden' im Zazen; der Übende erhält ein „Koan", das eine schwierige, kluge, paradoxe Aussage ist; er soll einen Widerspruch lösen; er kann daran nur verzweifeln. Das angestrengte Denken, Bemühen mündet in einem Umschlag, statt der Lösung wird das Koan und mit ihm der Intellekt auf einmal nicht nur relativiert, sondern geradezu weggeworfen, und „Satori", ein Erleuchtungs- und Identitätserlebnis tritt ein.

Erleuchtungseinbrüche im Wachzustand, gern als „Vision" bezeichnet, in Trance oder im Schlaf sind im Prinzip inhaltlich ähnlich zu werten. Albert Einsteins genialer Relativitätstheorie,

die mit der Lichtgeschwindigkeit zu tun hat, ist nach seinen Aussagen ein Traum vorausgegangen:
Er raste nachts mit einem Schlitten einen Abhang hinunter und wurde immer schneller. Als er beinahe Lichtgeschwindigkeit erreicht hatte, brachen die Sterne über ihm ihr Licht in Farbspektren, die er noch nie gesehen hatte.

Auch normale Sterbliche können Licht, Farben und deren Töne(!) in einem einzigen visionären Traumbild sehen. – Der Chemiker August Kekulé fand die Ringstruktur des Benzols durch einen Traum, der ihn wie ein „Blitzstrahl" traf:
„Die Atome gaukelten vor meinen Augen"... „Gebilde..., Reihen..., schlangenartig sich windend und drehend". „Eine der Schlangen erfaßte den eigenen Schwanz und höhnisch wirbelte das Gebilde vor meinen Augen." So hatte Kekulé, bzw. sein Traum, die Kohlenstoffatome des Benzols in der richtigen Ring-Anordnung gesehen.

Berühmt ist der Traum von Mendelejew vor der Entdeckung des Periodensystems (Chemie; Elemente-Ordnung): *„Ich sah im Traum die Tabelle, in der alle Elemente so verteilt waren, wie es sein musste. Ich erwachte sofort und schrieb alles auf ein Stück Papier."*
Kekulé und Mendelejew hatten sich lange mit dem entsprechenden Problem beschäftigt, ohne befriedigende Lösung und auch auf leicht falschen, verschobenen Pfaden. – Der Traum ist Wahrheit, allerdings eine verborgene, und dort sieht man das Richtige. Das gilt auch für psychologische und gesellschaftliche Probleme. Und es gilt auch für unsere Fragen zum Lebenssinn oder zu Gott. – Träume geben einen entscheidenden Link: Mendelejew musste nach Atomgewicht, nicht nach Atomgröße die Elemente ordnen; so weit war er am Tag noch nicht gekommen, nur nahe daran. Übersetzungen und Lösungen für alte

unverständliche Schriftzeichen, Inschriften fand der deutsche Ägyptologe Heinrich Brugsch-Pascha (1827-1894) im Traum. Dabei wunderte er sich am Morgen darüber, wie er in der Dunkelheit des Traumes [wie er meinte] „deutlich lesbare Zeichen" hatte sehen können. Otto Loewis (1873-1961, Nobelpreis 1936) entdeckte 1921 das Azetylcholin als chemische Substanz, die die Impulse von Nerven überträgt. Im Traum fand er die richtige Versuchsanordnung für ein Experiment, das er am Tag dann erfolgreich an einem Froschherzen durchführte. Vorher hatte er sich mit dem Experiment unter anderem Aspekt bereits beschäftigt, aber es fehlte noch etwas. Der Mensch hat oft ein richtiges Ahnen, das Unbewusste drängt, ohne dass man es versteht, in eine Richtung – die Initialzündung, die entscheidende kleine Wendung gibt dann aber der Traum.

Die Erleuchtungseingebungen berühren sich, was der Sache nach nicht überrascht, mit den Zukunftsträumen. Kriege z.B. werden im Traum nicht selten voraus-geschaut, auch Staatsgründungen sowie Untergänge. U.a. sah der preußische Kanzler Bismarck den Krieg mit Österreich, 1866, im Traum voraus. Das Sujet, das Fachgebiet spielt bei der visionären Traumschau keine Rolle. Auch blitzartige Zukunftslösungen zum Privatleben tauchen auf. Nicht jeder ist Nobelpreisträger wie der dänische Physiker Niels Bohr, der das Atommodell entdeckte, nachdem er im Traum Atome und Elektronen gesehen hatte.

Mit einem Lichtphänomen sind die erleuchtungsähnlichen Nahtoderlebnisse, auch diese ein ‚Umschlag', versehen. Das Licht wird als enorm hell, überirdisch, was aber dennoch den Augen nicht wehtut, beschrieben; es strahle eine Liebe, wenigstens Geborgenheit, fast personaler Art aus. Man könne kommunizieren mit dem transzendenten Licht, dem man entgegen schwebe oder auch rase und das eine Art Heimat symbolisiere. Hildegard von

E Bingen hat im Mittelalter ihre Erleuchtungserlebnisse als „Visionen" beschrieben. Dabei spielte Licht eine große Rolle. „Licht vom Licht" nannte sie den sekundären, partiellen Weisheitsschub. Das Licht war außerordentlich, aber es blendete nicht, es war Botschafter eines noch unsagbareren, eigentlichen, höheren Lichts, ein Lichtempfang vom unempfangbaren Licht aus.

Einen Erleuchtungsblitz mögen wir auch das folgende, plötzliche, überraschende Erkennen am Ende eines Traumes nennen: „Das müssen Engel gewesen sein". Verschiedentlich können Helfer im Traum auftreten, die als Bergführer auf schmalem Grat oder als rettende Personen bei der schwierigen Geburt oder im Zusammenhang mit einem Leiter-Symbol, genauer der Sturzgefahr, funktionieren. Wie von selbst sagt das Traumfinale manchmal, dass „Engel" aufgetreten wären und bei unüberwindbaren Problemen geholfen hätten. Die Schutzengel-Idee ist ja weit verbreitet in der Welt. Sie dürfte wie viele religiöse Dogmen, ursprünglich und erstmals in Träumen geschaut worden sein. Auch der Todesengel und der Geburtsengel sind keine Erfindung, sondern deshalb so verbreitet, weil Menschen in Träumen wiederholt solche Phänomene sahen. Die Botschafter und die Botschaften des Geistes erkennen wir nicht, weil sie in Allerweltskleidung, codiert also, an uns herantreten.

Transzendente erleuchtungs-ähnliche Einblicke lassen uns auch unbekannte Schwangerschaftserlebnisse schauen. Sie demaskieren daneben auch Eltern, z.B. bei Adoption oder Unterschiebung, die nicht unsere echten, genetischen Eltern sind. Man kann seine eigene Zeugung sogar im Traum sehen, beispielsweise so: Ein Rehbock ist auf eine Ricke aufgestiegen, die eher davonzulaufen sucht, wo es jedenfalls den Bock lange Zeit und Mühe kostet, in das Weibchen einzudringen. Auch Träume über die Verschmelzung von Sonne und Mond können die eigene Zeugung meinen; oder es fährt Kristallenes in eine Lichtkugel.

Überraschend können auch Verstorbene im Traum auftauchen. Kontakt und Kommunikation mit ihnen spielen sich in einer transzendenten, nicht in der hiesigen Dimension ab. Zur Erleuchtung gehört in der Regel eine „andere" Dimension, von der man nichts ahnt; und man empfindet, dass die andere Welt „plötzlich" hereinschießt. Wie aus einer anderen Welt muten auch Traumbotschaften an, die plötzlich/überraschend über den Sinn des Lebens des Träumers aufklären (manchmal sogar darüber, dass der Tod einen Sinn hat...). Wie aus dem Nichts kann im Traum auch die „Aufgabe" eines Menschen mitgeteilt werden, während man bei bemühtem wachem Nachdenken den ganzen Sinn seiner Biografie nie findet. Im Spontanen liegt der Clou. Der berühmte Heilige Wagen, mit dem laut der Antike z. B. herausgehobene Propheten vorübergehend oder für immer in den Himmel geführt, geholt wurden, anstelle eines üblichen Sterbeprozesses – man findet ihn im Traum als das Gefährt, als Fähre oder Fluggerät, das uns in den Himmel trägt, das uns abholt im Tod. Die Träume lehren: die Himmelfahrt droht jedem. Wer Weiteres wissen will: Gott ist bildlos, auch im Traum. Götter oder Götterboten sind nur als Metaphern für ein beglückendes Ganzheits- oder Erleuchtungserlebnis zu sehen, als Stellvertreter, zwar durchaus wesentlicher Art, aber nicht als wirkliches Konkretum für den großen unsichtbaren Gott. Alle menschlichen Gottvorstellungen sind nur Annäherungswerte. Am häufigsten im Traum für das Schweben im Erleuchtungszustand ist das „Fliegen".

Der englische Schriftsteller J.B. Priestley (1894–1984) sah im Traum die Menschen, Kreaturen als Vögel, die hektisch sich aufschwangen, sich paarten, kämpften und starben. Eine schmerzliche, sinnlose Szenerie. *„Durch diese Ebene" [der Federn, Vogelreste] „lief jetzt, aufleuchtend durch die Körper selbst, eine Art weißer Flamme, bebend, tanzend, dann vorwärts stürzend, und sobald ich sie erblickte, wusste ich, dass diese weiße Flamme das Leben selbst war, die reine Quintessenz des Lebens, und dann ging mir in einer raketenartigen Ekstase auf, dass es unmöglich je um irgendetwas gehen konnte, weil nichts wirklich war als dieser vibrierende, eilende Glanz des Daseins. Vögel, Menschen oder Geschöpfe, noch ungeformt und ungefärbt, sie alle hatten Bedeutung nur, soweit diese Lebensflamme sie durchzog."* Das ist ein Erleuchtungsblitz im Traum: Wir sind nur Träger des Lebens; die Lebensessenz ist wichtig, nicht die Geschöpfe.

Vgl. auch → Erleuchtung

F

Fahrzeuge im Traum

Ein Fahrzeugsymbol kann stellvertretend für einen Menschen stehen, und zwar betont in seiner Körperlichkeit. Es kann aber auch seelische oder soziale Zustände andeuten. Ein Flugzeug verweist gern auf den pränatalen Zustand, eine Raumfähre auf den postmortalen Zustand. Zum Thema „Auto" findet sich einiges unter dem Stichwort **„Körperliches im Traum"** (siehe dort).

Autos mit einer gewissen Rundlichkeit und mit einem Volumen etwas über dem Durchschnitt können gern eine Schwangere meinen. Je nach entsprechender, passender Form auch Aggressivität und Sexualität. Mit Bus und Zug werden die Menschen

abgeholt oder irgendwo hingebracht, deshalb finden sich diese Motive gern auch bei den Themen Geburt und Tod. Das Fahrrad ist sozusagen ein Singlefahrzeug, es verrät irgendeinen Inhalt zur Kindheit und vorpubertären Zeit oder ist auch typisch für einen Menschen, der keine Beziehung hat oder will. Ein Auto ist gern eine ‚Beziehungskiste', die Sitzverteilung und die Aktivitäten des Paares auf den Vordersitzen sagen etwas über die Konstellation der Beziehung aus. Dass Dreirad oder der kleine Roller zur frühen Kindheit gehören, ist selbstverständlich.
Das Boot markiert manchmal ein Ich im Meer der Gefühle. Ein Schiff, besonders ein großes Schiff, vor der Küste auf Reede liegend, meint nicht selten die Schwangere, und zwar recht nah vor der Geburt. Aber das Schiff ist auch generell wie die Arche im Alten Testament ein Symbol für die Welt oder für die gesamte Menschengruppe oder auch eine kleine Menschengruppe auf der Welt.

LKWs und Traktoren können etwas sehr Männliches oder auch Belastendes (Lastwagen = Last) bzw. Aggressives anzeigen. Das Motorrad repräsentiert gerne einen männlichen Mann, auch einen Macho oder einen Sextäter; bei Frauen kann es etwas aussagen über den Animus einer Frau. Anhänger sind als Anhängsel zu verstehen und können irgendetwas zu einem Angehörigen aussagen oder auch zu einer Last, die man mitschleppt, oder auch gerne zur Schwangerschaft. Ski und Schlitten haben nicht selten eine erotische Bedeutung. Da gibt es ja auch noch Gondeln und Schaukeln/Wippen; sie verweisen manchmal auf einen glücklichen Zustand vor der Geburt und dann später auf Lust, Erotik. Der „Fahrstuhl" als Bewegungsmittel ist ein klassischer Archetyp für Geburtsstress, ggf. für ein großes Geburtstrauma (1) sowie für die sexuelle Tätigkeit (2). Die Probleme, eventuell Ängste, bezüglich des Fahrstuhls sind in diesen Träumen sprechend, symbolisch aussagekräftig. Im Unbewussten basiert die sexuelle Aktivität eines Erwachsenen stark auf seiner Geburtserfahrung. Es gibt wie der Fahrstuhl viele Symbole, so z.B. auch „schwimmen", die sowohl auf Uterusaufenthalt/Geburt als auch auf Sexualität verweisen. Das Verbindende mag die ‚körperliche Bewegung' sein, die sich sehr schön mithilfe des Fahrzeugs als Traummotiv ausdrücken lässt. Generell fußt unsere Sexualität unbewusst auf frühen Muttererfahrungen, d.h. auf Mustern der Uteruserfahrung, der Geburt und der oralen Phase.

Vgl. auch → **Körperliches im Traum**

Fallen

Fallträume haben in der Regel mit dem großen Problem der Trennung zu tun, und Trennungen gehören zur Entwicklung bzw. zu Entwicklungsetappen. Auch Verluste liegen beim Trennungsthema nahe, aber das Markante ist, dass es um den großen nächsten Schritt geht. Archetypisch ist ein großer Entwicklungsschritt immer schon mit Springen und Fallen verbunden gewesen. Z.B. in der Antike ist das Sterben das Fallen von großer Höhe hinab oder das Springen in die Tiefe. Wer viele Fallträume hat, hat meistens ein Problem gehabt – oder vielleicht ist es noch aktuell –, Entwicklungsetappen als Kind zu erleben und nun zu erledigen, hinter sich zu lassen. Ein Beispiel ist die Mutter-Kind-Trennung. Da kann es um scheinbare Kleinigkeiten gehen, etwa darum, für ein paar Wochen früh (zu früh) in eine Ferienfreizeit geschickt zu werden. Oder auch um das Faktum, ebenfalls zu früh und/oder zu häufig von der Mutter zu einer Tagesmutter gegeben worden zu sein oder zu früh in den Kindergarten und ähnliches. Fallen heißt Trennung und das wiederum heißt: Etwas hinter sich zu lassen, abschließen zu können. Letzteres taucht manchmal auch als „Schlüssel"-Problem im Traum auf. Es ist logisch, dass ich einer neuen, vielleicht auch unbekannten Zukunft aktiver und spontaner und williger entgegengehe, wenn ich die vorherige Stufe ausreichend gehabt habe und loslassen kann. Das hängt also zusammen: Unbefriedigende, nicht erfüllte oder nicht gelebte Entwicklungsetappen verhindern, erschweren die Trennung, traumatisieren das große Fallen, was wir also in der Regel übersetzen ‚als den großen Sprung ins Unbekannte'. Bindung und Zurückgehaltenwerden verhindern den Sprung oder Fall. Ein Weiteres kommt bei Fallträumen hinzu: Wenn man entscheidende Trennungen nur katastrophal und dramatisch oder unter großen Ängsten erlebt hat, dann bleibt das natürlich ein ewiges Muster. Dann sind weitere Entwicklungsschritte, weitere große Sprünge ins tiefe Unbekannte ständig belastend. Das Unbewusste erinnert sich an das Ersterlebnis, wo also die erste Trennung tod- und angstbesetzt war oder aus anderen Gründen nicht recht funktionierte, und dann wiederholt sich das bei neuen Entwicklungsschritten. Die Angst vor dem Fallen kann man also so übersetzen: Der Träumer hatte nie Sicherheit empfunden, wenn er einen neuen Entwicklungsschritt machen musste. Dann ist es logisch, dass man vor einem neuen Sprung ins Unbekannte scheut. Der größte Fall und Sprung ist natürlich die Geburt, auf die Welt kommen, und umgekehrt der Tod, ins Jenseits gehen. Somit kann man also andeuten oder ahnungsweise verstehen, dass hinter der Angst vor dem Fallen, von natürlicher Schutzhaltung abgesehen, letztlich die Angst vor dem Tod bzw. die Erinnerung an eine beinahe tödliche Trennung stehen können. Entwicklungsthemen, -träume, wo die Motive Fallen oder Springen wieder hochkommen, können auch dies real sein: Prüfungen, Eheschließungen, Umzüge.

Farben

Besonders für Farben im Traum gilt, was generell wichtig ist für die Symbolik, dass nämlich eigentlich jedes Traumsymbol

F ambivalent ist. D.h. Farben können eine positive und/oder negative Bedeutung haben. Farben sind Archetypen, sie drücken gern Gefühle aus oder liefern eine interessante Zusatzinformation zu einem Objekt. Beispiel: der weiße Elefant; dieses Traumsymbol hat zuerst die Information „Elefant", welche man mit großer Erinnerungsfähigkeit und Weisheit umschreiben kann. Zusätzlich sagt die Farbe Weiß aus, dass der Inhalt des Symbols Elefant potenziert ist (auch transzendent). Damit kommen wir schon zur ersten Farb-Bedeutung, nämlich der von Weiß. Zum einen bedeutet Weiß Verstärkung, Potenzierung, bis hin zur Idealität. Auf der anderen Seite ist Weiß die Farbe der Sterilität. Der allgemeine Gegensatz zu Weiß ist der Archetyp „Bunt", wozu das Zitat von Goethe passt: „Am farbigen Abglanz haben wir das Leben". Weiß ist daher in manchen Kulturen die Trauerfarbe, und es kann allgemein Jenseits, Unlebendigkeit, Tod andeuten.

Ebenfalls stark ambivalent ist Schwarz. Schwarz kann als Vorzeichen gesehen werden für Unheil oder Leid oder auch Tod oder auch einfach nur für Trauer stehen. Auch Schwarz ist betont unbunt, deshalb dieses Todescharakteristikum. Schwarz hat auch mit Angst und Gefahr zu tun, nämlich im übertragenen Sinne mit Nicht-Sehen-Können. Wenn man etwas nicht erkennen kann, ist das immer gefährlich. In der Kulturgeschichte sind diese Omina bekannt, die als schwarzer Vogel oder als schwarzer Hund oder als schwarze Wolken auftauchen können. Klassisch ist das Vorzeichen der schwarzen Katze, die über den Weg läuft. Das ist also die eine Bedeutung von Schwarz, tatsächlich ist ein schwarzes Symbol meist kein gutes Zeichen. Auf der anderen Seite steht die Farbe Schwarz für Diesseitigkeit, für Power, für Sexualität. Weitergehend könnte man sagen, für das ganze Wiedergeburtsprinzip und für die Körperlichkeit. Damit kann Schwarz auch indirekt für Aggressivität stehen, besser ausgedrückt: für das, was Angst macht. Also Stärke als Bedeutung des

Schwarzen sollte man nicht übersehen. Der Phallus des von Isis wiederzubelebenden Osiris war schwarz.

Auch Grün hat zwei Aspekte. In der helleren, weicheren, lieblicheren Tönung steht Grün gern für Wachstum. Hildegard von Bingen hat unnachahmlich diese „Grünkraft" erkannt und beschrieben. Sie ist Vital- und Werdens-Energie pur. Besonders wenn das Grün mit Pflanzen verbunden ist, z. B. mit Gras. Für alle Farben gilt, dass die hellere Tönung tendenziell mehr weiblich ist und die dunklere Tönung tendenziell mehr männlich ist. Außerdem unterscheiden sich die Bedeutungsinhalte von Hellgrün und Dunkelgrün, so auch von Hellblau und Dunkelblau. Tiefes dunkles Grün kann das Gegenteil von Wachstum bedeuten, es kann ein Tod-Thema mit Dunkelgrün gemeint sein.

Rot verkörpert das Prinzip von Eros, Blut, Aggression, Sex, Liebe, Energie. Gerade die Symbolik von Sex/Liebe und Aggression/Krieg sollte man im Auge behalten. Dazu meint Rot erst einmal nur ein neutrales Energiemaximum, ähnlich wie Feuer oder wie auch starkes Orange, und wir lassen anfangs die Frage offen, ob das eine positive oder negative Energie ist. Hier könnte man auch über Rosa sprechen, eine Kombination von Rot und Weiß, was oft mit einer kindlichen Liebe oder infantilen Sehnsucht oder auch Mutter-Sucht und Mutter-Abhängigkeit zu verbinden ist. Rosa hat die Tendenz, eine Kleinmädchen-Farbe zu sein. Rosa dient auch dazu, unangenehme Seiten der Realität zu übertünchen. Rosa hat etwas leicht Illusionäres und Unrealistisches. Am anderen Ende der Rotskala steht Dunkelrot oder Burgunderrot, dies meint in der Regel eine sehr starke Liebe bis hin zu einer Süchtigkeit. Neben diesem ausgeprägten Weinrot als gewisses Indiz für Sucht kann auch Gelb eine Süchtigkeit ausdrücken.

F

Gelb hat den einen Aspekt der Gier, des sehr starken Haben-Wollens. Es ist auf diese Weise ein gesteigertes Rot. So kommt es zu der Bedeutung, die man in manchen Büchern liest, das Gelb der Neid sei. Es ist aber nicht so einfach der Neid, es ist mehr das Eifern (was natürlich dann zu Neidphänomen führen kann). Gelb hat auch oft die Nähe zur Sonne und zu Gold, dann ist es hoch spirituell und hat mit einem gewissen Erlösungszustand zu tun.

Braun ist zum einen sehr naturnah und erdverbunden, damit auch mit Mutter und Tradition verknüpft, standfest, realistisch und gesund. Zum andern ist Braun die typische Farbe der Depression. In der Dichtung z.B. kann man erkennen, dass braune Objekte, Lebewesen, Gegenden eine verdeckte Neurose ausdrücken. Vielleicht hat Braun auch im übertragenen Sinne mit Fäulnis zu tun und ist daher eine Warnfarbe vor Krankheiten und Depression.

Blau ist bekanntermaßen eine Heilfarbe. Es assoziiert zum Geist, zum Himmel, zur Distanz, zur Kühle. Es steht damit über den Gefühlen und Leiden der Welt und des Körpers. Transparenz, Spiritualität, Denken sind Blau. Damit ist aber auch die Gefahr gegeben, dass Blau eine Weltferne ausdrückt, die im Gegensatz zum Körper und pulsierenden Leben und im Gegensatz zu Gefühlen steht. Blau ist betont unbunt und betont himmlisch, das spricht nicht gerade für Vitalität, sondern für Intellekt. Dunkelblau ist eine Geistigkeit, die nahe der Depression und Traurigkeit steht. Hellblau hat auch den Denkens- und Geistaspekt, aber ohne fatale Schattenseite. Hellblau und Weiß gestreift = himmlisch.

Man weiß, dass den Chakren Farben zugeordnet werden, auch Edelsteine oder Töne oder manches mehr. Diese Energieräder oder Kraftzentren im Menschen entziehen sich einer befriedigenden Beschreibung. Von den Träumen her kann man bestätigen, dass es etwas Ähnliches wie Chakren gibt. Man kann im Traum die aufgerollte Kundalini-Energie als Chakra erleben. Und ebenso auch das Stirnchakra und das Scheitelchakra. Das Stirnchakra wird oft auch als „Drittes Auge" bezeichnet. Das ist eine Sehweise, die unangewendet im Menschen schlummert, die aber manchmal in der Meditation oder im erleuchtungsähnlichen Vorzustand durchbricht. Man findet in der Literatur keine definitive, sondern wechselnde Zuordnungen von Farben zu den einzelnen Chakren, in der Regel wird das Wurzelchakra als Rot bezeichnet. Das Stirnchakra, das etwa zu Weisheit, Denken, Erkenntnis gehört, wird in den Träumen mit Fluorid assoziiert. Dieser Halbedelstein weist schillernde Farben auf, öfter mal blau oder indigo als dominierend, auf jeden Fall müsste aber auch grün dabei sein, auch Türkistöne, und sogar noch andere Farben changieren in diesem Stein. Der Stein, und damit die Farbe, welche zum Scheitelchakra gehört, kann ungefähr so beschrieben werden: Helligkeit, Licht, Transparenz mit einem leichten Schimmer von Violett. Das Scheitelchakra steht für die Lichtwelt, für die Erleuchtung.

Fliegen

Vor Zeiten schrieben die psychologischen Traumbücher, „Fliegen" und „Fallen" hätten mit Sex zu tun. Das muss man nicht ernstnehmen. Fliegen kann man natürlich auch mit High-Sein vergleichen, und das kann im Einzelfall mit Erotik zu tun haben oder mehr noch mit der mentalen Verliebtheit, das ist aber nicht die Hauptbedeutung von „Fliegen".

Fliegen ist körperlos, materielos zu sein und den Gesetzen des Diesseits nicht zu unterliegen. Das kann also eigentlich jeder übersetzen: Fliegen ist frei sein von Körper und damit eine Existenz als Nur-Geist oder Seele. Man muss nicht darauf hinweisen, dass Menschen mit dem Körper niemals fliegen können. Wenn sie doch fliegen, haben sie sich in diesem Moment oder in diesem Traum vom Körper gelöst, und zwar eindeutig. Die Geburt ist ein Übergang von der transzendenten Welt in die materielle Welt, und das Sterben dürfte auch ein Übergang in die geistige Welt sein. Bei diesen beiden Dimensionswechseln tritt „fliegen" im Traum häufig auf. Im Traum kann man erleben, dass wir bei der Geburt „einfliegen" und im Tod „davonfliegen". Das Davonfliegen wird in der Regel als „Abgeholt- Werden" symbolisiert. Das „Einfliegen" bei der Geburt geschieht oft unter gefährlichen Umständen, also mit Landeproblemen und mit Abstürzen.

Von Geburt und Tod abgesehen ist das Fliegen im Traum der Zustand des losgelösten, reinen Geistes des Träumers, der sich zum einen aus einer nicht-diesseitigen Perspektive erfährt und zum zweiten auf die Welt, unser Leben herabblickt. Fliegen hat daher meist mit Freiheit zu tun (die wir aber als abhängiger Körper nie haben) und mit Hochgefühl, und zum dritten mit besonderer Erkenntnis. Viele Träume, auch ohne fliegen, zeigen einen Überblick über das gesamte Leben des Träumers, als Bestandsaufnahme. Besonders das Fliegen aber ermöglicht einen distanzierten höheren und weiseren Blick. Es ist oft eine spontane, Freude machende Ausnahmesituation, als Erinnerung daran, dass wir eigentlich spirituelle Wesen sind, das unsere Heimat die Ewigkeit ist und nicht die Gravitation und die Diesseitigkeit und die Zeit.

Forscher-Träume:

siehe → Erleuchtungsblitze

Frau, männlich:

siehe → Penisneid

Frauenträume – gibt's die?

Gibt es spezielle Frauenträume? Die Frage muss man sowohl mit Ja als auch mit Nein beantworten. Es gibt Lebensbereiche, in denen Frau und Mann, Alt und Jung gleich reagieren, und in diesen Bereichen sind auch die Träume gleich. In anderen Lebensbereichen wiederum spielt unsere Geschlechtlichkeit eine wichtige Rolle, z.B. markant im Sexuell-Sein, im Schwanger-Sein, und da unterscheiden sich auch die Traumbilder der Männer und Frauen. Meistens fühlen wir jedoch als „Mensch", d.h. als übergeschlechtliche Seele, in der Steinzeit wie in der Moderne – wegen dieser Gemeinsamkeit können wir uns verstehen. Die geschlechtliche Rolle ist eine Zutat der Lebewesen, ein sekundäres Phänomen, und es tritt deshalb auch nur sekundär im Traum auf. Es gibt jedoch letztlich verschiedene Ansichten, d.h. subjektive, individuelle Einschätzungen darüber, ob man sich betont als „Frau" fühlt oder allgemeiner als „Mensch".

Wenn sich z.B. eine junge Frau gedanklich oder unbewusst mit Schwangerschaft beschäftigt, dann hat sie entsprechende Träume – die einem Mann natürlich fremd sind. So kann es sein, dass die Ahnfrau, d.i. eine Art Großmutter-Symbol aus der Sippschaft, manchmal als die berühmte Weiße Frau, im Traum auftritt und der Träumerin ein Kind verkündet. Konzeptionell, prognostisch kann ein Kind im Traum auftauchen, auch wenn die Träumerin im Alltag ganz anders beschäftigt ist oder gar eine Schwangerschaft noch ablehnt. Das Baby wird sich schon schicksalhaft durchsetzen, so hat man den Eindruck. Man (d.h. übrigens Frauen wie auch Männer) ist vom Kind schon „länger umschwebt", sagen die Anthroposophen, auch die Aborigines. Träume, die in der Nacht nach einem Geschlechtsakt, in dem Schwangerschaft erzielt wurde, stattfinden, enthalten sofort die symbolische, eindeutige Botschaft über das neue Kind...

Ein „Gürtel" z. B. bedeutet in Frauenträumen etwas anderes als in Männerträumen. Er meint die Weiblichkeit der Träumerin und kann Verlust oder Erwerb der Fraulichkeit anzeigen bzw. ein Mehr oder eine Weniger an Weiblichkeit.

„Tanzen" und auch ein „schönes Essen" (Candlelight-Dinner) im Traum stehen direkt für sexuelles partnerschaftliches Tun. Ähnlich die Symbole Turnen, Gymnastik/Sport bzw. die Zweier-Ball-Spiele (das klassische Ping-Pong, es geht da um das Hin und Her). „Sport" klassisch wird eher in Männerträumen für Sex gewählt. „Tanzen", am besten im Prinzessinnenkleid, ist in Frauenträumen bevorzugt. Der Kellner, der, in glänzender und tendenziell dunklerer Haut, der Träumerin auf einem Schiff den „Kaffe" anbietet: er macht ein Sex-Angebot.

Sowohl Erotik als auch manchmal nur Sex-Ersatz stellt der „Alkohol" dar. Der Rotwein ist stärker und auch typischer für Frauen als der Weißwein. Bier oder harte Schnäpse passen eher zum männlichen Sex-Tun. Im Unterschied zum direkt sexuellen Kaffe meint „Tee" übrigens das Gefühl, also etwas wie Liebe/Ästhetik/Romantik. „Nacktheit" im Traum hat, nebenbei gesagt, nichts mit Erotik zu tun, sondern zeigt, wie man sich ohne Show, Prägungen und Getue (das wären nämlich die Kleider) fühlt; Scham kann da einen geheimen seelischen, nicht sexuellen, Minderwertigkeitskomplex meinen.

Aufgrund entsprechender Untersuchungen sieht es so aus, dass Männer etwas häufiger vom Sex träumen als Frauen. Frauen dagegen mehr von „Innenräumen" und von „Blumen", doch das ist auch meist erotisch gemeint.

Wenn Sex – dann bevorzugen Frauen im Traum fremde Sexualpartner. Was halten wir davon? Sind die Frauen unzufriedener? Leiden sie mehr unter ihren vertrauten Partnern? Immerhin reichen auch viel mehr Frauen als Männer die Scheidung ein. Unser Unbewusstes agiert noch wie vor 1.000 oder 10.000 Jahren, deshalb treiben es Frauen gern mit Fremden sowie mit Prominenten im Traum. Erklärung: In der Evolution bevorzugen Frauen die führenden starken Männer, nicht die Looser; das tun sie für ihre Brut. Da hat der brave, treue Durchschnittsehemann nicht so gute Karten, wenigstens nicht im Traum. Der in einem lebensgefährlichen Duell siegte: das ist der Frauentyp.

Beim Traumsymbol des Coitus muss man vorsichtig sein. Zum einen, und das wussten schon einige Traumforscher aus der Antike und aus der orientalischen Welt, kann der Coitus ein Todessymbol sein (1). Und zum andern kann eine Frau auch gern mit einem Mann im Traum ‚schlafen', z. B. mit einem Guru oder gar mit Jesus, und dies meint aber eine geistige Verbindung, eine spirituelle Entwicklung (2).

Das „Kind" als Archetyp im Traum bedeutet „die Liebe", wie das „innere Kind", und nur selten das Neue. Eine Scheidung stellt sich in Frauenträumen beispielsweise so dar: „der Zug ist abgefahren" (am Bahnhof)...

Geburtsträume haben sehr viele Menschen. Diese Erinnerung der Erst- und Ur-Erfahrung kommt immer wieder hoch. Geburtssymbole sind z. B.: die Brücke, der Bahnhof/die Bahnschranke, am Strand ankommen (oder das Mutterschiff verlassen), aus Zug oder Bus aussteigen, auch Einfliegen oder Landen (eventuell mit

Angst), im Flur oder im Hotel eintreffen. Helles grünes saftiges Gras bedeutet das Wachstum in der Schwangerschaftszeit. In „Chefin, Lehrerin oder Freundin" ist oft eine Information über die eigene Mutter der Träumerin verborgen. Die Muttererfahrung prägt enorm stark die weibliche Erotik der Tochter.

„Schwimmen" bedeutet Sexualität (a) und/oder Erinnerung an den Aufenthalt im Fruchtwasser (b).

Als Geschlechterunterschied zeigt sich in den Träumen, dass Männer häufiger von der Berufswelt träumen als Frauen. Alle Arten von Kampfplätzen haben für Männer eine größere Wichtigkeit – im Traum, in der Steinzeit und im Alltag. Personale Geflechte und Situationen dagegen, also Beziehungen (!), Familie, Partnerschaft, Mitmenschen, Freundinnen: das zeigt sich statistisch in Frauenträumen häufiger. Männerträume weisen nicht selten Aggressionen, Waffen und dergleichen auf. Manches an Messer, Gewehr, Pistole meint dabei einen Phallus. Eine Urform der Sexualität ist die „Jagdszene". Der Mann erlegt, die Beute lockt aktiv und verführerisch, wie das Reh im Märchen „Brüderchen und Schwesterchen". Diese archaische Struktur im Unbewussten erwischt auch die moderne, emanzipierte Frau nicht selten im Traum. Forschungen haben ergeben, dass gewaltnahe männliche Erregung, also sehr ungestümes und forderndes Sexinteresse, viele Frauen denn doch ‚anmacht'. Das ist das Thema „genommen zu werden", was mit „heiß begehrt werden" gleichgesetzt werden kann; dies wirkt auf manche Frauen als Reiz. Umgekehrt ist auch die offen sexuell begierige Frau ein Reiz für Männer. So lassen sich also Träume mit Jagdszene oder Vergewaltigung in Frauenträumen erklären.

Äußerlich gesehen und bewertet erinnern Frauen ihre Träume eher oder besser als Männer. Der Grund ist, dass sich Frauen für das Unbewusste, für die Psychologie, für das Spirituelle, für alles, was seelische Entwicklung angeht, insgesamt mehr interessieren. Sie haben eben Priesterinnen, Kräuterfrauen und Zauberinnen unter ihren Vorfahren, weniger die Krieger. In den Traumseminaren sind Männer die Ausnahme, unter den Frauen fällt der einzelne Quotenmann auf.

Freud, Sigmund

Sigmund Freud (1856-1939) ist der bekannteste Traumdeuter der Welt. Er machte seinerzeit Furore, als er die enorme Bedeutung des Unbewussten entdeckte und beschrieb und in diesem Zusammenhang Interessantes und Neues zur Sexualität zu sagen hatte. Ebenso wichtig für die Geschichte der Traumpsychologie ist der Schweizer Carl Gustav Jung (siehe dort), der aber in den Medien sowie bei den Akademikern als Multiplikatoren weniger Berücksichtigung findet. Der öffentliche Vorrang Freuds gegenüber Jung ist wissenschaftlich und inhaltlich nicht berechtigt.

Sigmund Freud wurde 1856 in Freiberg/Mähren, in der damaligen österreichischen k.uk. Monarchie, geboren und starb 1939 in London, im Exil. Ein befreundeter Arzt leistete ihm mit einer Spritze Sterbehilfe. Freud kämpfte lange mit einer Krebskrankheit, die er auf das Rauchen zurückführte. Es scheint, dass er im Leben nicht kokainlos geblieben ist; auch behandelte er einen Freund mit Kokain, mit unglücklichem Ergebnis. Die psychologische Schule, die er begründete, nennt man „Psychoanalyse".

Seine große historische Leistung war, dass er die Bedeutung des Unbewussten entdeckte, in der Weise, dass das Unbewusste der eigentliche Motivator unserer Handlungen ist. Der Mensch ist nach Freud eher ein Triebwesen denn ein Vernunftwesen. Die aufgesetzten, rationalen Begründungen unserer Taten und Motive, d.h. unsere üblichen „sekundären logischen Bearbeitungen" sind zu vernachlässigen, manchmal auch sind sie lügenhaft.

Freud studierte Medizin in Wien, interessierte sich bald bevorzugt für seelische Erkrankungen ohne organischen Befund, auch für Hypnose. Er war psychotherapeutisch tätig, als Nervenarzt in der österreichischen Hauptstadt. Aus der Ehe mit Martha Bernays entsprangen 6 Kinder. Im Jahre 1900 erscheint eines seiner wichtigen Werke, die „Traumdeutung". 1902 wird Freud Professor für Neuropathologie an der Universität Wien. Seine Schriften befassen sich mit der Analyse des Seelischen, und zwar mit Hilfe der Produktionen des Unbewussten. Er schreibt auch über weitreichende kulturgeschichtliche Fragen. Für seinen literarisch guten Stil erhält er 1930 den Goethepreis.

Letzteres mag ihm nicht zufällig begegnet sein, denn Dr. Faustus war das Lieblingswerk des Klassenbesten früher. Freud war der Erstgeborene und hatte die Vorstellung, Mutters unbestrittener Liebling zu sein. Die väterliche Familie war wohl vor Jahrhunderten von Köln fern in den Osten gezogen und zuletzt in Mitteleuropa sesshaft geworden.

Sigmund wuchs als Kind in einer deutschsprachigen jüdischen Gemeinde inmitten tschechischer Umgebung auf. Er fühlte sich von Darwin angezogen, war ein klassisches Kind seiner Zeit, insofern er im damals fortschrittlich gedachten Sinne Materialist war, weder an Gott noch an ein Weiterleben nach dem Tod glaubte. Nach seiner Meinung war, wer nach dem Sinn des Lebens fragte, neurotisch, denn einen Sinn des Lebens gäbe es ja objektiv nicht. Später jedoch äußerte Freud brieflich, dass er, wenn er es noch mal entscheiden könnte, „Parapsychologie" statt

Psychologie studieren würde, während er früher die „schwarze Schlammflut des Okkultismus" bekämpfte. Nicht umsonst spricht er unspirituell vom „psychischen Apparat" statt von der Seele, dies kennzeichnet aber auch den technisch-nüchternen Forscher. Die Vernunft spiele im Menschen nicht die Hauptrolle, so dachte Freud, und das hatte seinen Berührungspunkt mit etwa Schopenhauers und Nietzsches Philosophie. Und Religion sei eine infantile Abhängigkeit von der Vaterfigur. Die generalisierte Tendenz, im Unbewussten die Motivation der Lebewesen zu erkennen, ist ein bleibendes Verdienst von Sigmund Freud. In seiner Heimat fühlte sich Freud, bis zur Machtergreifung der Nationalsozialisten, durchaus als Patriot Österreichs bzw. Österreich-Ungarns (so 1914).

Wichtige Themen von Freuds Lehre sind: Die Neurosenlehre, und in diesem Zusammenhang überhaupt die Umsetzung von seelischen Befindlichkeiten, von unbewussten Traumata in körperliche Symptome, oder auch der seit ihm bekannte oder so benannte Ödipuskomplex. Weitere Themen sind die Konfliktsituation zwischen Es und Über-Ich, mit der beabsichtigten Stärkung des dazwischenliegenden, vermittelnden Ichs als Heilung, verschiedene Beobachtungen zum Zwangsverhalten und die, in seinem Leben sich wandelnden, Theorien über die Angst. Für die Traumdeutung (für Albträume z. B.) ist Freuds Aussage, dass alle Ängste Varianten der Todesangst seien, unbedingt zu beachten. Freud schreibt über den Thanatostrieb, die Aggression und über den Erostrieb. Die Konflikte zwischen Realitäts- und Luststreben, die Verdrängungslehre, die große Bedeutung der frühkindlichen Zeit als ursächlich für spätere seelische Probleme, und natürlich die Traumlehre, beschäftigen Sigmund Freud. Manche seiner Begriffe sind in die Alltagssprache eingegangen, z. B. die orale Phase, die anale Phase, der Penisneid.

F Für Sigmund Freud ist der Traum die „via regia", d.i. der königliche, der bevorzugte Weg und Zugang zum Unbewussten. Dem kann man zustimmen, einen leichteren, direkteren, tieferen Weg zum eigenen Unbewussten – dazu noch ungefährlich – gibt es kaum. Sein Verständnis des Traumes hängt natürlich in hohem Maße davon ab, welche Theorie er überhaupt vom Psychischen hat, vom Bewussten wie vom Unbewussten. So schauen wir uns einmal seine allgemeine Seelenlehre an:

Demnach besteht die Seele aus dem Überich/Über-Ich, dem Ich und dem Es (den Begriff übernimmt er wohl von Georg Groddeck, Deutschlands „wildem Analytiker"). Das Über-Ich entspricht dem Zeitgeist, der political correctness, den Lehren von Schule, Eltern und Medien. Es enthält Normen, Moralvorstellungen, Werte der Epoche oder des Elternhauses – und es orientiert sich am Realitätsprinzip (was ist, was kann sein, was darf sein). Es ist in etwa identisch mit dem Weltbild, das man als Erwachsener sein eigen nennt, das aber durchgängig aus früheren fremden Quellen, z.B. der Erziehung, Schule, Presse, stammt, und was auch mit der Ethik und dem Gewissen ein wenig identisch ist, die ebenfalls oft übernommen sind.

Das Es umfasst viel. Sowohl das Über-Ich als auch das Es gelten als „unbewusst". Das Es also enthält alle Triebe, das sind quasi biologische Naturkräfte, mit denen ein Lebewesen ohne sein Zutun versehen ist. Modern könnten wir sie auch als inhärente Programmierungen bezeichnen. Außerdem gibt es im Es alle Erinnerungen, und da gilt: Nichts ist gelöscht, sondern nur vorübergehend vergessen oder verdrängt. Dieser Satz ist wichtig für die Traum-Inhalte. Bewusste Erinnerung beginnt etwa ab dem 3. Lebensjahr. Aber auch alles Frühere ist gespeichert und wirkt, und zwar je unbewusster und je früher, umso stärker. Die Abspeicherung ist systematisch nach Ähnlichkeiten, Bild- und

Gefühlsankern, nach Assoziationsbrücken vor sich gegangen, d.h. geordnet. Zusammengehörige Dateien (Lebenserfahrungen) liegen in demselben PC-Ordner. Alles was zu „Baum" passt und alles was zu „Frau mit rotem Pullover" passt und alles was mit „Todesangst" zu tun hat und alles was zu „Spiel" oder „Lust" oder „Mama" (übergeordnet zu Frau) passt, ist jeweils zusammen in einer Datei bzw. dem entsprechenden Ordner abgespeichert, ist nicht ungeordnet deponiert. Außerdem befinden sich im Es alle Frustrationen, Traumata und Verdrängungen; auch unterbliebene Emotionen (Reaktionswünsche) leben dort. Das Ich, der einzige „bewusste" Psychenteil, interagiert mit dem Jetzt und mit dem Du. Und es vermittelt zwischen den Ansprüchen des Über-Ichs und des Es, die oft in großen Spannungen, unerträglichen Konflikten zueinander stehen. Ich-Stärkung ist in solchen Fällen ein Freudsches Therapieziel: „Wo Es war, soll Ich werden".

Aus der Lebensgeschichte und aus jedem Vortrag bleiben nach Freud unerledigte Reste übrig, z.B. Frust, Wut, Angst (Freud: „Unbekanntes macht Angst"), Gier etc. Dieses Unerledigte bildet „unbewusste Wünsche" auf dem Seelengrund. Sie nehmen jede Gelegenheit wahr, sich durch „Übertragung" auf aktuelle andere ähnliche Ereignisse zu lagern, um per Ersatzbefriedigung oder wenigstens per Symbolisierungszwang manifester zu werden und ihrer Erfüllung näher zu kommen. Unbewusste Wünsche sind energiereich, und besonders im Traum oder per Traum sind sie aktiv. Die Frage, die sowohl für das Seelenverständnis als auch für das Traumverständnis wichtig ist, ist: Woraus mögen die unerledigten Wünsche bestehen? Eine schnelle Antwort, im Sinne Freuds, würde lauten: aus Sex, Aggression, Tod, Angst und Tabus. Dem kann man, mit Vorbehalt, zustimmen; viele Träume behandeln solches. Die Hauptantwort liegt aber in Freuds zentraler These: die „sexuelle Libido" bestimmt

F überlagernd alles. Freud hat sich die Frage gestellt: Gibt es eine einzige Motivation, die alle anderen Motivierungen zusammenfasst und färbt? Das ist die Faustische Frage nach der Ein- und der Ur-Causa. Dabei stieß Freud auf die Kundalini-Schlange namens Erostrieb. Den „Erostrieb", nicht einen Leben oder Bios genannten Trieb, stellte er dem „Thanatostrieb", den man als Todestrieb, Aggressions- und Destruktionstrieb bezeichnen kann, gegenüber. Das ist sozusagen eine polarisierende Antwort und Denkweise. Leben und Tod hängen demnach ab vom Zusammenspiel zweier Kräfte, deren echte Balance natürlich selten ist. An der Terminologie erkennt man, dass für Freud die Triebe für Leben und Sex relativ identisch waren.

Die Konsequenz der Theorie ist groß, denn daraus ergibt sich logisch, dass die meisten Verdrängungen und Frustrationen und „unbewussten Wünsche" und eben besonders die Trauminhalte letztlich „sexueller" Natur sind. Freuds Verdienst ist es, viele Neurosen, Ersatzaktivitäten, Lügen und Aggressionen, auch Kunst und Kulturleistungen mit sexuellen Problemen und Trieben in Verbindung zu bringen, sie dadurch zu erhellen. Aber man kann auch kritisch fragen, ob das Thema „Tod oder Leben", oder der Machttrieb oder der Hungertrieb, der Sinn, die Ziele (die Zukunft), der starke Wille (Schiller: „Des Menschen Wille ist sein Himmelreich"), das Ego oder gar eine höhere Aufgabe, oder auch das Lernen und die Liebe, vielleicht das Schicksal oder das Karma, eventuell sogar Göttliches nicht dominierendere Lebensmotivationen für den Menschen als die Sexualität sein können. Wenn Freud die Hauptmotivation, das Ego-, Lebensprinzip, allgemeiner das „Lust-Prinzip" genannt hätte, hätte man leichter zustimmen können – aber er beharrte strikt auf der „sexuellen Libido", auf seiner Sexuallehre. C.G. Jung und andere weigerten sich, da mitzumachen.

Die Traumquelle ergibt sich nach Freud nun so: Energiebesetztes Material aus der „Tagesarbeit" ist übriggeblieben. Es verbindet sich mit ähnlichen (manchmal auch irrtümlich ähnlich erscheinenden) alten unerledigten Themen. Schwerwiegende, energiereiche Wünsche drängen nun ins Bild, ins Symbol, in den Schlaf, in den Traum, z.B. Wut, Sex, Töten, Omnipotenzstreben. Per Übertragung auf das „rezente Material", schon im Vorbewussten, sind die Wünsche etwas kaschiert. Bevor der Schläfer wach werden könnte und eventuell vor sich selbst erschrecken könnte, greift zusätzlich die „Zensur" ein: das Über-Ich, das bestimmt, was sein darf, was sein soll, und dieses entstellt den Trauminhalt noch mehr. Nebenbei läuft, genial entdeckt, die Traumkomprimierung ab. D.h. ein neuerliches „Ablehnungs-Erlebnis" z.B. ruft wach, holt hervor alle früheren, ähnlich erscheinenden „Ablehnungs-Erlebnisse", besonders die ersten (Wichtigkeit der Erstprägung). So werden zahlreiche verwandte Ereignisse auf einen Hauptnenner gebracht. Das Ergebnis ist, dass der große, echte, ggf. tabuisierte, der eigentliche und ungeschönte Wunsch nicht mehr oder nur sehr schwierig zu erkennen ist. Das Kernthema, um das es geht, ist so bearbeitet, entstellt, verdrängt, verharmlost, zensiert, komprimiert und übertragen, dass nur noch irgendeine kurios erscheinende Fantasy-Geschichte als Traum übrigbleibt. Und niemand weiß nun, ob es im Kern um einen Fernsehfilm von gestern geht, ein Geräusch in der Nacht oder um ein Trauma im dritten Lebensjahr. Freud glaubte, dass diese Entstellung und Verschiebung z.T. im Sinne des Träumers bzw. Schläfers sei: der „Traum als Hüter des Schlafes". Unangenehme Wahrheit würde Erschrecken und Aufwachen verursachen.

Neben der Einseitigkeit der Sexualtheorie kritisieren viele Forscher, dass ein „Zensor" im Unbewussten oder Traum keineswegs nachzuweisen ist. Die Freudsche Psychoanalyse generell ist ein Arbeitsmodell, letztlich ist sie eine Hypothese. Niemand weiß, was Seele genau ist, oder was Geist ist. Immerhin kann man mit der Freudschen Hypothese ganz gut arbeiten, es funktionieren nach ihr manche theoretischen und therapeutischen Prozesse. Auch andere psychologische Schulen, ob Gesprächstherapie oder NLP oder Psychosynthese oder Gestalttherapie usw., sind nicht mehr als nur Arbeitshypothesen, in einigen Feldern sind sie wahrscheinliche, brauchbare Annahmen. Naturwissenschaftlich „beweisen" lässt sich in der Seele wenig.

Zuletzt noch zur konkreten Freudschen Deutung eines Traumes, zur Methode. Die freie Assoziationskette ist das bevorzugte Vorgehen. Der Klient liegt z. B. auf der Couch, der Therapeut fordert auf: „Was fällt Ihnen ein zum Traummotiv XY?" Das möglichst unbeeinflusste Assoziieren führt zu vielen Lebensereignissen, die zu den Traummotiven passen können. Sicherlich wird dann auch viel, wenigstens verschleiert, von Sex und Aggression die Rede sein, natürlich auch von frühkindlichen Traumata. Dadurch fühlt sich der Freudsche Therapeut inhaltlich in seiner Theorie bestätigt. So wird man Wichtiges im Unbewussten finden, das für Heilungsziele vielleicht relevant ist – ob das aber gerade im aktuellen Traum, sogar als Hauptsache, enthalten war, ist nicht sicher. Der verborgene Trauminhalt wird also durch die Einfälle des Träumers, faktisch aber stark durch die Interpretation des Therapeuten, der im Sinne Freuds Vorannahmen hegt, zurückübersetzt. Aus dem „manifesten" Trauminhalt wird so der „latente" Trauminhalt retour-heraus-gearbeitet.

Zwei Resultate der Freudschen Traumdeutung gilt es besonders festzuhalten: Die Bedeutung eines Symbols erschließt sich angeblich oder theoretisch jeweils nur individuell, d.h. nach der Assoziation des Träumers. Die Traumbildersprache ist oder sei persönlich und subjektiv. Dass allgemeinübliche Archetypen im Unbewussten vorhanden sind, wird hier nicht gesehen, sondern übergangen. Und zweitens sind nach Freud alle Träume „Wunschträume", genauer Wunschanmeldungen mit Kompromiss (den Kompromiss erzwingt angeblich die Zensur). Das gilt auch für Angstträume – von denen man mit der Psychoanalyse tatsächlich einige als tabuisierte Wünsche deuten kann. Freud ist hier u.a. von seinem materialistischen Weltbild eingefangen. Wahrheitsträume, Zukunftsträume, Kollektives, Familienträume, pränatal begründete Träume, religiöse Träume gibt es nach seiner Theorie nicht. Besonders die ungeschminkten Ist-Aufnahmen, also Wahrheitsträume, sind faktisch jedoch sehr häufig. Bei aller Genialität, die man besonders wegen der Entdeckungen über die Prozesse und Mechanismen bei der „Traumarbeit" zu würdigen hat, ist die Freudsche Theorie auch tragisch eng und eingeschränkt. Schon dieses eine Hauptfazit, dass nämlich alle Träume „Wünsche" seien, ist nicht haltbar.

In aller Kürze mitgeteilt, kann man vermuten, dass Freud sein Muttertrauma, das vor der Zeit seiner Erinnerungsfähigkeit lag, verdrängte und stattdessen auf das Sexualthema, auf sexuelle Wünsche und Traumata stieß. Es erregte ihn auch seine nackte Mutter als Junge, im Zug, Schlafabteil. Aus seinen eigenen Träumen kann man ein Muttertrauma erkennen. Freud unterstellte den Kindern drei Stufen einer libidinösen sexual-affinen Organisation. Die Triebbefriedigung, verbunden je mit einer erogenen Zone – Freud vertrat eine gewisse Parallelität von Physis und Psyche –, gewinnt das Kind zuerst aus dem oralen Bereich, dann aus analen Funktionen (incl. Sauberkeitserziehung) und schließlich aus der phallischen Phase oder Zone (Penis und Klitoris).

Es ist ein nicht verwunderlicher oder absonderlicher Vorgang, Sexualität mit archaischer Liebessehnsucht, mit Ur-Liebeswünschen, auch mit dem Streben nach Leben oder Lebensqualität, überhaupt mit Beziehungsfragen, zu verwechseln oder in eins zu setzen. Sex wird von vielen Menschen gern mit Zuwendung oder allgemeiner Befriedigung verwechselt. Die sexuelle Aufklärung und Befreiung nach Sigmund Freuds Zeit hat uns nicht glücklicher und gesünder gemacht, im Gegenteil, wir sind als heutige Zeitgenossen psychisch eher kränker denn zu Anfang des 20. Jahrhunderts. Die gesellschaftliche Neurose muss einen anderen Grund haben als das Sexproblem. Viktor Frankl sagt, es sei die moderne Sinnkrise. Tatsächlich ist Sexualität eine Chiffre, eine austauschbare Matrix, ein Stellvertreter, aber nur ein partieller, u.a. für Uterus- und Geburts- und Brusterfahrungen, auch für einen Aspekt der Lebensqualität oder -lust. Freunde zu haben, eine soziale Heimat, eine fesselnde Aufgabe, Gemocht-Werden oder Beliebt-Sein tragen dazu bei, sich gut oder zufrieden zu fühlen. Auch die sexuelle Befriedigung kann dazu beitragen. Vielleicht sind aber Zärtlichkeit und Geborgenheit wichtiger. Statt in die Richtung der Liebe scheinen wir uns zu einer Pornografie-Gesellschaft zu entwickeln. Bindungserfahrung, Urvertrauen und Gemeinschaft sind mindestens so wichtig, wenn nicht wichtiger, als das Goldene Kalb, dieses sehr attraktive, der Sexualität. Bei Umfragen nach Elementen der Lebensqualität und Zufriedenheit steht an erster Stelle, „Freunde zu haben". Das meint die soziale Einbindung im mitmenschlichen Umfeld, das meint: nicht einsam zu sein. Sex rangiert dahinter. Dennoch ist es Freuds Verdienst, uns ein Bewusstsein geschaffen zu haben für die verdrängte, verkappte und intensive „sexuelle libido"; sie ist viel öfter und stärker tätig, als wir denken, sie führt sogar zu Kriegen. Im günstigen Falle, als Sublimation, führt sie zu Kulturleistungen.

G

Ganzheitssymbole:

siehe → Erleuchtung

Geburtsträume

Die Geburt ist unser erstes Muster für den Umgang mit der Welt. Sie hat deshalb den Charakter einer Erstprägung. Was in der Schwangerschaftszeit und bei der Geburt, auch später in der oralen Phase, nicht wie von der Natur vorgesehen abgelaufen ist, lässt Reste an Unerledigtem zurück. Das „Unerledigte" besteht aus Traumata, Wünschen, Ängsten. Bei der Geburt geht es um Leben oder Tod. Daher die große Bedeutung dieses Vorgangs, dieser unbewussten Erinnerung. Sichere und selbstverständliche Erwartungen des Lebewesens können bei der Geburt unerfüllt geblieben sein. Es geht in entsprechenden Träumen nicht nur um die unbewusste Nachholung von Lebensprozessen, biologischen und emotionalen Programmierungen, sondern es geht auch um Verdrängungen riesiger Enttäuschungen und Schmerzen. Es handelt sich nicht selten um die Verdrängung von Todeserfahrungen. Sofern die Erstprägung lückenhaft, schmerzlich, traumatisch war, geht das Traum-Ich ständig an die Schadstelle zurück, um den Defekt zu reparieren. Geburtsheilung ist die geheime Absicht in den Geburtsträumen. Diese Logik des Traumes oder Unbewussten ist nachvollziehbar. Unsere Entwicklung gleicht einer Treppe mit Stufen. Man kann eigentlich keine Stufen überspringen, sondern das nächste Erlebnis bzw. die Fähigkeit dazu fußt auf der vorangegangenen, abgetanen, gespeicherten Erfahrung. Das Unbewusste sagt: ‚Ich kann nicht weitergehen, bevor ich nicht die notwendig davorliegende Stufe erreicht und erlebt habe". Die Träume zur Geburt sind also keine überflüssige Regression, sondern Heilungsversuche, sind die Reparatur der ersten Treppenstufe. Bei jeder symbolisch ähnlichen Lebensaufgabe, bei jedem symbolisch vergleichbaren Stress rekurrieren wir auf das Ersterlebnis, sprich: auf das Geburtsmuster. Ähnlich wie wir bei jedem Erblicken eines neuen Stuhls auf unsere Ersterlebnisse mit „Stuhl" – und die weiteren ähnlichen, hinzugefügten Erfahrungen mit Stühlen – zurückgehen, ohne dass das Bewusstsein das registriert, und wie wir deshalb ein neues, zwar unbekanntes, aber vergleichbares Objekt automatisch als „Stuhl" erkennen.

Bei Kaiserschnittgeburten wird der Säugling einer außerordentlich wichtigen Ersterfahrung beraubt. Da können später typische Nachholungsszenen in Träumen auftauchen, z. B. dass man im Traum krampfhaft erstrebt, „das rote Flügeltor zu durchbrechen" oder in der „Vorbereitung für einen großen Sprung nach unten" ewig stehenbleibt und stockt. Die Programmierung zu einer natürlichen Geburt steckt in jedem Lebewesen – doch beim Kaiserschnitt bleibt die Verwirklichung aus. Eine Riesen-Erlebnis-Lücke ist das. Die erste Treppenstufe (die Basis) für die weitere Entwicklung, für Wachstum und seelische Reife besteht dann leider aus Leere und aus Luft...

„Fliegen" ist ein Archetyp, der sehr häufig auf einen Geburtstraum verweist. Symbolisch gesehen fliegen wir ein, durchstoßen einen weißen Nebel oder eine Wolkendecke, sind in banger Erwartung, ob die Landung gut geht. Ängste oder Fakten eines Absturzes im Traum verraten oft eine problematische Geburt, die mit Todnähe-Erfahrung zu tun hatte. Der „Sprung", zumal in die Tiefe, ist ein Archetyp für den Dimensionswechsel, wie er vom Jenseits ins Diesseits vonstatten geht, der aber auch kleinere Änderungen, Wechsel, Entwicklungen im Leben illustriert. Im alten Griechenland war der Sprung des Jünglings in die Wassertiefe ein klassisches Bild und Mythologem fürs Sterben, für den umgekehrten Dimensionswechsel also.

So wie Mutter und Kind bei einer normalen Geburt unter einem extrem hohen Hormonniveau stehen, muss man sich in Analogie den Kraft- und Energiezustand und Aufwand vorstellen, der im Säugling sich abspielt. D.h. eine gelungene, abgeschlossene Geburt verleiht dem Kind ein außerordentliches Erfolgserlebnis, einen großen Sieg nach einem heftigen Kampf. Das ist ein Muster, um später im Vertrauen auf die eigene Kraft, ja wie auf unversiegbare Kräfte, schwierige Aufgaben zu lösen. Wenn einem Menschen das Geburtserlebnis durch Kaiserschnitt oder auch durch Wehenmittel geraubt wurde, so ist dieser später oft überfordert, übermüdet, ermattet; er gibt früher auf oder erwartet in manischer Weise zu viel Hilfe von zu vielen anderen. Oder er bewegt sich nervös oft in einer unerfüllt bleibenden Zukunft. Es fehlt unbewusst ein Ersterlebnis von Tat und Befriedigung.

Die Geburt ereignet sich, wenn ein Reife-Impuls Mutter und Kind anstoßen. Der Impuls geht primär vom Kind aus, wie vom Küken im Ei, bzw. wie von selbst (Automatik). Die Schwangerschaftsdauer kann um über 30 Tage individuell variieren. D.h. die Ausrechnungen des Geburtstermins sind sehr fragwürdig. Eine nicht natürliche Geburt, mit Kaiserschnitt, Frühgeburt, Wehenmittel, Narkotika erwischt/überrascht das arme Kind zum falschen Zeitpunkt. Der Säugling ist attackiert, er fühlt sich wie ein Fisch, der aus dem schützenden Wasser herausgenommen ist. Der Säugling stellt sich innerlich darauf ein, dass er nun sterben muss (auch ein Fisch ahnt solches). Er wird also einen verzweifelten Überlebenskampf führen, will im Uterus bleiben und sich heftig wehren. Diese Weigerung erlebt er später oft wieder, wenn er Änderungen, Prüfungen, Trennungen, Umzüge realisieren soll. Sein Verstand ist klug, weiß um die Notwendigkeit der Änderung, aber das Unbewusste weigert sich dann. Wie immer bei Ängsten ruft das tiefe Unbewusste etwa dies: ‚Ich warne dich, tu es nicht, ich möchte dich retten, es kann nur die schlimmste Gefahr daraus entstehen, ich erinnere mich an solche Fälle sehr genau'. Die Unart – wenn eine zwingende Indikation nicht vorliegt, sondern vielleicht nur das freie Wochenende des Arztes –, mit Wehenmittel eine Geburt vorzuziehen, lässt einen Säugling ans Licht kommen, der die „Käseschmiere" noch am Körper trägt. Das ist eine weiße cremeartige Belagschicht, die deutlich verrät: das Kind ist zu früh geholt. Was kann in solchen Fällen passieren? Ein Beispiel für viele: Es wird ein Hormon-Status von dieser Geburt in den Körper eingraviert, in welchem das Kind gegen zu viele und falsche, für den Säugling widrige Hormone gegensteuerte, mit dem Ergebnis, dass dieser Mensch später eine unerklärliche Autoimmunkrankheit entwickeln kann, z.B. die Selbstzerstörung der Schilddrüse. Im hormonellen Zentrum musste der Säugling früh und verquer arbeiten; dies Chaos kann sich im späteren Leben niederschlagen. Den maximalen Kraft- und Energiezustand eines Säuglings mitten in der Geburt (in einer bestimmten Phase, in einer „Matrix" nach Stanislav Grof) kann man mit sexueller Hocherregung vergleichen, in Traumbildern der Mütter auch tatsächlich im Phallus des kleinen männlichen Säuglings, „fern oben vor einem Sprung", zu erkennen... Die geraubte, unterbundene oder massiv blockierte natürliche Geburt schwächt diesen Jungen später auch in seiner Phalluskraft bzw. -anwendung.

Bei einer natürlichen Geburt wird u.a. das Hormon Oxytocin ausgeschüttet. Es ist dies das Hormon der Mutterliebe, der Paarbindung und der Sexualität. Beim Kaiserschnitt fehlt es... Das Ergebnis ist, dass die Mutter mühsam, per Kopf und Einsicht, ein Mutterliebesgefühl sekundär aufbauen muss, dass dem Säugling die primitive, archaische, heftige, grenzenlose, automatische Mutterliebeserfahrung fehlt. Das Kind später wird voraussichtlich Probleme in Bindungen und in der Sexualität haben. Hier sei angemerkt: Heilbar ist alles; die Liebe heilt alles – aber wann kommt sie, wo ist sie? Ein bekanntes Beispiel aus der Tiermedizin sagt mehr als tausend Worte: Wenn eine Hündin ihre Welpen per Kaiserschnitt gebiert – nimmt sie diese nicht an, sondert beißt sie weg oder tot. Ohne Oxycotinausschüttung entsteht keine ‚automatische Mutterliebe'. Diese ist und wäre unersetzbar.

Viele Menschen erleben bei der Geburt eine Todnähe. Das Erlebnis ist umso kritischer, wenn Säuglingssterbefälle, Abtreibungen, Ablehnungen der Empfängnis vorangegangen sind. Auch wird die Wirkung des Erlebnisses dadurch verstärkt, dass die Kinder es vergessen, die Mütter es später verleugnen, also durch eine Art typischer Verdrängung. Aus Todnähe und Todesangst des Säuglings bei der Geburt entstehen beim Erwachsenen nicht selten: Depression, Suizid, Aggressivität, Sexualstörung, Hoffnungslosigkeit/Pessimismus, Prüfungs- und Trennungs-Ängste, Bindungsunfähigkeit sowie viele Formen von Sucht, Gier und Süchtigkeit (Haben-Wollen als Kompensation) – aber manchmal auch ein starkes Streben nach Leistung, Anerkennung, Sex/Liebe und Gefallenwollen; letztere Aspekte sollen symbolisch die Tod-Matrix überwinden und abwehren.

Neben dem obengenannten Flug-Unfall steht der Archetyp „Ertrinken" häufig für eine Todnähe bei der Geburt. Dass unbewusste Aggressivität gegen den Säugling damals mit im Spiel war, ist kaum bewusstseinsfähig. D.h. in Träumen wird diese massive, perinatale Todesgefahr als schleichend eindringend oder sanft ankommend empfunden, sagen wir wie ein Tsunami im Zeitlupentempo. Das stimmt mit der Realität überein. Sowohl bei hoch-kritisch verlaufenden natürlichen Geburten als auch beim

G Einsatz von Wehenmitteln, Narkosen, Operationen steigert sich die Gefahr zunehmend, tritt meist nicht abrupt auf, sondern hat Bedrohungs-Vorphasen. Auch hindert das Muttertabu daran, die Mutter als unbewusst aggressiv oder widrig zu sehen, also später ihre Wahrheit zu erkennen. Allenfalls bei Geburtsträumen, in denen der Widerstand gegen die Geburt als „Autos" zu erkennen ist, die auf der „Gegenfahrbahn" auf einen zurasen, bekommt man ein Gefühl dafür, dass jemand „gegen" die Geburt arbeitete. Tatsächlich ist es in der Regel so, dass man der Gebärenden Unfähigkeit, nicht Aversion zuordnen muss oder sollte. Zwei häufige Gründe für Geburtstraumata sind, dass die nun Schwangeren selbst ehemals bei der eigenen Geburt nur knapp überlebten oder auch abgelehnt wurden (der Wiederholungszwang wirkt hier außerordentlich stark) (1) und dass die Frauen seelisch nicht reif entwickelt, wirklich erwachsen sind, sondern relativ vor-pubertär geblieben sind, das meint: sie haben keine gelungene Initiation ins Frau-Sein durch Mütter erfahren (2). Manchmal in Träumen tauchen zur Illustration dieses Sachverhalts dann vorpubertäre Mädchen auf, die nicht Antwort noch Auskunft geben können, die überfordert sind. – Auch viele Männer sind im übrigen nicht ins Vater-Sein „initiiert" –

Markant für einen Traum, der einen unbewussten Bezug zum Geburtsgeschehen hat, ist diese Alternative: „Schaffe ich es – oder schaffe ich es nicht?" Ein großes Erfolgs-Thema, wie bei der Konstellation Tod-oder-Leben, ist Hintergrund eines solchen Traumes. Oft bleibt der Traum ohne Abschluss in der Angstsituation „Ich schaffe es nicht..." stecken. Fremd-Sein und Allein-Sein können einen Blick auf die Emotionen damals für das Neugeborene werfen. Auch Ausgeschlossen-Sein, Draußen-Sein. Sehr häufig sind Archetypen wie „Flur, Hotelfoyer, Rezeption, Empfangstheke, Haustür/Eingang" für Geburtsträume. Die „Ankunft als Gast" ist das Herzstück eines solchen Bildes, und ein

Flur als Entree. Jede Art von „Tür" und Portal passt hierhin. Hören wir dazu Franz Kafka: „Mein Leben ist das Zögern vor der Geburt" (Tagebuch, 1922). Hier finden wir eine Art Geburtsblockade und -verweigerung als Muster, als Symbolon – ausnahmsweise einmal erkannt und bewusstgemacht, dass solches für das ganze Leben (!) gilt.

Ein Geburtsproblem zeigt sich im Traum auch als Problem, aus Zug oder Bus oder Straßenbahn rechtzeitig „auszusteigen". „Zug", „Bus", ein „Auto in weichen Rundformen" stellen gern die Schwangere (den Uterus) dar. Das sind Fahrzeuge, die wir nicht selbst steuern, sondern in denen wir passiv „gefahren werden". Enge, verbaute Gewölbe oder Treppenhäuser sowie der widrige „Beton" können nachträglich widrige Geburtsverhältnisse illustrieren. Oft kommt auch dieses „Von-oben-Herunterkommen, Springen" vor, gern verknüpft mit der obersten Plattform, Etage eines Hochhauses. Ein Beinahe-Tod bei der Geburt kann sich im Traum so zeigen, dass man einen Betonschacht hinunterspringen muss, sich aber nicht traut. Eine gelungene Geburt dagegen kann sich in einem „Wasserfall" zeigen, den man bewältigt (schnelle Geburt). Ein abgeschwächter ‚Sprung' ist: über ein Dach hinunter gleiten. Das Motiv „Von hoch oben" ist sehr typisch für Geburtsträume, für den Anfang eines Geburtsprozesses. Auch in Varianten des Archetyps „Treppe" und „Leiter" vorzufinden.

Die Geburt ist eine Schalt-und Entscheidungssituation zwischen zwei Richtungen, Dimensionen. Dafür werden oft in Träumen die passenden Archetypen „Bahnhof" und „Brücke" gewählt. Träume, in denen man an einer Straßenkreuzung nicht halten oder bremsen kann oder eine rote Ampel überfährt, haben ziemlich sicher mit einem Geburtsproblem zu tun.

G Auch Varianten von Blindheit, Schlecht-Sehen-Können im Traum sprechen für ein Geburtstrauma (Auge, Sehen und Licht sind Leben). Der Start zur ersten Schulstunde im Traum meint symbolisch den Lebensstart. Fahrstuhlprobleme (Ängste) im Traum und das bekannte Motiv, sich bei einer Abreise zu verspäten oder den Koffer nicht mitnehmen zu können, bzw. viele Probleme, die mit „Koffer" und dem Packen zu tun haben, haben ihren Ursprung in einem Geburtsproblem. Ebenfalls relativ häufig stellen sich die Schwierigkeiten bei einer Geburt im Archetyp „Parkplatz" dar. Dabei gibt es ein Problem einzuparken oder einen Platz zu finden, aber noch häufiger das verzweifelte „Suchen" nach dem irgendwo abgestellten Fahrzeug. Ein üblicher PKW steht gern für ein Ich. Mauer, Haus, Hausfront für die Mutter. Wenn man im Traum mit seinem Auto auf steinigem, kiesigem, matschigem Boden vor einer eher widrigen Hauswand parkt (ankommt), kann es meinen, dass man bei der Geburt eine unwillkommene Ankunft für die Mutter war. Gravierend sind die Ängste, die bei einer Geburt als Muster fürs Leben entstehen können. Im Deutschen haben „Angst" und „Enge" dieselbe Sprachwurzel. Wenn der Geburtsausgang sehr blockiert, in diesem Sinne also eng war, fühlte der Säugling Angst, das Ziel nicht zu erreichen. Das wiederholt sich in vielen Träumen mit traumatisierender „Enge", gern mit Ansätzen von Panik verbunden. Später kann hieraus z.B. Tunnelangst entstehen (auch Höhenangst). Schließlich können wir dies: die Geburt zu schaffen, das Lebensziel zu erreichen auch vergleichen mit dem Gipfelerlebnis. D.h. die erfolgreiche Geburt stellt sich gern dar als Eroberung der Bergspitze, der Höhe. Das ist manchmal symbolisch das Geburtsende. Der Beginn ist das Hinuntersteigen. Auch das „Zentrum erreichen", z.B. in einem Städtchen oder auf einer Burg, gehört zum Geburtsabschluss. „Stadt" als Diesseitswelt.

Die Erstprägung der Geburt kehrt als unbewusste Erinnerung zurück, wenn wir später in Stress-Situationen sind. Wir reagieren auf der Grundlage dieser Erfahrung auf alle möglichen Lebensprobleme. Was wir bei der Geburt erfuhren, wie wir dort handelten oder behandelt wurden: nach diesem Muster läuft das Drehbuch, die Melodie unseres Lebens ab. Das Muster ist festgelegt, besonders für die Frage Sieg-oder-Niederlage, das Muster scheint sich bewährt zu haben. Aber auch als Muster für erwartetes Scheitern kann es sich eingeprägt haben, als Muster für Ausweglosigkeit – und dann läuft es in einer endlosen Schleife des Wiederholungszwangs; nicht nur als vertrautes, schwierig zu meisterndes Erregungsniveau, sondern auch als konkrete Schädigung, als Krankheitsursache. Umgekehrt ist das Geburtserlebnis als Muster für ein Erfolgserlebnis eine einmalige Quelle. Das Muster zu erkennen und von seinen eventuell negativen Seiten sich etwas freizumachen gelingt auf folgende Weise: Geburtsträume erinnern und nutzen, Geburtsvorgänge emotional wieder-durchleben und akzeptieren sowie die unbewussten Geburtsprägungen mit dem bewussten Ich verbinden. D.h. z.B. seine Lebensängste oder Depressionen oder Süchte mit dem Geburtstrauma verknüpfen zu können und zu wollen. Nichts geschieht ohne Grund, auch neurotische Störungen nicht. Neben der Aktualität muss man sich generell auch die tiefen Wurzeln für Probleme und Krisen anschauen, z.B. die Geburt. Leider sagen die Mütter nicht immer die Wahrheit über die Geburt, z.B. wenn sie Unfähigkeit, Überforderung, Frustration über die Schwangerschaft kaschieren wollen. Die Einzelheiten des Prozesses, vom Beginn bis über die sogenannte Austreibungsphase, sind wichtig. Da gibt es verdächtige Auslassungen, in der Mitte z.B. kann alles über viele Stunden blockiert gewesen sein – in dieser Zeit rechnete der Säugling damit, dass er sterben müsste. Da bleibt Todesangst für immer im Unbewussten zurück. Viele Albträume wiederholen die Geburtsblockade. Im Übrigen ist die Geburt ein Indikator für den Schwangerschaftsverlauf. Eine leichte glückliche Schwangerschaft und eine dramatische schwierige Geburt passen nicht zusammen – wenn doch, ist meist zu irgendetwas, z. B. zu einem Widerspruch in der Seele, in solcher Erzählung gelogen worden. Eine schwierige Geburt verrät in der Regel, wenn auch nicht immer, geheimgehaltene Probleme in der Schwangerschaftszeit (auch Stressoren bei der Empfängnis oder in der mütterlichen Sexualität).

Vgl. auch → **Schwangerschaftserinnerungen** und
→ **Abtreibung**

Gras:

siehe → Pflanzenträume

H

Haus-Träume

Die momentane Lebenssituation wird gern im Archetyp „Haus" angezeigt. Es zeigt sich, wie es einem so geht, wie man sich fühlt oder was so läuft bzw. ansteht. Die aktuellen Umstände des Lebens also. Einzelheiten und Änderungen deuten nicht selten kommende Veränderungen und Entwicklungen an. Unsere Lebensumstände sind ja kaum statisch, das Haus ist ein Indikator für Bewegungen guter oder schlechter Art (und nicht selten zukünftig). Analog zum Tierreich (Nestbau) kann das Haus auch das Leben meinen, was ein Mann einer Frau anbietet, was er für sie vorhält, was er für sie beabsichtigt. Beziehungseinbrüche, auch Katastrophen oder überraschende Besuche, auch sogar

Krankheiten können in einem Haustraum versteckt sich zeigen, beispielsweise wenn eine Hauswand wegbricht. Mit einem Wort: alles was gravierend die Lebensumstände oder auch die trügerische Ruhe tangiert, kann sich als Hausgeschehen zeigen. Haus und Wohnung (ähnlich) sind ja Mittelpunkt unseres Lebens. Oft kommt es vor, dass in unseren Träumen Adressen, Wohnungen verschiedener Art und Lebensspannen durcheinandergehen. Z. B. der Traum zeigt eine jetzige Situation, im eigenen Haus, das aber wie das Kindheitshaus aussieht. Das überrascht nicht: im Unbewussten tragen wir unsere Lebenseindrücke tatsächlich ‚gemischt' mit uns, bzw. Neues wird immer gern unbewusst alten Erfahrungen zugeordnet, ein aktuelles Erlebnis restimuliert (fast zwingend) ein ähnliches früheres. Die „Traum-Komprimierung" nennt Sigmund Freud das. Für die Interpretation sind Wohnungsvarianten ein Hinweis, dass wir uns in Teilen noch genauso wie vor vielen Jahren verhalten; darüber muss man nicht besorgt sein.

Ähnlich wie „Zimmer" (vgl. den Ausdruck Frauenzimmer) kann ein Haus auch für eine Person stehen, weniger für den Geist als für den Körper. Verbunden mit Eintrittstür oder Flur oder Parken vor dem Haus oder Mauer oder Vorderfront oder Balkon (Busenassoziation) kann das Haus-Symbol die Mutter, den Mutterkörper meinen. Als Hochhaus, von dem man herabkommt, ist es gern ein Geburtssymbol.

Die Deutung des Kellers ist nicht schwierig: er meint die Vorgeschichte, die Basis, das Unbewusste (des Träumers oder ggf. einer anderen Person), daher manchmal die Schwangerschaftszeit. Häufig steht für die Zeit im Uterus jedoch der Aufenthalt in einer Garage, im Schuppen, im Vorgarten (der ist eine Art Vor-Zeit) oder auch im Hof (der Hof bedeutet ungefähr: noch nicht im Haus, im Leben, auf der Welt sein, in Vor-Stufe sich noch befinden [vgl. Vorhof]). Das Symbol Küche hat meist mit Muttererfahrung, Oralem, auch Liebe und Sex sowie mit Heimatgefühl zu tun. „Mama" steht eben für fast alles, auf jeden Fall für die Befriedigung diverser (archaischer) Bedürfnisse. Das Wohnzimmer will sagen, zeigen: so wie man es sich eingerichtet hat, und zwar im sozialen Zusammenleben oder im Procedere des Lebenslaufs. Sehr interessant ist das Schlafzimmer, es hat nichts mit Sex zu tun, sondern mit den privaten, versteckten, verheimlichten oder tief unbewussten Inhalten, Komplexen. Schmutzige Wäsche, die man niemandem zeigt, bewahrt man im Schlafzimmer auf. Das seelisch Intimste findet sich dort, privatissime sozusagen.

Die Badezimmer sind bedeutende Entwicklungszentren; ausnahmsweise kann dafür auch schon einmal ein Partialsymbol aus dem Bad stehen, z.B. die Waschmaschine. Große Entwicklungen sind: Geburt und Pubertät. Das Sondersymbol Dusche, Waschen meint ebenfalls Entwicklungsänderung, Entwicklungsarbeit. Wenn man Glück hat, kommt nach dem Duschen der ‚neue Mensch' heraus (vgl. das Tauf-Symbol). „Spiegel" übrigens hat nicht nur mit Selbsterfahrung zu tun, sondern auch mit der Spiegelung der Anderwelt, also in gewisser Weise mit einem Todesthema. Bedeutsam ist die Toilette, unser Urbedürfnis nach Existenz spielt sich dort ab, auch das Gegenteil: unwillkommene Geburt; manchmal auch das Thema, Dinge hinter sich zu lassen. Das Dachgeschoss fungiert gern als Erinnerungsstübchen, Ablage (1). In der Spitzdach-, Pyramidenform assoziiert es aber zum ersten Schutzraum für uns, nämlich zum Uterusaufenthalt (2). Ein „Dach" ist nicht unbedeutend, d.h. es spricht für sich, beinhaltet tiefe Urgeborgenheit. Die Fenster stellen die Grenzscheide von der Realität, Welt, Hiesigkeit zum Jenseits, zum Unbewussten dar. ‚Draußen' meint auch die Spiritualität sowie verschiedene Formen des Unbekannten, Unverstehbaren oder Verdrängten. Dachfenster oder auch hohe Aufbauten, z.B. Kamine, haben einen Zug zum Himmel, so könnte man sagen, praktisch heißt das: zum Denken, zum Plan, zum oben gedachten Göttlichen. Ähnlich stellen in der Baumsymbolik, etwa im Zusammenhang mit einer Maltherapie, die obersten Kronenäste unsre Pläne, Strebungen, geistigen Ziele dar. Bleiben noch die Haustüre und der Flur dahinter (incl. Treppenhaus): hier spielt sich der „Empfang" ab, wie in einem Hotelfoyer; wir können also in diesen Symbolen Informationen finden, wie man uns am Anfang, im Umfeld der Geburt aufgenommen hat, willkommen oder als Störung oder gar aversiv. „Einbrecher" bzgl. Haus verweisen in der Regel auf eine ganz frühe Gefährdung: unsichere oder bedrohte Kindheit, Schwangerschaftszeit. Sie sind keine Traumgestalten hysterischer Einbildung, sondern beruhen auf uralten Fakten.

Historisches

Asklepios, römisch Aesculap, Sohn des Apollon, war der antike Gott der Heilkunst. Das betraf körperliche wie seelische Krankheiten. Unter anderem gehörte zu seinem Gottesdienst und Wirken der Heilschlaf, das ist die Inkubation in der Art, dass auf den Traum während eines rituellen Schlafes unter der Aufsicht von Priestern geachtet wurde. Man erhoffte sich von einem solchen Traum Auskunft, Aufklärung und ggf. auch Heilung zu Krankheiten. In Epidauros und anderen Orten gab es Asklepios-Heiligtümer. Dort war also ein spezieller Tempelschlaf das Ritual, die Hoffnung und auch das Geschäft. Die Pilger und Heilungsbedürftigen wurden in einem Schlafraum, dem sogenannten Abaton, vom priesterlichen Personal eingestimmt und zum Heilschlaf angeleitet. Natürlich hatte dieser Gott schamanistische Begleittiere, nämlich Hund und Schlange – so wie Nietzsches Zarathustra die Begleiter Adler und Schlange aufweist und so wie sonst gern die Medizinmänner Pferd oder Hund als schamanistische Tiere benutzen. Es konnte also der Gott im Traum auftauchen und Heilung bewirken oder aber wenigstens Behandlungs- und Therapievorschläge machen. Viele Inschriften zeugen von solchen Wunderheilungen. Zu dieser Art Heilung gehört natürlich, dass die Patienten dem Gott oder den Priestern vertrauen und an das Wirken des Gottes glauben. Natürlich war es auch schon damals nicht einfach, den symbolischen Traum, wenn man ihn denn behalten konnte, in richtiger Weise zu deuten. Das Problem haben wir heute auch, man kann eine Diagnose und einen Heilungsvorschlag im Traum sehen, allerdings meistens nicht direkt, sondern in symbolischer Form.

Ein Beispiel über solche Traumerlebnisse aus der Antike: „Arate von Lakonien, Wassersucht: Für diese schlief ihre Mutter, während sie (sie selbst) in Lakedämon war, und sieht einen Traum: Sie träumte, der Gott schneide ihrer Tochter den Kopf ab und hänge den Körper auf mit dem Hals nach unten; als viel Flüssigkeit ausgeflossen, habe er den Körper abgehängt und den Kopf wieder auf den Hals aufgesetzt. Nachdem sie diesen Traum gesehen, kehrte sie nach Lakedämon zurück und trifft ihre Tochter gesund; diese hatte den gleichen Traum gesehen". Interessant: man konnte also auch einen stellvertretenden Pilger oder Verwandten zum Träumen zum Tempel dieses Gottes schicken. Mit Lakedämon ist das Gebiet gemeint, was wir heute als Lakedaimonien bezeichnen.[1]

Im Jüdischen finden wir über Träume den viel zitierten Satz: „Ein unverstandener Traum ist wie ein ungeöffneter Brief" (Gottes). Ein ungedeuteter Traum ist tatsächlich eine sträflich vernachlässigte bzw. ungenutzte Kostbarkeit. Man kann das Zitat bestätigen: Träume haben einen Wahrheitsgehalt (1), und sie stammen aus einem höheren Weisheitsreich (2). „Der Talmud kennt drei Arten ‚erfüllbarer' Träume: Träume am frühen Morgen, kurz vor dem Erwachen; Träume, die ein Freund über einen träumt; und schließlich Träume, die in anderen Träumen ihre Deutung finden".²

Es hat die Menschen immer schon beschäftigt, welche Traumsorten der Wahrheit am nächsten kommen oder welche in Erfüllung gehen. Und wenn ein Freund oder ein anderer Traum ein Problem innerhalb eines Traumes, d.h. also eines zweiten Traumes behandelt, mag das eine höhere Wahrscheinlichkeit haben, der Wahrheit nahe zu sein, weil ein solches Geschehen einen objektiveren Charakter hat. Man hat auch manchmal den Eindruck, dass Träume am frühen Morgen oder auch während des Tages einen direkteren Bezug zur Realität, d.h. also auch zu ihrer Realisierung, haben.

Das Alte Testament ist voll von Träumen und ihren Auslegungen, ebenso das Neue Testament. Wie überall gibt es auch im Jüdischen und im Christlichen Widersprüche bezüglich des Phänomens der Traumdeutung. Sie wird schnell verteufelt als Wahrsagerei und Hexerei und wird aber auch gern genommen als Gottesbotschaft. Sowohl Jesus als auch die Stammväter werden nicht selten durch Traumeingebungen geführt. Die Träume kann man durchaus als Verbindungsstück zwischen der Erde und der geistigen Welt auffassen, wie eine Leiter, eine Treppe, ein Regenbogen. Diese geheime Straße zwischen den Menschen unten und der Welt der Götter oder der Engel haben wir klassisch vor uns in Jakobs Traum mit der Himmelsleiter. Materie und Geist, unten und oben, das Sichtbare mit dem Unsichtbaren oder das Bewusstsein mit dem Unbewussten sind verbunden. *„Und ihm träumte, und siehe, eine Leiter stand auf Erden, die rührte mit der Spitze an den Himmel, und siehe, die Engel Gottes stiegen daran auf und nieder. Und der Herr stand oben* *darauf und sprach: ich bin der Herr, der Gott deines Vaters Abraham ..."* (1 Mose 28,12 und 13). Am Ende des Lebens stehen wir alle auf der Spitze einer solchen Leiter, und es dürfte die Begegnung mit der göttlichen Welt nahen. Zeitgenossen haben solche Träume auch. Ein alter Mann sah sich im Traum „auf der obersten Treppenstufe", welche, wie alle Stufen zuvor, auch ihren Schmutz aufwies. In diesem Traum streckte sich am Ende eine einfühlsame Hand aus den Wolken herab und wischte ohne Vorwurf den Schmutz weg.

Sehr bekannte Traumdeuter aus alter Zeit sind die biblischen Joseph und Daniel, beide stiegen durch ihre Kunst zu hohen Ämtern auf, nicht gerade im eigenen Land; sie waren aber auch gefährdet. Sowohl das Deuten der Träume wird als Sache Gottes gesehen, d. h. als eine geschenkte prophetische Gabe, als auch der Traum selbst als Gottes Wort aufgefasst. Ein Traumdeuter wie Daniel ist zugleich auch ein klassischer Prophet der göttlichen Botschaft und ein Seher bezüglich der Gefahren und Zukunft für die Menschheit. Die Träume des Pharao, die Joseph deutet, sind ein gutes Beispiel für Kollektivträume. In einem solchen wird vom Häuptling oder Anführer oder König angenommen, dass seine Träume zum Schicksal des Stammes, Volkes oder Landes Wichtiges aussagen. In dem berühmten Traum des Pharao über die Fruchtbarkeit und Hungersnöte, in denen 7 Kühe = 7 Jahre sind, erkennen wir zum einen, dass immer in Träumen die Maßangaben austauschbar sind. So können km-Angaben für Std.-Angaben stehen. Außerdem haben wir hier den Archetyp „Kuh" vor uns, der sehr viel mit Mutter, Nahrung und Ernährung zu tun hat. Daniel wird später Vorbild für mittelalterliche Traumbücher bzw. als gern zitierte Autorität aufgerufen. Leider brauchte man meistens im Mittelalter eine antike, möglichst christliche oder jüdische Autorität, um eigene Gedanken veröffentlichen zu können. Ohne Bezug zur Bibel war im christlichen Mittelalter das Traumdeuten fast nicht möglich. Daniel kann mit Kollegen sogar zuerst einmal einen vergessenen Traum wieder heraufholen, bevor er den nun sekundär erinnerten Traum auch noch deutet. Bei solchem Vorgehen braucht man im Fachbereich der Traumdeutung wohl tatsächlich die Hilfe des Göttlichen. Aber auch ohne spirituellen Aspekt ist es einem erfahren Traumdeuter möglich, nach klassischen, typischen Erzählungen von Traumanfängen den Verlauf der weiteren Traumstory zu erahnen. Ein Beispiel: Wenn ein Traum-Bericht so beginnt, dass ein Raum ganz „weiß" ist und dass es darin Vögel gibt, die auch ganz „weiß" sind, so überrascht es den Traumdeuter nicht, dass bald die Stelle kommt (kommen muss), an der die Vögel alle tot sind.

In alten Zeiten war in dem ganzen Bereich des Traumdeutens und des Sehertums die „Warnung" sehr wichtig. So auch in den vielen mittelalterlichen „Jenseitsreisen", wovon wir meistens nur noch Dantes ‚Göttliche Komödie' kennen. Den Zielen, Zwecken und Absichten wurde die Neutralität oder die Wissenschaftlichkeit geopfert. Apokalyptik, Prognostik oder möglichst praktische Handlungsanweisungen standen bei den Deutungen der Träume im Vordergrund. Pädagogik, oder pädagogische Warnung, Erziehung allgemein, Schreckens- und Heilsbotschaften, religiöse Dogmen waren vermischt mit durchaus nicht unintelligenten Traumdeutungen. Gerne wird der Traumdeuter als ein besonders begnadeter Mensch oder als ein Medium angesehen. So wird z.B. später von dem amerikanischen „schlafenden Propheten" Edgar Cayce berichtet, dass er, begnadet mit Sehertum und außersinnlicher Wahrnehmungskraft, sogar vergessene Trauminhalte rekonstruieren konnte. Als zweiten Schritt, wie Daniel, deutete er dann die Träume. Da die menschliche Seele auch eine archetypische, d.h. kollektive Struktur aufweist, mit anderen Worten: bekannte Gesetzmäßigkeiten aufweist, kann man nach einem entsprechend reichen Erfahrungsschatz das verlorene Ende von manchen Träumen erschließen. Zumal auch viele Probleme der Menschen sich gleichen.

Auch Mohammed wird als ein Mensch mit prophetischer Gabe verstanden, und das hat damit zu tun, dass er im Traum zu seiner Aufgabe und Verkündigung berufen wird und dass er auch Trauminhalte mitteilt. Und wie andere soll auch er „warnen". Im Laufe von vielen Jahren, in Nächten und Träumen und Eingebungen, überbrachte ihm der Erzengel Gabriel, der Offenbarungs- und Verkündigungsengel, den Inhalt des Korans. Dabei finden wir in der Botschaft des Gottes Allah Erhebliches an Determination und Prädestination. Alles ist in der Zeitlosigkeit bereits „aufgeschrieben", sowohl die Inhalte des Korans im Himmel als auch die Biographien der Menschen. Eigentlich ist Mohammed ein Beispiel dafür, dass der Mensch grundsätzlich spirituelle Botschaften aus dem Himmel empfangen kann, und zwar ohne Drogen, im Traum. So ist im Prinzip jeder Mensch potenziell oder virtuell ein Prophet, Schamane, Medizinmann oder Seher. Die Vertreter der meisten Religionen pochen aber auf einen Alleinvertretungsanspruch ihres verehrten Propheten oder Wahrsagers und bestreiten, dass jedem Menschen der Kontakt zum Himmel eignet. So wird auch im Islam Mohammed als „Siegel des Propheten" oder als „Siegel Allahs" verstanden, als derjenige, der exklusiv für Gottes Botschaft legitimiert ist. Geschichtlich kann man erkennen, dass Mohammed durchaus in den Strömungen seiner Zeit steht, und sein Umgang mit Träumen hat Ähnlichkeiten zu anderen Überlieferungen aus dieser Zeit. Generell gilt, dass im Unbewussten eines Menschen die Suche nach Gott und der Wunsch nach Verstehen besonders dann entstehen, wenn ein großer Leidensdruck in der Persönlichkeit, in der Biographie vorliegt. Auch Jesus und Buddha ‚bezahlten' ihre große Erkenntnis mit biographischem Leid. Das traf auch für Mohammed zu, der früh Vollwaise war und später den Tod einiger Kinder beweinen musste. Religiöse Botschaften im Traum sind eigentlich die Spitze der ganzen Beschäftigung mit den Träumen. Sie beglücken den Empfänger und nehmen ihm die weltliche Unsicherheit. Träume sind Wissen und Wahrheit. Sie sind ein großartiges Geschenk für die irrenden Menschen. Sie können die vielen Lügen, die in der Welt herrschen, beseitigen. Natürlich ergibt sich dann auch das Problem, dass die Traumeingebungen vieler Menschen oder Medien miteinander konkurrieren. Das sprengt aber nicht das Grundprinzip, dass im Traum höhere Wahrheiten zu uns gelangen können als durch das rationale Denken.

Im Islam ist häufiger formuliert worden, dass nur Gott allein eigentlich existiert, dass nur im Jenseits wahres Leben ist, dass die von Menschen aufgefasste und erlebte ‚Realität' eine Schattenwelt ist, dass sie Tand, Getändel, Spiel und Traumwelt ist. „Die Menschen sind im Traum, erst wenn sie sterben, erwachen sie" (Hadis). Ähnlich äußert sich Jesus vor Pilatus im Johannes-Evangelium: sein Reich, wie überhaupt das Reich des Vaters oder das Königreich Gottes, sei nicht von dieser Welt. Nur ein Brückenübergang, ein Passage ist das momentane Leben; Jesus spricht in gnostischen Evangelien: „Das Leben ist eine Brücke, geht hinüber, aber baut euch kein Haus darauf." (Das Zitat gibt es sogar noch auf einer indischen Moschee.) Gegenüber Pilatus beschreibt Jesus seinen Auftrag so: als „Zeuge der Wahrheit" sei er in die Welt gekommen. Und die Wahrheit ist das Himmelreich, und nicht das Trugspiel der materiellen Welt. Prophetisches ist möglich, aber leider streitet die Menschheit darüber, wer der richtige Prophet sei. Millionen Menschen mussten schon für diesen Streit ihr Leben opfern. Je nach Individualität mag jedem Menschen ein anderer Prophet entsprechen. Doch nicht nur Religionen, sondern auch Menschen haben permanent diesen

Alleinvertretungsanspruch. Im Koran steht immerhin, dass jedes Volk seinen eigenen Propheten habe, das wird aber nicht ernst genug genommen.

Aus dem oströmischen Reich (Hauptstadt Konstantinopel, Byzanz, Istanbul) sind einige Traumbücher überliefert, die zum Teil auf dem antiken Traumdeuter Artemidor von Daldis fußen. Unter anderem kennt man sie als die fünf „Volks-Traumbücher des byzantinischen Mittelalters". Zu den dort angegebenen Autoren selbst ist wenig bekannt. Zur Illustration bringen wir ein paar Beispiele aus dem Traumbuch des Astrampsychos: „Der Anblick von Sternen ist für die Menschenkinder höchstes Glück". „Lachst du im Traum, wirst du übler Laune sein". „Wenn du im Traum stirbst, wirst du sorgenfrei leben". „Perlen versinnbildlichen einen Tränenstrom".[3] Das sind Deutungen, die man auch heute noch tragen kann, besonders soweit es den komplementären Charakter von Träumen betrifft.

„Das arabische Traumbuch des Ibn Sirin" aus dem 15. Jahrhundert, vermutlich ursprünglich aus dem 8. Jahrhundert, gibt Empfehlungen, wie ein Traumdeuter vorgehen soll: „Der Deuter muss das Gottesbuch kennen, die Prophetentradition beherrschen, Fachmann auf dem Gebiet arabischer sprichwörtlicher Gleichnisse sein". Das erinnert an Aristoteles, der sagte: „Der beste Traumdeuter ist der, der Ähnliches mit Ähnlichem vergleichen kann". In Gleichnissen und Vergleichen leben und denken können, das ist wichtig für einen Traumdeuter; er muss in Analogien fühlen können; der Traumdeuter muss den analytischen Intellekt und die Bilderwelt, das symbolische Empfinden, verbinden können. Die Traumdeutung ist bei Ibn Sirin nach Symbolgruppen geordnet, z. B. nach Waffen, Vögeln, wilden Tieren, Wettererscheinungen oder Gottes-Erlebnissen. Ein paar Beispiele: „Rabe ist mit Frevler zu interpretieren, denn der Prophet nannte ihn so". – „Mäuse sind unanständige Frauen ... (Ehebrecherinnen)". – „Freude, Tanz und Lachen sind auch Trauer und Sorgen". – „Fische in einer bekannten Anzahl sind Vermögen und Gewinn". – „Sieht man sich spucken, wird man Reden äußern, die andere vertreiben. Sieht man sich husten, wird man sich über jemanden beschweren".[4]

Mittelalterliche deutsche „Traumbücher" sind in Handschriften und frühen Drucken aus dem 14. und 16. Jahrhundert überliefert. Sie haben, nicht überraschend, als Ziel, die Zukunft zu verstehen, bei Krankheiten zu helfen und zu sonstigen Schicksalsfragen Lösungen anzubieten, u.a. auch für das Geschick der Söhne und der Töchter. Manchmal werden Träume in Abhängigkeit von der Mondphase gedeutet, was verrät, wie verbreitet doch die Beobachtung des Mondzustandes war, dass man also Zukunft nicht nur nach dem Stand der Sterne und der Sonne deutete. Im Mittelalter lehnt man sich an die alttestamentlichen Traumdeuter Daniel und Joseph gerne an, bzw. sie werden fiktiv als Autoritäten zitiert. Das braucht man eben zur Legitimation. Und so heißen solche Bücher auch manchmal „Somniale Danielis" oder Somniale Joseph". Die Traummotive, die besprochen werden, sind geordnet, meist alphabetisch, und sie sind auf sehr praktische Anwendung hin bezogen. Ein paar Beispiele

Wasser, Nässe oder Überschwemmung werden als Zerstörung gedeutet, d.h. Wassereinbruch ist ein schlechtes Zeichen, ein drohendes Unglück („Nasses weter daz ist ain zersterung"). Wenn jemand im Traum nicht weglaufen kann, so bedeutet das Krankheit („siechtag"); hier sind also die typischen Verfolgungsträume erwähnt, die negativ gedeutet werden. Auch finden wir wieder die kluge Beobachtung, dass es Komplementär-Träume gibt. Z.B. bedeutet, im Traum eine Hochzeit zu sehen, dass Trauer, Schmerz und Weinen folgen werden („hohzit" zeigt „Wainung" an). Auch die weltweite Bedeutung der Zähne findet sich im Mittelalter. Wem also die Zähne ausfallen im Traum, wer einen Zahnverlust sieht oder erlebt im Traum, der muss damit rechnen, dass ein Nahestehender stirbt („Dem ist wie im die zen vsfallent daz ist im ain naher frvnd sterben will").[5]

Homosexualität

Eine Möglichkeit für die Entstehung von Homophilie und ggf. Homosexualität ist das Streben des Menschen nach Kompensation. Wenn z. B. ein Mädchen keine Mutter hatte oder das Mutterverhältnis so schlecht war, dass es einem Mutterverlust ähnlich ist oder auch einen inneren Gegensatz (ggf. Hass) zwischen Mutter und Tochter darstellt, dann sucht eine solche weibliche Person später oft einen Ausgleich für den Mangel, für das Defizit. Nicht nur hier, sondern bei vielen Lebensumständen ist man versucht zu sagen: das ganze Leben ist Kompensation. Das berührt die Individual-Psychologie von Alfred Adler oder wird durch dessen Ansatz bestätigt, dass das menschliche Streben sehr stark dahin geht, körperliche oder seelische, gedachte oder faktische Mängel auszugleichen. Es ist ein ungeheurer Motor des menschlichen Individuums, Minderwertigkeiten durch Ersatz, Kompensation, Leistung, Erfolgserleben, besondere Fähigkeiten aufzuheben. Und so kann eine Tochter bei entsprechendem Mutter-Defizit dazu verführt sein, Liebe und Zuwendung von Seiten einer Frau unbedingt und manchmal geradezu manisch nachzuholen. So kommt es zu der großen Bedeutung einer „Freundin" im Leben einer solchen Frau, welches alles andere überstrahlt oder erdrückt. Dieses Kompensation-Streben ist sehr verständlich, es ist generell Alltag. Ähnlich kann ein Sohn bei einem gravierenden Vatermangel oder Vaterverlust diese Stelle in sich oder diese Programmierung in sich, die als Vater-Sohn-Liebe zu bezeichnen wäre, später ewig und manisch nachholen wollen. Wäre die leere Stelle ‚gefüllt', könnte sich der Mensch, der Sohn innerlich weiterentwickeln. Die Kompensation (Ersatz für mangelnde Mutter- bzw. Vatererfahrung), als Suche und Sucht, Erlebnislücken zu füllen, ist also einer der Gründe für Homophilie und Homosexualität. Es gibt noch viele andere Gründe. Für einen Jungen z.B. ist eine sehr herrische oder gefühlskalte Mutter schädigend für seine Heterosexualität. Und so ist manchmal männliche Homosexualität aus der Angst vor der Frau geboren, und sie ist dann ein Ersatz für Heterosexualität. Auch eine zu starke Identifizierung des Sohnes mit der Mutter – aus ganz verschiedenen Gründen kann das passieren – führt zur Homosexualität. Pränatale und perinatale Traumata können die Heterosexualität so sehr zerstören, dass ggf. nur Homosexualität bleibt. – Wenn Kompensation ein Grund für homophiles Verhalten ist, kann man das im Traum gut erkennen an der überdominierenden Rolle von „Freundinnen" (als Mutter-Ersatz) für weibliche Träumer und von „Freunden" (Vater-Ersatz) für männliche Träumer. Auch frühe Elternsuggestionen (Geschlechtserwartungen) können untypische Geschlechterrollen erzeugen.

I

Ich

Das ICH ist eine Frage der Terminologie. Wir können uns vielleicht darauf einigen, dass es die Instanz ist, die die verschiedenen Regungen, Triebe und Impulse koordiniert. Es ist relativ identisch mit dem Ich-Willen. Man kann auch sagen: Ein Ich will (vom Grundsatz her) immer etwas. Tatsächlich ist ein Ich ohne Wollen nicht denkbar. Nur im Nirwana gibt es den

Zustand, dass weder ein Ich noch ein Wollen da sind; die beiden sind eng verknüpft. Man könnte das Ich auch gleichsetzen mit dem Ichbewusstsein, im Unterschied zu dem großen unbewussten Seelenteil. Man kann auch noch einen Unterschied setzen zum Selbst oder zum Höheren Ich oder auch zum Geist, vielleicht auch noch zur Vernunft. Das Selbst verstehen wir als Ganzheit der Persönlichkeit, wo Bewusstes und Unbewusstes zusammengefasst sind oder zusammenleben oder zusammenfallen. Zum Selbst gehört auch die Akzeptanz des andersgeschlechtlichen Seelenteils, also z.B. der Anima beim Mann, oder des sogenannten „Schattens", der ungefähr den verdrängten, inferioren Teilen des Unbewussten entspricht.

Für die Traumdeutung ist wichtig, dass das Ich austauschbar ist. Das Gesetz der Stellvertretungen herrscht immer in den Träumen, und es lässt auch das Ich und die Ich-Rolle nicht aus. Man muss also bei der Traumdeutung hinterfragen, wenn Ich-Träumer als „Ich" auftreten, in welcher Identifikation sie sich da gerade befinden. Ist es das Ich, dass ich aus meiner Aktualität oder aus meinem Alltag her kenne und in dem ich es mir eingerichtet habe, mit dem ich mich identifiziere, sogar fraglos? Oder ist es das Ich, das einer alten subtilen unbewussten Suggestion entspricht? Ist das Ich echt, oder benimmt es sich, so wie es sein „soll"? Praktisch bedeutet das, dass man sich bei der Trauminterpretation recht grundsätzlich fragen muss: Dieses Ich, was da agiert, kann es die übernommene Suggestion eines elterlichen Ichs sein? Wir haben z.B. viele Ich-Träume zu ganz frühen Zuständen, die aber in Wahrheit das Ich der schwangeren Mutter darstellen. Das hat natürlich auch damit zu tun, dass das Ich des Foetus und das Ich der Mutter in einer Symbiose (!) leben, und auch das Ich des geborenen Babys noch. Also das wenigstens ist zu beachten: Anstelle des momentanen Ichs kann im Traum ein

Mutter-Ich oder ein Vater-Ich auftreten. Das kommt nicht häufig vor, aber doch oft genug.

In den meisten Traumbüchern steht geschrieben, dass das „Kind" (auch das ist ein Ich) ‚das Neue' bedeutet. Das ist nicht falsch, aber bleibt an der Oberfläche. Der Kern des Traumsymbols „Kind" ist die Liebe. Die Liebe und das Unschuldsbewusstsein. Nur zu einem gewissen Teil bedeutet Kind Zukunft. Das zur allgemeinen Bedeutung. Häufiger ist jedoch, dass das Kind, besonders das eigene Kind im Traum, eine Information über die Kindheit des Träumers ist. Solche Verschiebungen finden schnell statt. Auch real in der Erziehung projiziert man seine Kindheitserfahrung auf das eigene Kind, besonders auf das gleichgeschlechtliche, und ‚verwechselt' also gerne sich und das Kind. Es gibt auch umgekehrt die Verschiebung, dass ein Kind, was beispielsweise durch Brutkastenaufenthalt von der Mutter getrennt war und sehr tod-nah war, später eine übertriebene Angst aufweist, dass der Mutter etwas passieren könnte, dass die Mutter sterben könnte. Verwechslungen und Verschiebungen sind beim Kind-Motiv an der Tagesordnung. Es ist also eine nicht unwichtige Regel in der Traumdeutung: das Kind im Traum bin ich wahrscheinlich selbst als Kind, es ist mein früheres Ich. Wenn man so als Elternteil z. B. träumt, dass das Kind ertrinken würde, dann kann man ziemlich sicher sein, dass man irgendwann im Rahmen der Kindheit, besonders in der frühen Kindheit, selbst todgefährdet war. Das „Kind" im Traum kann das liebende, unschuldige Ich aufweisen. Auch Tiere im Traum vertreten die Rolle des Ichs, z. B. des mystischen oder des brutalen oder des voraus-wissenden Ichs.

Nach Buddha ist die Ich-Anhaftung die subtilste Form der Anhaftung. Damit auch die subtilste Form von Leid und von Illusion. Ichlosigkeit ist sein Befreiungsziel. Das Ich im Traum changiert zwischen dem Inneren Kind, das unmanipuliert noch die Wahrheit der Gefühle und Erfahrungen zeigt, und der Fremdprägung, aufgesetzten Rolle, die als selbstgefälliges Ich auftritt, während in extremer Ausdrucksweise oder Analyse das „Ich wahnsinnig" ist (also sehr irrend), jedenfalls so in dem esoterischen Werk „A Course in Miracles".

Identität:

vgl. → Kuckuckskind

Indianer:

siehe → Schamanen und Träume
→ Unbewusstes

J

Jung, Carl Gustav

C. G. Jung war Schweizer und lebte von 1875 bis 1961. Ursprünglich kamen seine Vorfahren einmal aus Mainz, Vater und Großvater waren Theologen.

Wir lassen gleich zu Anfang C. G. Jung selbst sprechen, um seine großartige Einstellung zu den Träumen durchscheinen zu lassen:

„Alles Bewusstsein trennt; im Traum aber treten wir in den tieferen, wahreren, ewigeren Menschen ein ..."

„Erscheinen sie [die Träume] uns unsinnig, so sind bloß wir unsinnig und besitzen offenbar den Witz nicht, die rätselhafte Botschaft unserer Nachtseite richtig zu lesen."

„Daher dürfen wir erwarten, im Traume auch alles zu finden, was im Leben der Menschheit seit uralters Bedeutung hatte."

„Um dem Traum auch nur einigermaßen gerecht zu werden, bedürfen wir eines Rüstzeuges, dass wir uns aus allen Gebieten der Geisteswissenschaften mühsam zusammenstellen müssen."

„Träume sind unparteiisch, der Willkür des Bewusstseins entzogene, spontane Produkte der unbewussten Seele. Sie sind reine Natur und deshalb von unverfälschter, natürlicher Wahrheit, daher wie nichts anderes geeignet, uns dann eine dem menschlichen Grundwesen entsprechende Haltung wiederzugeben, wenn sich unser Bewusstsein zu weit von seiner Grundlage entfernt und in einer Unmöglichkeit festgefahren hat."

„Sie [die Träume] entstehen spontan, ohne unser Zutun, und stellen somit eine der Willkürlichkeit entzogene, psychische Tätigkeit dar. Der Traum ist daher eigentlich ein höchst objektives, sozusagen ein Naturprodukt der Psyche."

*„Der Traum als die Äußerung eines unwillkürlichen, dem Einfluss des Bewusstseins entzogenen, unbewussten seelischen Prozesses, stellt die Wahrheit und Wirklichkeit so dar, wie sie ist; nicht weil ich sie so vermute, und nicht wie der Träumer sie haben möchte, sondern **wie sie ist**."*

„Es ist ersichtlich, dass die Funktion des Traumes eine psychologische Balancierung bedeutet, eine Ausgleichung, die zum geordneten Handeln unbedingt erforderlich ist."

„Treten wir endlich in den wirklichen Sinn eines Traumes ein, so befinden wir uns aber auch schon mitten in den Geheimnissen des Träumers und sehen mit Erstaunen, dass auch ein anscheinend unsinniger Traum höchst sinnreich ist und eigentlich nur von wichtigen und ernsthaften Dingen spricht. Diese Erkenntnis nötigt uns etwas mehr Ehrfurcht ab vor dem sogenannten

*Aberglauben von der Bedeutung der Träume, für die unsere rationalistische Zeitströmung bis jetzt nichts übrig hatte."*⁶

C. G. Jung wirkte hauptsächlich in Zürich, unter anderem als Oberarzt an einer psychiatrischen Klinik, als Professor an der Eidgenössischen Technischen Hochschule Zürich. Zuletzt war er Professor für Medizinische Psychologie in Basel. Im Jahr 1903 hatte er geheiratet (5 Kinder). Ab 1907 gab es einen Kontakt mit Sigmund Freund, beide waren voneinander angetan. Aber schon 1913 trennten sich die beiden Männer, sowohl als Charaktere als auch als Wissenschaftler. Unter anderem wollte C. G. Jung der betonten Sexualtheorie des Sigmund Freud und seinem Autoritätsstreben nicht folgen. Jung war Emperiker, für ihn waren Theorien sekundär. Er berücksichtige bei seinen psychologischen Erklärungen unter anderem die Geschichte, die Genese des Menschen bzw. der Menschheit und auch die religiöse Kultur. 1948 wurde das C. G. Jung-Institut in Zürich gegründet. Jung war sehr belesen, breit gebildet, er reiste viel und untersuchte viele Aspekte in der damaligen Welt.

Eine große Bedeutung hat die Entdeckung Jungs, dass der Mensch nicht als leeres unbeschriebenes Blatt auf die Welt kommt. Und zweitens, dass das Unbewusste, speziell als Traum, eine ehrfurchtgebietende, weise Kraft ist, die sich als Korrektur des Bewusstseins nutzen lässt. So sind für ihn Träume große persönliche und intellektuelle Hilfen, keine Schäume. Wie es im Körperlichen die Instinkte gibt oder wie es auch die körperbedingt vorgegebenen Triebe des Sigmund Freud gibt, gibt es nach Jung auch im unbewussten Teil der Seele vorgegebene Strukturen, Denk- und Fühlmuster, die im Rahmen der Evolution von Mensch zu Mensch weitergegeben werden. Wir kommen also bereits mit psychischen Reaktionen auf die Welt, nicht nur mit körperlichen. Diese Reaktionen oder Muster können in ihrer Darstellungsweise, etwa als Traumsymbol, begriffen und gegriffen werden, sozusagen als Erzsymbole. C. G. Jung nennt sie Archetypen. Das Unbewusste steht nach C. G. Jung in einem kompensatorischen Verhältnis zum Bewusstsein. Unsere Seele ist keinesfalls nur individuell.

Einen Entwicklungsweg des Menschen nennt er die Individuation, diese kann man als den Weg vom Ich zum Selbst bezeichnen. Die Individuation ist die Verwirklichung der individuellen Bestimmung, wobei die Welt oder das All nicht ausgeschlossen sind, sondern eingeschlossen sind. Zur Individuation gehören die Auseinandersetzung mit dem „Schatten", die Integration der „Anima" bzw. des „Animus" und eine Art Balance von Denken, Fühlen, Empfinden, Intuieren. Der Schatten enthält inferiore Persönlichkeitsteile, wie etwa im verdrängten, minderwertigen oder schuldhaft gesehenen Triebbereich. Den Schatten projiziert man gern auf andere Menschen. Entwicklung heißt, die Projektion des Schattens zurückzunehmen. Mephisto ist der Schatten von Dr. Faustus oder auch von Goethe, der verführende Teufel ist der Schatten von Jesus. Oder die „Niedertracht", wie Hermann Hesse selbstkritisch seine Kleingeistigkeit, über die er sich wunderte und die er eigentlich nicht haben wollte, bezeichnete, ist der Schatten der Person Hesse. Im Idealfalle hat das Selbst das Unbewusste und das Bewusste integriert, erfahren und miteinander harmonisiert. Das Selbst hat besonders das sogenannte Böse ohne Probleme integriert. Es hat Dynamik, und es ist im Kern spirituell. Es stellt unsere Mitte und Ganzheit dar. Die abgeschlossene Entwicklung zum so begriffenen Selbst ist höchst selten, es ist eher ein Weg dahin.

C. G. Jung wusste, dass die Gegensätze, die Polarität, zur Welt gehören und auch das psychische Gesetz eines jeden Menschen sind: Wer am meisten verspricht, hält am wenigsten. Der

J Aggressivste ist eigentlich der Ängstlichste. C. G. Jung wusste, dass Entwurzelungen und Traditionszerstörungen die Massen neurotisieren. Er beobachtete weise: Ist ein Tatbestand nicht bewusst, „ereignet er sich" als Schicksal von außen. Man weiß dabei nicht, wer das Ereignis hervorruft. Die Menschen sind eher Diener und Instrumente des Schicksals als etwa Herren über ihr Schicksal.

Hinter dem Chaos oder dem allgemein Unverständlichen und Zufälligen scheint es eine geheime Ordnung zu geben, die verschiedentlich als Synchronizitäts-Phänomen hervortritt = paralleler Zusammenfall von symbolisch verwandten Ereignissen ohne erkennbaren kausalen Zusammenhang. Die Tiefenzone der Seele ist unabgeschlossen (altgriechisch apeiron). Das bedeutet, in einer tiefen Schicht des Unbewussten sind alle Menschen miteinander vernetzt, dort sind sie noch „Einheit". Deshalb gibt es entsprechende mystische Erfahrungen der All-Einheit, und deshalb gibt es auch viele telepathische Verknüpfungen und Komplexwanderungen zwischen den Menschen, besonders zwischen denen, sich nahe stehen.

Mythen, Märchen und Literatur müsste man gut kennen, um Traumsymbole per „Amplifikation", Anreicherung, hinreichend zu verstehen. Traumsymbole haben eine generelle, kollektive Bedeutung, auch wenn der Träumer niemals in irgendeiner Schule etwas über die Vielzahl der Symbole erfahren hat. Niemand lernt Symbolkunde, und doch setzt jeder Träumer genial die Symbole für psychische Inhalte ein. Als Traumauslöser kommen nicht nur Tagesereignisse infrage, sondern auch große Lebenslinien und Schicksalsthemen. Der Traum, wie auch jede körperliche Krankheit oder Neurose, ist eigentlich ein Heilungsversuch, wenn auch zuweilen ein nicht ganz adäquater, auch übertriebener, nicht ganz gelungener Heilungsversuch.

Meistens ist der Traum klüger und objektiver als das Bewusstsein. Er ist eine Bestandsaufnahme, und er bildet die Wahrheit ab, und zwar eine Wahrheit, die dem einseitigen oder arroganten Bewusstsein fern ist. Träume sollte man nach C. G. Jung pietätvoll und demütig annehmen und spielerisch in den Händen hin und her werfen. Träume zeigen, dass irgendetwas nach Bearbeitung ruft oder auch nach Verstehen, ganz zu schweigen davon, dass ein Inhalt wenigstens nach Akzeptanz ruft. Träume meinen genau das, was sie symbolisch sagen; es gibt keine Zensur im Traum (!). Neben den Bestandsaufnahmen des Alltags können Träume auch spirituelle und prognostische Inhalte haben. Aufgebaut sind sie ähnlich wie ein Drama, in 5 Akten. Träume sind bevorzugt „subjektstufig" zu deuten. Dies gilt z. B. besonders beim Auftreten andersgeschlechtlicher Personen im Traum. Jede Frau im Traum eines Mannes kann theoretisch der Traumdeuter auch so verstehen und bewerten, dass diese Frau die eigene weibliche Seite des Träumers darstellt, die aber unbewusst verdrängt oder vernachlässigt sein kann. Wenn der Traumdeuter die Bildersprache gut kennt und die allgemeinpsychologischen Theorien von Jung berücksichtigt, kann er seine Arbeit hinreichend bewerkstelligen. Respekt ist die erste Anforderung für den Umgang mit Träumen. Die zweite Anforderung ist die Annahme, dass der Traum einen kollektiven archetypischen Bild-Inhalt hat, der nicht nur der persönlichen Erfahrung oder Biografie des Träumers entspricht. Nach Jung Träume zu deuten, setzt ein sehr großes Allgemeinwissen voraus – oder eine Bibliothek von vielen verschiedenen Symbollexika.

Die Psychologie des C. G. Jung heißt „Analytische" oder „Komplexe Psychologie". Der Fortschritt der Jungchen Psychologie besteht in dem Nachweis, dass unsere Seele keinesfalls nur persönlich oder einmalig ist. Und dass Tradition, Religion, Alchemie, Geschichte, Genese und das Kollektiv bei den psychischen

Erklärungen berücksichtig werden müssen. Psychische Erkrankungen sind nach Jung ein „wertvolles Stück unentwickelter Seele". Auch ein Volk kann psychisch erkranken. Bewusstsein, Welt-Schöpfung und Schuldproblematik gehen parallel. Jeder kann sein Unbewusstes nutzen, zumal die Träume, als Quelle eigener religiöser Erfahrung. Die Seele ist unsterblich. Gottesvorstellungen sind ein Archetyp des Selbst. Auch Kommendes verkündet das Unbewusste, ebenso religiöses Wissen. Jung wollte sich von den üblichen Masken, die wir Menschen tragen, bezeichnet als „Persona", trennen und befreien. Er stützte sich auf Erfahrung und Intuition, auf das Leben, nicht auf die Theorie. So kann er sagen „Alle meine Arbeiten, alles was ich geistig geschaffen habe, kommt aus den Initialimaginationen und -träumen. 1912 fing es an, das sind jetzt fast 50 Jahre her."[7] Träume – auch andere innere intuitive Kräfte – belehrten ihn über das Wesen der menschlichen Psyche.

Jung–Freud–Gegensatz

Das Verstehen des einzelnen Traumsymbols ist in der Traumdeutung beinahe das Wichtigste. Wie in vielen anderen Bereichen unterscheidet sich auch hier das Vorgehen von Sigmund Freud von dem Vorgehen des Carl Gustav Jung. Jung wählt die Methode der „Amplifikation", um ein Traumsymbol durch ähnliche, analoge, vergleichbare Motive tiefer zu verstehen. Das Traumsymbol „Bär" wird angereichert durch die Funktionen und Darstellungen von Bären in der Mythologie, in der Religion, im Märchen, in der Literatur, in der Kunst. Die Beobachtungen und Anreicherungen zu „Bär" werden aus allen Weltteilen und Zeiten herangezogen. Der „Bär" wird als Archetyp empfunden, das heißt als ein vorgegebenes Symbol, das im Unbewussten aller Menschen einen ähnlichen Stellenwert hat. Sigmund Freud geht theoretisch anders vor. Hier wird das Traumsymbol durch

„Assoziation" aufgeklärt. Es wird fast ausschließlich Wert darauf gelegt, welche Anmutungen und Assoziationen der Träumer selbst zu seinem Motiv „Bär" im Unbewussten hat. Der Träumer soll also möglichst eine spontane Assoziationskette beibringen, die sowohl Bilder/Besetzungen als auch Ereignisse in seinem Leben aufführt, die mit „Bär" zu tun haben. Die kollektive vorgegebene Bedeutung des Symbols „Bär" wird von Freudianern eher bestritten, wenn auch Freud selbst, z. B. in der Sexualsymbolik, durchaus vorgefasste Vorstellungen hatte. Das ist insgesamt ein sehr gravierender Unterschied in der Symbolerklärung. Im Ergebnis kommt man dann nicht selten zu sich widersprechenden Traumdeutungen. Wir empfehlen dem Leser, beide Methoden bei der Deutung seines Traumes anzuwenden. Nach unserer Auffassung gibt es Archetypen a priori, umgekehrt ist aber auch die persönliche Anmutung eines Träumers zu seinem Traumsymbol relevant.

C. G. Jung trennte sich 1912 wissenschaftlich und auch menschlich von Sigmund Freud, der ihn eigentlich zu seinem Nachfolger hatte aufbauen wollen. Auch Alfred Adler und Wilhelm Stekel trennten sich übrigens von Sigmund Freud. Für Jung war Freud viel zu dogmatisch. Er schätze ihn als extrovertiert ein, während er sich selbst als introvertiert einschätzte. Eine große Distanz gab es zwischen den beiden auch in Fragen des Weltsinns, der Spiritualität, der Parapsychologie und der Religion. Jung wollte wissenschaftlich immer auf Erfahrungen, ggf. neuen und überraschenden Erfahrungen fußen. Siegmund Freud stellte, nach einem sehr kritischen Wort von C.G. Jung, seine persönliche Autorität über eine neue sich entwickelnde oder überraschende Wahrheit. Auch glaubte Jung, an Sigmund Freud eine Neurose festzustellen, und zwar eine ungelöste und unbewusste; dies beobachtete er bei einer gemeinsamen Schiffsreise nach Amerika. Freuds Atheismus und Jungs Spiritualität waren ziemlich unvereinbar. Da ging es nicht nur um Ansichten, sondern die Seele wurde aufgrund von verschiedenen Ausgangspunkten deutlich anders verstanden. Für C. G. Jung war die Psyche außerordentlich real, und zwar tendenziell in dem Sinne, dass die Seele oder gar das Bewusstsein ohne Körper eine Realität ist. Dagegen nannte S. Freud die Seele materialistisch den „psychischen Apparat"; Religiosität wertete er vorschnell als Neurose.

K

Karma:

siehe → Wiedergeburt
→ Schuld

Kind im Traum

In den meisten Traumbüchern steht geschrieben, dass das Kind ‚das Neue' bedeutet. Das ist nicht falsch, aber bleibt an der Oberfläche. Der Kern des Traumsymbols „Kind" ist die Liebe. Die Liebe und das Unschuldsbewusstsein. Nur zu einem gewissen Teil bedeutet Kind Zukunft. Das zur allgemeinen Bedeutung.

Häufiger ist jedoch, dass das Kind, besonders das eigene Kind im Traum, eine Information über die Kindheit des Träumers ist. Generell ist ein Kind ein Projektionsobjekt für die Kindheitserfahrungen anderer Erwachsener. Das Kind im Traum verrät besonders gern unbewusste und verdrängte Erlebnisse aus der Kindheit des Träumers – das, was nur scheinbar vergessen, aber gespeichert ist. Zwei Kinder fröhlich zugewandt bedeuteten im alten Chinesischen den heterosexuellen Verkehr. Sohn und Tochter können für männliches und weibliches Genitale stehen, auch aktuell, in Träumen hiesiger Zeitgenossen. Die Kinder scheinen besondere Schutzengel, Schutzgeister zu haben. Die Geschwistergötter sind für die Kinder ‚zuständig', z.B. Apoll und Artemis, wie andererseits „die Lieder", die die Kinder singen (so wieder im alten China), und auch sonst ihre überraschenden Sprüche etwas über den Himmel, die unsichtbare Welt aussagen können. Es gibt auch Babys im Traum, die „sprechen"; sie geben eine wahre, wichtige Botschaft.

Das Motiv „viele Kinder", und besonders „fremde", erinnert subtil an ein Kindheitsstadium, in dem man angegriffen wurde – und wehrlos war, weil man sich als Erwachsener normalerweise gegen Kinder „nicht wehrt". Ein Kind im Traum aus sehr ferner Zeit, beispielsweise aus der ersten Klasse – in der Realität längst total vergessen – stellt präzise einen Charakter dar, der im Traum geheim zum Träumer oder einer anderen Person passt, selbst dann, wenn man real, bewusst nichts über den Charakter dieses obskuren Kindes weiß. Unterhalb der Schwelle des Bewusstseins läuft hier eine zutreffende Information.

Kinderträume

Die Träume der Kinder gelten als weniger symbolisch, als besser und direkt verständlich. Man meint, Kinder würden weniger verdrängen und entstellen. Das ist aber nicht bewiesen. Die Traumarbeit selbst ist mit Erwachsenen und auch mit Alten vergleichbar. Die Inhalte nur sind ein wenig anders. Man muss natürlich auch darauf achten, dass, wenn ein Kind einen Traum erzählt, nicht Fantasiemomente sich einschleichen, also Ausschmückungen, die das Authentische mildern. Bei Kindern ist die Grenze zwischen Realität und Fiktion noch nicht so scharf gezogen.

K Auch gehört zum Milieu der Träume der Kinder die Familienkultur. D.h. wenn die Eltern eine Traumkultur pflegen und gewohnt sind, sich ihre Träume zu erzählen oder überhaupt über Träume zu sprechen, dann sind auch die Kinder angeleitet, das Thema Traum ernst zu nehmen. D.h. die Kinder haben Vorbilder, um öfter Träume zu erinnern und um öfter über Träume zu sprechen.

Der Kinder Frage an den Zuhörer oder Deuter ist immer sehr direkt, nämlich: „Was bedeutet das?" (das Traummotiv). Sie wollen also eine kurze eingängige Schwarz/Weiß-Antwort. Bei der Interpretation der Kinderträume kann man ihnen gegenüber nicht zu viel relativieren. Und natürlich gibt es Themen, Deutungen, die man ihnen nicht zuzumuten zu können glaubt. Also bezüglich der Kind-Seele ist es legitim, einige fragwürdige Traumelemente bei der Interpretation auszulassen, was man beim Erwachsenen nicht tun sollte. Die Kinder bringen in ihren Träumen viele Erlebnisse der Vorfahren. Sie sind besonders empfänglich für die Komplexwanderung. Ungelöschte Traumata und große Geheimnisse der Sippschaft finden sich in ihren Träumen bevorzugt wieder. Sie träumen noch Großartiges über den Sinn des Lebens, über das All, über den Kosmos, über Reinkarnationen, „über die Zeit im Himmel". Die spirituellen Informationen, die Kinder über Träume liefern, sind wertvoll.

Natürlich haben Kinder auch Angstträume und Albträume bis hin zum großen Schrecken in der Nacht, dem pavor nocturnus. Da kann sich manches finden aus Bedrohungen der Schwangerschaftszeit, aus sehr kritischen Geburtsumständen, aber wie gesagt auch aus der Sippschaft, z.B. aus weit zurückliegenden Kriegserlebnissen. Außerordentlich interessant sind Kinderträume für die zukünftige Biografie, d.h. in den Träumen von Kindern und auch Jugendlichen ist erstaunlicherweise manchmal das ganze kommende Lebenskonzept abgebildet oder präsent.

Das kann jeder an sich selbst feststellen, wenn er einen Traum aus seiner Kindheit erinnert oder noch im Gedächtnis hat oder wenn er vielleicht als Kind und sehr junger Mensch ein paar Träume aufgeschrieben hat. Man ist erstaunt, wenn man später etwa mit 50 Jahren sich diese Träume anschaut: was doch alles schon von der noch völlig unbekannten Zukunft angelegt war oder auch vorgeahnt war...

Die Symbolsprache der Kinder unterscheidet sich ein wenig von der der Erwachsenen. Das hat aber auch damit zu tun, dass sie in der Realität als Kinder noch ein paar besondere Worte oder auch andere Bilder als Erwachsene bevorzugen. Im Kindergarten kann man z. B. beobachten, dass Kinder in wütender Aggression, wenn sie den Nächsten vernichten möchten, gerne sagen: „Ich werfe dich ins Feuer". Feuer ist ein alter Archetyp für Tod, für welchen die Erwachsenen viele andere Symbole noch haben („Feuer" ist da schon selten). Kinder, so könnte man sagen, können ja auch noch Trolle sehen, oder sie können mit Tieren sprechen, oder sie sehen die Gespenster hinter der Gardinenstange. Manchmal erzählen sie auch der Mutter oder dem Vater davon. Diese Sehweise der Natur, die einem alten magischen Weltbild entspricht und die mit Hilfe von unsichtbaren Geistern die Welt erklärt oder bestimmte Ereignisse versteht, ist quasi eine Evolutionsstufe, die der moderne Mensch hinter sich hat, aber in der Kinder sich noch bewegen. Man weiß ja, dass ein Kind ab der Zeugung, also auch im Mutterleib, die ganze Evolution auf eine rasante Schnelle wiederholt und durchmacht. Und die Zeiten, in denen Märchen, Mythen, Gespenster und die Beseeltheiten der Natur gang und gäbe waren, die machen Kinder in ihrem frühen Alter durch. Also interpretieren sie die Umwelt so, drücken sich so aus und träumen auch so. Spirituelle Weisheit der Kinderträume lässt sich im Fazit so ausdrücken: Sie wissen, dass das Leben als tiefster Seelenkern ewig ist; alles geht immer weiter und wiederholt sich; der Tod ist nur ein Zwischenspiel. Man hat tatsächlich den Eindruck, wie manche auch sagen, dass die Kinder dem vorangegangen jenseitigen Aufenthalt noch etwas näher sind als der Erwachsene und dass sie also noch nicht alles aus der vorkörperlichen Welt vergessen haben.

Klarträume:

siehe → Luzides Träumen
→ Positives Denken

Kleidung

Kleidung im Traum zeigt etwas an Wesensseiten, Charakterzügen. Das Äußere meint Inneres und Mentales. Die Kleider stehen also für psychische Qualitäten, Zustände. Der von außen zu beobachtende Charakter ist letztlich erworben, aufgenommen oder auch aufgezwungen. Verhaltensweisen gleichen seelischen Prägungen, die ihren Grund, ihre Entstehungsgeschichte haben, d.h. sie sind entstanden, gemacht worden. Mit Verhaltensweisen bewegen wir uns in der Gesellschaft, wie mit Kleidern. Passend, erworben, geliebt, fremdgeprägt, vorgespielt – so können Kleider sein. Kleidung verrät also charakterliche Verhaltensweise, z.B. Mut oder Aggressivität. Die Kleidung zeigt nicht den wahren Kern oder die ursprüngliche Seele, zeigt nicht die geheime Identität. Das ganz unverfälschte Innere, Authentische verrät sich im Archetyp „Nacktheit". Nacktheit ist Wahrheit, dagegen sind „Kleider" vorübergehende Rollen und manchmal Verstellungen. Kleider drücken also unser Wesen in einer Situation aus, unser Wesen als Reaktion, manchmal auch als Prägung, Fremdbelastung, Fremdbestimmung oder gar als Versteck und Tarnung.

Ähnlich agiert der Mensch in Rollen, Funktionen. Die Rolle ist aber vorübergehend. Es gibt je nach Situation verschiedene Rollen im Menschen, und der innerste Kern (nackt) mag sogar von allen Rollen verschieden sein. Philosophisch ist es ein schwieriges Thema, zu beantworten, inwieweit wir mit unserer Rolle in der Welt identisch sind, identifiziert sind oder uns identifizieren sollten. Inwieweit ist die Rolle zugeteilt oder selbstgewählt. Wer oder was macht unseren Charakter, wer macht unser Schicksal? Das berühmte Spiel zwischen „Schicksal und Notwendigkeit" ist hier angesprochen. Die Kleidung – wie auch die Rolle – im Traum: ist sie gewählt, gewollt oder aufgezwungen?

Bei den auffälligen, kontrastreichen Motiven fällt die Antwort leicht: Ein „Mantel" hat in der Regel die Bedeutung schwerer, belastender Fremdprägung (selbst wenn man sich längst damit identisch fühlt). Die Traumfigur im dicken Mantel ist also belastet, evtl. manipuliert, jedenfalls nicht frei, locker, unbeschwert. Der Nackte umgekehrt ist ganz frei und authentisch. Die Kleidung des Oberkörpers verrät, was im Brustkorb, in der Brust gefühlt wird (Emotionen, Einstellungen des Herzens), z.B. Härte, Sucht, Spiritualität. Längsstreifen in der Kleidung stehen für Männliches, Querstreifen für Weibliches. Farben und Materialien verraten etwas Entsprechendes. Hosen zeigen etwas an über den Unterleib (z.B. Unbewusstes und Sexualität). Beinkleidung, Schuhe meinen etwas zu Tatkraft, Basis, zu Ausschreiten/Vorangehen/Selbständigkeit, zu Entwicklungsaktivität. Unterwäsche verrät eine Person, die der Nacktheit (Wahrheit) relativ nahe ist, also z.B. dem Pränatalen, Kindlichen oder auch der inneren Wahrheit. Berufskleidung, Uniformen sprechen für sich. Die Kopfbedeckungen, Hüte verraten, was im Kopf vor sich geht, also das Denken, die Absichten, ggf. die Neurosen oder auch die interessante, einmalige Individualität (mental). Das Außen verrät also das Innen. Goldene Kleidung ist hoch-spirituell, jenseitig, glänzende Kleidung seelisch wertvoll, geist-betont. Die Kleidung zeigt zuerst einmal nur das Thema, es muss weiteren Deutungsschritten überlassen sein, ob hier Echtes an Wesensart oder nur Wunsch oder gar eine belastende Fremdprägung gemeint ist. Schwarze Kleidung kann Trauer, aber eher eine Stärke in der Mentalität meinen. Elegante Kleidung, besonders Schuhe, haben eine nicht geringe Bedeutung als Erotik. Weiße Kleidung kann Verstärkung einer Eigenschaft oder auch Jenseitigkeit anzeigen (typisch gespensterhaft ist die „Weiße Frau", sie gehört zu einer anderen Welt).

Kollektivträume

Man kann sowohl das Schicksal anderer Personen in Ausnahmefällen träumen, als auch das Schicksal einer ganzen Gruppe. Aus der Geschichte ist vielfach bekannt, wie die Träume der Anführer eines Kollektivs, also des Häuptlings, des Königs, des Pharaos, des Priesterkönigs, von den Menschen beachtet und ausgewertet wurden, um etwas über das Schicksal des eigenen Kollektivs zu erfahren. Als würden die markanten Persönlichkeiten oder Leiter eines Kollektivs das Schicksal der Gesamtheit in besonderer Weise träumen. Natürlich, in früheren Zeiten wurde dann der Traum auch immer auf die Zukunft hin abgeklopft. Dass man für das Kollektiv träumen kann, und tatsächlich auch manchmal zukünftig, belegen viele Beispiele von Menschen, die z. B. die Ereignisse des 1. und besonders auch des 2. Weltkrieges vorausgeträumt haben. Die sensibleren Menschen bekommen mehr vom Schicksal ihres Kollektivs mit. Also Träume für die Gruppe, für die Familie sind durchaus möglich. Es hat wohl damit zu tun, dass wir im tiefsten Unbewussten vernetzt sind und dass die Mitglieder einer Gruppe in einer unbekannten Schicht eine Einheit sind, so wie sonst nur Mystiker die Einheit mit allem erfahren können. Im Unterschied zu früheren Ansichten gibt es also Kollektivträume in jedem Menschen, und nicht nur in den leitenden Verantwortlichen. Und man findet sie nicht nur in homogenen Indianerstämmen, sondern überall.

Komplementärträume

Manchmal zeigen Träume einen zur Realität ganz entgegengesetzten Inhalt. Da kann die Realität ja aus sicherer Erfahrung, Bestandsaufnahme geprüft werden (Vergangenheitswissen) oder am Folgetag evaluiert werden. Zu ihr kann man einen Traum in Bezug setzen, den man eventuell als Vorzeichen verstanden hat oder als Hinweis gerne verstehen möchte. Die Realität weist z. B. eine Geschichte auf, die traurig ist, im Traum aber tritt zum gleichen Thema ein „Lachen" auf. Oder man träumt, dass man durch die Prüfung fällt, besteht aber am nächsten Tag die Prüfung sehr gut. Da denkt man im ersten Moment: Träume sind Schäume, Träume irren. Bei genauerem Hinsehen stellt man fest, dass nicht nur Traum und Realität voneinander abweichen, sondern dass die genau passenden Gegenteile aufgetreten sind. Also Erfolg und Pleite sowie Lachen und Weinen. Tatsächlich fallen in der Symbolik die Gegensätze zusammen (coincidentia oppositorum). Yin und Yang sind in der rationalen Sprache der Logik getrennt, nicht in der Bildersprache. Liebe und Krieg als „Rot" gehören im Symbol „Rot" zusammen. Das exakt entsprechende Negativum ist ganz nahe beim Positivum beheimatet. In der Elektrik gibt es einen Pluspol und einen Minuspolt, sie sind konträr und aber auch nahe verwandt. Man nennt dann diese Pole „komplementär". Ein komplementäres Paar sind Geburt und Tod, Sieg und Niederlage, Männlich und Weiblich. Da solche Gegensätze in der Symbolik und im Unbewussten so nahe beieinander liegen und sich fatal ergänzen, können sie leicht ausgetauscht und vertauscht werden; idealerweise können sie einander ersetzen. Besonders dann, wenn man wie im Traum assoziativ spricht und approximativ formuliert und denkt. Als Rückseite der Medaillenvorderseite gehört das Weinen zum Lachen und die Freude zur Trauer usw. Die Pole sind nicht weit voneinander entfernt. Zu jeder Avers-Medaillenseite gehört zwingend und eng eine Revers-Medaillenseite. Das rationale Denken aber macht, zur leichteren Orientierung im Leben, einen großen Unterschied und eine Trennung in den zusammengehörigen Gegensätzen. Schon beim dialektischen Umschlagsphänomen, von der These zur Antithese, ist diese logisch gedachte Trennung schnell überwunden; nicht nur im Traum und in der Symbolsprache geschieht das.

In Spanien und auf dem Balkan gibt es den Volksglauben, dass, wenn man vom Tod eines Menschen träumt, man diesem Menschen ein langes Leben bzw. eine besondere Portion Lebenskraft gebe, schenke, voraussehend zuordne. Tatsächlich ist das ein klassischer Komplementärtraum: Den „Tod" eines Menschen zu sehen, sagt eher prognostisch das Gegenteil aus. Und wenn man in der Nacht in einem Prüfungstraum scheitert, hat das mit einem möglichen Misserfolg in einer Prüfung am nächsten Tag nicht zwangsläufig etwas zu tun, eher im Gegenteil. Zum einen meint das Symbol „Prüfung" einen ganz anderen Reifeschritt. Es geht da meist um ein inneres, psychisches Entwicklungswachstum – z.B. um Reife zum Erwachsenen oder zum Mann oder zur Unabhängigkeit hin –, nicht um eine Schul- oder Fahrprüfung. D.h. manche Träume halten wir für Komplementärträume, weil wir sie nicht richtig deuten (a). Zum andern sind im inneren unbewussten Ordner/Gedächtnisspeicher namens „Prüfung" sowohl Dateien zum Prüfungsversagen im bisherigen Leben als auch Dateien zum Prüfungserfolg vorhanden. Zum aktuellen Tagesthema „Prüfung" erscheinen nun einige Elemente aus dem Generalordner im Traum, ggf. komprimiert; u.a. gehört dazu auch vielleicht irgendein Prüfungsversagen. Dass eventuell ein solches Versagen, emotions- und energie-reich wie es ist, im Traum ‚hochkommt' und als Einzelnes morgens erinnert wird, kann also nach dem Gesagten nicht mehr überraschen. Zu einem erwünschten oder prognostizierten oder realen Prüfungserfolg gehört als eng verbundenes Gegenteil, im Unbewussten, die Datei des Scheiterns dazu (b). Auch eine erfolgreiche Prüfung erinnert indirekt an eine nicht-bestandene. So löst sich das Phänomen der Komplementärträume auf; mögen sie auch selten sein; nach den Gesetzen des assoziativen Unbewussten sind sie nicht überraschend. Interessanter Weise ist in mittelalterlichen Traumbüchern noch eine Deutungskunst vorhanden, die viel mit diesen Gegensatzpaaren arbeitet. Überhaupt hat sich das Wissen um Komplementärträume im Volksglauben und im sogenannten Aberglauben gut gehalten.

Komplex

Bei Sigmund Freud werden Komplexe in der Regel als Konflikte beschrieben, die im Innern der Seele vor sich gehen und die oft einen Gegensatz zwischen den Anforderungen des Über-Ichs und des Es sind. Das Ich, z.B. per Therapie, soll dann gestärkt werden, um diesen Konflikt zu lösen. Der umgangssprachlich vielfach verwendete Begriff „Komplex" ist nach C.G. Jung eher als ein Bild zu begreifen, das als Fazit von einem Erlebnis oder Trauma übrig bleibt und alles zusammenfasst, ist die Speicherungsspur, der Gedächtnisinhalt. Nach C.G. Jung kann man auch sogar das Ich als „Ich-Komplex" bezeichnen. Dieses Ich ist ein Komplex bzw. hat Komplexe, weil es in der Regel nicht bereit ist, Botschaften aus dem Unbewussten anzunehmen. Das Ich hat eine gewisse Arroganz und lässt sich vom Unbewussten, z.B. über das bevorzugte Medium Traum, ungern etwas zeigen oder sagen. Das Ich sagt lieber: Dieser Komplex (Erfahrung mit Eingravierung) gehört nicht zu mir, er erscheint mir fremd. An der Oberfläche zeigt sich der Komplex aus dem Unbewussten als Symptom. Das Charakteristikum eines Komplexes ist, dass er außerordentlich autonom agiert, er führt sein selbständiges Leben, gerne vom Bewusstsein verdrängt oder nicht begriffen. Komplexe, wie auch Archetypen, haben oder besitzen mehr uns, als dass wir sie haben. Da das Unbewusste auch transpersonal, transzendent, transparent ist, können Komplexe von einer Seele zur anderen wandern. Ein Komplex ist also neutral jeder gespeicherte psychische Inhalt, nicht simpel, einsträngig, sonder eher geflechtartig.

Komplexwanderung

Seelische Inhalte, in einer bestimmten abgegrenzten Form, als Bild, als Symbol, als Szene, schweben sozusagen frei im kollektiven Unbewussten. Gegen Träume kann man sich nicht wehren, das weiß jeder aus Erfahrung. In früheren Zeiten sagte man: mir träumte. Oder man sagte: es träumte mich. Damit ist angedeutet, dass das Unbewusste grundsätzlich auch nicht aus dem eigenen Leben stammende mentale Inhalte „aufnehmen" kann. Der Mensch hat gegen dieses Phänomen eine Art Filter, eine Abwehrhaltung, sodass er meistens auswählen kann, welche Inhalte er in sich hineinlässt. Uns interessieren hier vor allem die unbewussten seelischen Inhalte, gerne als Komplexe bezeichnet, welche unsichtbar sind, oder welche verdrängt sind oder welche als Suggestionen von anderen Personen ausgesendet werden. Das geht bis hin zur Gehirnmanipulation. Die Abwehrschranken funktionieren in der Regel, sonst hätten wir ein Gedankenchaos in unserem Gehirn, oder unser Unbewusstes würde uns mit zu vielen Komplexen überfluten. Allerdings sind die Filter und Abwehrzäune heruntergesetzt zwischen Personen, die sich sehr lieben, die sich unbewusst anziehen oder die verwandt sind. Hier kennt man die Komplexwanderung auch als Übertragung,

Telepathie, Eingebung oder Intuition. Die Seelenverwandtschaft wirkt manchmal sehr schön und harmonisch. Herabgesetzt sind die Abwehrschranken aber auch bei psychisch kranken Personen. So ist der Filter des Schizophrenen durchlöchert, alle möglichen fremden psychischen Inhalte, deren Quelle man nicht einmal kennt, strömen in den Schizophrenen. Dort agieren sie sich aus, benutzen die Wirtspersönlichkeit. Seit den Forschungen von Carl Gustav Jung und seit der Installierung der Systemischen Psychologie schaut man vorurteilsfreier und nachdenklicher auf die Arten von Komplexwanderungen. Früher kannte man natürlich auch schon die Wirkungen von Suggestionen, beispielsweise das große Gewicht der Elternsuggestionen. Oder man erkannte ähnliche Komplexe in ganzen Sippschaften und Generationen, man sprach dann vom Fluch oder Segen eines ganzen Geschlechts.

Je mehr das tiefe Unbewusste die Hauptrolle spielt in uns, umso mehr sind telepathische Komplexeinwanderungen und -sendungen möglich. Auch weiß man, dass Kinder viel offener für die psychischen Inhalte und Sendungen anderer Personen sind als Alte. Der Liebende und das Kind wollen viel mehr „aufnehmen". Der Traum ist der Tummelplatz für die Verschiebung von Komplexen. Hier werden fern und fremd erscheinende seelische Inhalte aufgenommen und dargestellt. Wie viele wundern sich nicht nach dem Wachwerden, wenn sie sich erinnern an die so fremden und bizarren Szenen, die sie geträumt haben und die doch nun gar nichts mit der eigenen Persönlichkeit zu tun zu haben scheinen. Man ist schnell Träger von unbewussten psychischen Portionen, die andere aussenden. Man verdankt einem einwandernden Komplex eine gefühlte Fremdbestimmung, aber auch wunderschöne überraschende Inhalte, die einem auffallend neu und bereichernd und alternativ erscheinen. Komplexe, die ankommen, können ‚anstecken', sowohl in der Massenpanik als auch in der Jubelwelle. Grundsätzlich ist also bei der Traumdeutung die Frage zu stellen, ob der seelische Inhalt, sagen wir der Handlungs-Plot oder Komplex, von einem selbst stammt oder von irgendeinem andern übertragen, ‚geschickt' worden ist. Gedanken sind Energien, und grundsätzlich kann man ihr Eintreffen bei einem Menschen, besonders beim Träumer, nicht hundertprozentig verhindern oder abwehren. Auch zwischen Mensch und Tier kann die Gedankenübertragung hervorragend funktionieren.

Siehe auch → Systemische Psychologie

Kompromissbildung im Traum

Für Sigmund Freud war der Traum der Hüter des Schlafes. Das meint, dass der Traum verschiedene Strategien anwendet, um den Schläfer nicht vor sich selbst erschrecken zu lassen, um den Träumer unaufgeregt weiterschlafen zu lassen. Der Traum hat aber auch andere Zwecke. Den Schlaf zu behüten ist nur ein Nebeneffekt. Der Traum hat die primäre Absicht, unbewusste Inhalte auszuagieren, zu bearbeiten, Wünsche zu befriedigen, Hoffnung und Ängste darzustellen, vielleicht sogar Lösungen zu finden zu irgendwelchen Problemen. Den wichtigen, meist unerledigten Inhalt in den Traum hineinzuschicken oder als Traum zu produzieren, und zwar besonders einen Inhalt aus dem Unbewussten oder dem Verdrängten, das ist das Ziel des Traumes. Wenn er aber nun auch Schlafbehüter ist, dann hat der Traum zwei Ziele, zwischen denen er einen Kompromiss finden muss. Man könnte sagen, verdrängte Triebregungen will der Traum bewusstmachen oder wenigstens erfüllen, sogar Tabus leben – andererseits will er schlafstörende Reize unbedingt vermeiden. Man weiß natürlich, dass die Kompromissbildung nicht immer gelingt, nämlich dann, wenn wir erschreckt in oder nach einem Traum aufwachen. Aber das ist in der Regel selten. Der Kompromiss liegt also zwischen Bewusstmachung und Befriedigung auf der einen Seite – und Erholung, Schlafbehütung auf der anderen Seite. Sigmund Freud dachte, dass durch eine unbewusste Zensur, durch Traumentstellungen, Traumverdichtungen, Traumverschiebungen der Kompromiss erreicht würde. Ob nun erschreckende oder undenkbare oder radikal verdrängte Dinge, sie alle sind nach Sigmund Freund durch Ersatzsymbole oder Fantasieprodukte verharmlost und verschoben. Kern des Traumkompromisses ist nach seiner Meinung der Burgfrieden zwischen den Ansprüchen des Es und den Ansprüchen des Über-Ichs. Angeblich schafft eine „Zensur"-Instanz den Kompromiss.

Vgl. auch → Traumzensur

Körperliches im Traum

Als erstes muss man darauf hinweisen, dass Körperliches im Traum gerne als Sinnbild für das Mentale eingesetzt wird. Das gilt z. B. für körperliche Behinderungen. Eine Kopfverletzung oder eine Rückgratverletzung oder eine Blindheit oder sogar ein fehlendes materielles Kleidungsstück, z. B. ein Schuh, meinen in aller Regel ein psychisches Problem, im Kopf oder in der Aufrichtigkeitshaltung oder in der Seele (dem Auge); und ein fehlender Schuh zeigt einen Mangel in der psychischen und/oder sozialen Grundausstattung, die man als Kind erhalten hat. Der menschliche Körper selbst wird durch betont materielle Dinge ausgedrückt. Hier wird bevorzugt das „Auto" als Archetyp eingesetzt. Manchmal auch „Haus" oder unterschiedliche Gebäude, manchmal Baum, Pflanze, Blume, und nicht selten auch Tiere, wobei Tiere aber überwiegend als Charakter- und Verhaltenselemente verwendet werden. Eine lebensgefährliche körperliche

K Krankheit kann z. B. dadurch dargestellt werden, dass die Batterie des Autos defekt ist oder dass die Antenne abbricht. Hier droht ein Verlust von Vitalität, in welchem Ausmaß auch immer. Ein defekter Autoreifen kann eine Verletzung in einem unserer vier Gliedmaßen anzeigen.

An dieser Stelle soll noch einmal darauf hingewiesen werden, dass ein Trauminhalt, also z. B. ein Auto- oder Körperschaden, keineswegs Zukunft anzeigen muss, auch nicht unbedingt deckungsgleich einen Fakt aus der Vergangenheit, sondern oft, als Warnung oder Übertreibung zu verstehen, ein Hinweis auf eine überstandene Verletzung oder auf eine evtl. drohende mögliche Verletzung ist oder auf aktuelle, faktische, übersehene Indizien aufmerksam macht, die eine entsprechende Krankheit und Verletzung leicht auslösen könnten. Wenn im Auto die Scheibe beschlagen ist oder wenn man nichts sehen kann durch die Frontscheibe, ist das ein Hinweis, meist eine Erinnerung an einen psychischen Black-Out-Zustand, der einmal zu einer Todnähe oder zu einer Ohnmacht gehörte. Der Auspuff eines Autos kann möglicherweise mit dem Genitalbereich zu tun haben. Die Scheinwerfer logischerweise mit den Augen. Der Kofferraum, und ähnlich auch ein kleiner Anhänger, meinen gern das Thema Schwangerschaft. Die Rücksitze im Auto werden real bevorzugt von Kindern genutzt, und sie zeigen im Traum fast immer ein Thema aus der Kindheit an. Ein Kombi-PKW oder ein Kleinbus verweisen nicht selten auf eine schwangere Frau. Der Motor eines Autos ist wie in der Realität so auch im Traum das Herz der Sache, so auch eines Lebewesens. Die schnittigen Sportwagen stehen für Personen, die an Sexualität und/oder Aggression interessiert sind. Die beiden Sitze vorn zeigen oft ein Paar, d.h. den seelischen Inhalt einer Beziehung von zwei Partnern. Wer in dieser Beziehung das Sagen hat, dominant ist, sitzt im Traum am Steuer. Auf dem Beifahrersitz sitzt der untergeordnete oder auch weniger ichbezogene oder weniger aggressive Partner bzw. die Partnerin. Die Lenkung ist ein interessantes Symbol, sie repräsentiert etwas wie Ich, Wille, Durchsetzungskraft, Potenz, Selbststeuerung. Große Belastungen und Aggressionen zeigen sich in LKWs. Ein Auto zeigt das diesseitige, betont körperliche Ich an, und damit auch Dinge wie Freiheit, Tatendrang oder Blockiertheit.

Betrachten wir die Elemente eines menschlichen Körpers im Traum, so erhalten wir Informationen über die psychischen Seiten einer Person oder über das Unbewusste. Der Kopf steht für Wille, Ich, das Denken und die Pläne, auch stellvertretend überhaupt für einen Menschen (pars pro toto). Die Form und das Äußere des Kopfes stehen für den Geist, für die Mentalität, für die Ansichten, die sich im Kopf befinden. So stehen Haare für Intentionen, Absichten, nicht selten auch für Gefühl und Erotik. Rote Haare sind ein Ruf nach Liebe oder auch ein Ausdruck von Stress im Mutterbauch. Haarlosigkeit, also eine Glatze, bedeutet in der Traumsymbolik: jemand will seine Gedanken nicht zeigen. Das wild wachsende Haar, wie bei Samson in der Bibel oder im Märchen „Der Eisenhans", meint recht Ungezähmtes und Unbändiges an Kraft und Wille. Die Tonsur oder ein absichtliches Kahlscheren verweisen auf Selbstbeherrschung.

Die Augen sind ein klassisches Symbol für die Seele, für die Seelentiefe, für das unbewusste Psychische. Sie sind auch ein Symbol für die Liebe. Ein direkter Blick verrät Wahrheit und Zuwendung. Wer sein Gesicht und auch seine Augen im Traum wegdreht oder versteckt, hat Grund dazu. Er möchte seine Wahrheit nicht zeigen, sich also nicht outen, wie man heute sagt. Der Hals ist eine sehr empfindliche Stelle, der hat mit Erotik und Liebe zu tun, aber auch stellvertretend (‚umgekehrt') mit der Empfindlichkeit des Unterleibs. Durch eine Art von Hals-Fesseln

K – Schals, Behinderungen, Einengungen, Felle – kann man im Traum große Probleme beim Geburtsprozess ehemals erkennen. Der Rücken verrät gerne das, was hinter einem liegt, also was man an Lasten und Komplexen mitschleppt, oder auch das, wovon man sich befreien kann.

Hände haben mit Handlung zu tun. Subtile psychische Blockaden, ob pränatal oder in der Kindheit oder aktuell können sich in Handproblemen zeigen. Gerne stehen die Finger oder der Daumen für den Zustand und die Erinnerung als Foetus. Der Brustkorb, der Oberkörper drückt in einer Traumausgestaltung aus, was es auf sich hat mit dem Herzen, mit dem Willen, mit dem Mut, mit dem Gemüt, mit der geheimen Absicht, mit Intention und Impetus des Träumers. Hosen, in Assoziation zu Männerkleidung, können tatsächlich manchmal das Männliche, also z.B. auch den Animus einer Frau zeigen oder auch indirekt eine Vatererfahrung. Die Schuhe verraten die psychische und soziale ‚Ausrüstung', die wir ehemals als Kinder von den Eltern für das Leben erhalten haben. Hier gibt es erotisch elegante Schuhe, hier gibt es klobige oder nützliche Schuhe, und hier gibt es fehlende Schuhe. Letzteres ist sehr dramatisch. Z.B. kann sich das Fehlen eines Elternteils darin zeigen, dass dem Träumer ein Schuh fehlt. Schuhe stehen auch gern generell für Personen. Nach den Erkenntnissen in alten Traumbüchern, nämlich bei Artemidor von Daldis (2. Jh. n. Chr.) und bei Wilhelm Stekel (Anfang 20. Jh.), gibt es eine sogenannte Symbolische Gleichung, die auch nicht wenig zu Sigmund Freuds Ansichten passt, dass nämlich Oben = gleich = Unten ist, das meint: der Mundbereich oben steht stellvertretend als Archetyp oder Traumverschiebung für den Genitalbereich. Das kann auch die Nase umfassen, die eine Assoziation zum Penis oder Phallus hat, und damit auch manchmal indirekt zur Willensstärke. Was sich also im Mund-Raum abspielt im Traum ist oft eine geheime Information über das, was sich ehemals im Uterusraum abspielte. Wenn da im Mund-Raum ein unangenehmes Tierchen, vielleicht eine kleine schwarze Echse sich im Traum herumtreibt, oder auch dieses Tierchen auf dem Oberschenkel sitzt, dann kann man vielleicht davon ausgehen, dass die Befruchtung im Mutterleib für die Mutter sehr unwillkommen und unangenehm war.

Zähne sind zum einen als Symbol unsere Waffen, sind also ein Aggressionsausdruck bzw. stehen für die Aggressionsfähigkeit überhaupt. Damit ist auch die Sexualitätsfähigkeit mit-gemeint, also die Zähne zu zeigen und zu blecken heißt sowohl seine Stärke, seine Aggressivität zu zeigen also auch seine Potenz und Sexualität. Zahnverlust-Träume kommen vielfach vor. Man braucht sie in der Regel nicht über die Maßen ernst zu nehmen weil sie den aktuellen Tag reflektieren, an welchem man nicht Sieger, sondern unterlegen und schwach war; und das wechselt ja. Viel tiefer sind Zähne manchmal zu vergleichen mit Embryo und Foetus, mit also gewachsenen Inhalten im Uterus. Wenige Traumdeuter haben dies bemerkt, eine berühmte Ausnahme ist Artemidor von Daldis (von Ephesos). Darauf fußt aber der Volksglaube, dass, wenn man einen Zahn im Traum verliert, vielleicht eine kundige Großmutter sagen mag, dies deute darauf hin, dass man einen Mitmenschen verliere. Zähne sind zwar keine Menschen, aber dennoch oft personale Wesen, und zwar manchmal vergleichbar mit pränatalen Lebewesen. Insofern ist solcher Glaube nicht total aus der Luft gegriffen, sondern irgendwo fern im Hintergrund hat er einen Sinn. Den Zusammenhang von Genitalbereich, Sexualität und Mundbereich, dem ganzen oralen Thema – den kann man auch daran erkennen, dass Küssen der Start und das Symbol für die Sexualität ist. Ein Mensch der nicht küssen kann und mag und will, ob im Traum oder in der Realität, hat in der Regel eine große Blockade in seinem genitalen Sexualbereich. Man wird auch nüchtern zugeben müssen, dass die Frauen, wenn sie sich die Lippen rot schminken, eigentlich ihre Schamlippen röten, als Symbolon, aber hoch unbewusst und indirekt; ob nun als Einladung, Aufforderung (natürlich nicht an Jeden, sondern nur an den Richtigen) oder ob als Ausdruck großer oraler Sehnsucht, wegen eines Muttertraumas, oder nur aus Mode, lassen wir hier dahingestellt. Ein rot geschminkter Mund zeigt im Prinzip oralen Hunger oder lockende Schamlippen.

Die Haarfarben haben im Traum eine Bedeutung. Schwarze Haare verweisen auf Sexualität, Kraft, Power, Ich-Wille und Wiedergeburt. Wenn diese schwarzen Haare sehr kraus sind, dann wird schon etwas Übertreibung oder auch Stress und Kampf in den genannten Themen angezeigt. Wohlgemerkt, es geht bei den Haarfarben um die Traumsymbolik, nicht um die Realität. Locken meinen tatsächlich eine erotisch-sinnliche Empfänglichkeit, Verführungsabsicht oder auch unschuldige Liebesfähigkeit, oder einfach nur eine Sehnsucht, entsprechend dem deutschen Verb „locken". Übertriebene und viele kleine Löckchen haben daher, ob im Traum oder in der Realität, eine Intention. Je heller das Haar ist, umso mehr wird ein Thema aus der Kindheit angezeigt. Die hellsten Haare haben Kinder, später dunkeln die immer etwas nach. Was meint nun das Kindliche per Haar? Nicht aggressiv und frech sein, sondern lieb, empfänglich, naiv, non-dominant, vielleicht hingebungsvoll sein. Eine Blondine verspricht dem Mann symbolisch, dass er wenig Widerstände und Probleme mit der Frau hat. In der Realität ist das natürlich trickreich einsetzbar und muss letztlich überhaupt nicht stimmen. Hellblond ist nur ein Symbol. Noch eine Bemerkung in diesem Zusammenhang zum Kopf: Der Kopfputz, alle möglichen Hüte und Figuren und Besonderheiten, die auf dem Kopf umhergetragen werden, sollen etwas aussagen, sie dokumentieren das Besondere, was der Träger dieses Schmuckes geheim im Kopf hat. Dieses

Spiel kann man schön beobachten an Masken, die auf den Kopf gesetzt werden, z. B. im Karneval oder auch im Schamanismus. Der Federschmuck der Indianer oder auch mancher Schamanen zeigt einen direkten Bezug zu der Welt der Vögel, nicht nur zum großen Herrschen oder souveränen Leben eines Adlers. Die Welt der Vögel ist klar die geistige Welt, und ein Mensch mit Federschmuck hat einen Bezug zum göttlichen Schutz, zu Manitu, auch zum Hoch-Sein, oder -Stehen oder –Fliegen; das meint u. a. ein Gegenteil von Unterlegenheit, von „unten" sein, doch besonders wird so der Bezug dargestellt zu den Ahnen, zu den Engeln, zu den Göttern, zu der Vogelwelt, zu der geistigen Welt, die einfach der unteren niederziehenden Materie überlegen ist. Ähnliches gilt dann, mit anderem Sinn, auch für Löwenmasken oder Teufelsmasken usw.

Ein Nachtrag zum Thema Auge: Das Auge zeigt Liebe, Begehren, hat eine großartige Lichtsymbolik, zeigt geheime Sehnsüchte; im Einzelfall hat es auch eine Affinität zur Vagina. Aus Liebes- Erotik- Genitalgründen werden die Augen durch schwarze Umrandung betont. Gerade Schwarz ist eine klassische Farbe für starke Erotik. Hellblau, was die Augen angeht, aber auch die Oberkleidung im Traum, steht eher für Transzendenz, Spiritualität und Himmel. Im islamischen Paradies sind die Augen der Huris, der Jungfrauen, die den verstorbenen Männern sexuell zur Verfügung stehen, sehr groß, sehr schwarz; je betonter und schwärzer die Augen sind, umso mehr Sex versprechen sie.

Kuckuckskind

Träume sind prinzipiell eine Information über die Wahrheit. D.h. Lügen werden durch Träume entlarvt, und zwar über kurz oder lang. Es mag lange dauern, bis der Träumer die Botschaften des Schlafes bzw. des Unbewussten registriert, d.h. bis er aufmerkt und bis er dann auch noch richtig versteht. Vielfach werden Partner, Kinder, Freunde belogen. Auch aus dem Pool der Medien und der Politik prasselt ein Feuerwerk von Lügen und Propaganda auf die Menschen. Man schaue sich nur in der Weltgeschichte einige Epochen oder Kriegszeiten an, und man erkennt schnell, wie zahlreich Menschen in die Irre geführt worden sind. Wie viele Ideologien haben nicht durch Lügen beherrscht und terrorisiert.

Auch auf der persönlichen Ebene werden Menschen belogen und betrogen. Hauptbeispiele dafür sind: dass ein Ehepartner betrogen wird oder dass ein Kind bzgl. seiner Identität belogen wird. Klassische Fälle sind die Adoptivkinder, denen man die Herkunft verschweigt, die Kinder von der Samenbank, die Kinder aus dem Seitensprung, die gerne zu untergeschobenen Kindern werden. Es gibt Lügen, die ein Identitätsraub sind, bei den Kuckuckskindern ist das der Fall. Wir könnten auch das Stichwort „Gehirnwäsche" nennen. Harmlosere Fälle mögen die sein, wo z. B. ein Mann später zu seiner Tochter sagt, dass seine Mutter im Krieg umgekommen sei, als Abwehr- und Verdrängungsmechanismus dazu, dass seine Mutter sich nicht um ihn gekümmert, sondern ihn weggegeben hat. In einem realen Falle entdeckte die Tochter das dadurch, dass das Datum von Vaters Geburt nach dem Kriegsende lag. Manipulierte, stark fehl- und lügengeprägte Menschen tragen im Traum viel zu dicke und auch dunkle „Mäntel", das sind übergeworfene Identitäten, fremde Rollen.

Der Mensch hat ein Recht, Vater und Mutter zu kennen. Wenn hier etwas fehlt oder verlogen ist, suchen die Träume ständig nach den richtigen Antworten. Verbunden ist solches aber auch, wie in der Realität bei der Elternsuche, mit Scham, Scheu,

Komplexen, oder anders ausgedrückt: mit Hemmungen und Unsicherheiten. Dennoch lassen die Träume nicht locker! Träume suchen immer die Wahrheit, keine Irrtümer. Auch bei argen Fällen von Gehirnwäsche bleibt in der tiefsten Schicht der Träume bzw. des Unbewussten ein Seelenteil, der heil geblieben ist, der weiterhin echt, genuin, authentisch ist. Symbolisch „in Eisenringen" ums Herz (im Märchen Der Froschkönig) oder „in einer hölzernen Schachtel" (Afrika, Volkskunde) überlebt, scheinbar unbemerkt und gefangen, die wahre, unmanipulierte Identität. So auch im belogenen Kuckuckskind. Empfehlung bei diesen und bei ähnlichen Problemen: Lassen Sie sich als Träumer belehren im Traum und überraschen, damit Sie Ihr wahres Wesen, das sich subtil meldet, nicht übersehen. Identitätsmanipulierte Adoptivkinder z. B. leiden. Schon an auffälligen Alltagsphänomenen (u.a. an unerklärbaren Krankheiten, Neurosen, Süchten) kann man erkennen, dass irgendetwas nicht stimmt. In seiner genuinen Identität lebt jeder Mensch gesünder. In der Wahrheit statt in der Lüge wäre auch die Weltgeschichte heiler. Man kann das Thema generalisieren: Nicht nur unsere körperliche, diesseitige Identität meldet sich im Traum – sie bricht durch, kann man sagen, wie Knospen oder Samen aus der Erde –, sondern auch unser ‚wahres Wesen' bezogen auf die Ewigkeit oder die Spiritualität bricht im Traum hervor. Unser Höheres Ich, unser Selbst, der unverletzbare geistige Teil von uns, der Innere Zeuge, der immer in der Wahrheit geblieben ist, taucht auf. Jedes Kuckuckskind bemerkt mit der Zeit, in den Träumen jedenfalls, wenn es diese beobachten würde, seine aufgesetzte Schale. Danach ist es ein Stück weit befreiter – und wahrhaftiger. Träume sind Wahrheit, und sie versuchen zu heilen. Den Träumen wie der Wahrheit gegenüber sollte man dankbar sein.

L

Latenter Trauminhalt

Der latente Trauminhalt ist der aufgeschlüsselte, eigentliche, verborgene Inhalt einer Traumgeschichte. So wie man ein schwieriges Gedicht, sagen wir aus dem Expressionismus oder Symbolismus, interpretiert oder auch ein Märchen oder Mythos tiefenpsychologisch deutet, so verläuft die Arbeit am oberflächlichen, manifesten Trauminhalt. Welche verhüllte Wahrheit und welcher Sinn stecken in der unverständlichen, erinnerten Traumstory? Was war die Absicht des Träumers? Welches Trauma oder welchen Erfolg stellte er dar? Zu fragen ist das auch in einer eventuell komischen oder abstrusen oder kindlichen Bilderstory. Welcher latente = verborgene Inhalt mag im Traumsymbol Stier, Blume, Überfahren-Werden stecken? Man kann so weit gehen anzunehmen, dass jeder Traum entschlüsselt werden muss, um die latente wichtige Aussage zu erhalten. Umgekehrt mag es aber auch wichtig sein, beim Traum selbst zu bleiben und jede Aussage, auch wenn sie sich symbolisch scheinbar unverständlich darstellt, ernst zu nehmen. Nach Sigmund Freud stößt man beim latenten, also übersetzten Trauminhalt oft auf tabuisierte und verdrängte Regungen. Der latente Trauminhalt ist der entschlüsselte, ggf. verdrängte Inhalt. In manchen Fällen aber sind Träume direkt und spontan zu verstehen und brauchen keine Übersetzung aus dem Latenten heraus.

Lebenslauf

Viel öfter, als man denkt oder erwartet, ist das ganze Leben im Traum dargestellt; gerne mithilfe der Traumsymbole „Weg, Straße, Rundkurs", überhaupt mit einer „Route" oder Anstrengung, die zu einem Ziel (einer Höhe) führt. Auch die Archetypen „Treppe, Leiter" finden sich in Gesamtlebensträumen. Manchmal läuft die Ansammlung der Lebenseinzelheiten zeitlich rückwärts – diese Zeitstruktur, wie eine Umkehrung, findet sich nicht selten in Träumen. Ein herausragender Archetyp für das Leben ist das „Buch", zu übersetzen als Lebensskript, Anreihung der einzelnen Lebenselemente, gerne auch im Vorgriff, d.h. so als würde dieses Lebens-Buch schon bei der Geburt oder bei Gott feststehen (ähnlich wie es im Koran gelehrt wird). Das Buch kann dick oder dünn sein (was sich auf die Lebenszeit zu beziehen scheint); es vermittelt etwas an Auftrag, Aufgabe; es zeigt Charakteristika, z.B. „in Gold" (= spirituelles Leben) oder in anonymem „Lederumschlag", den man etwa so übersetzen kann: relativ versteckt leben, mit einer Innenwelt ohne Outing, mit mentalem Panzer.

Der Überblick übers (eigene) Leben zeigt sich also oft im Traum. Neben dem „Buch" als Medium kann auch einmal ein einzelner „Artikel", etwa eines Lexikons, oder ein einzelnes „Kapitel" die spezielle Lebensbestimmung oder -färbung zeigen. Das Darstellungsmittel für den Überblick über das eigene Leben, die Panorama-Perspektive sind oft auch der „Monitor", der „Kinofilm", das „Theater". Das Bühnenspiel auf dem „Theater" wurde in Träumen derjenigen Zeit gern benutzt, als es Monitore und Filme noch nicht gab. Das betrifft z.B. die Menschen vor dem ersten Weltkrieg (etwa in den Träumen Franz Kafkas zu Beginn des 20. Jahrhunderts).

Vgl. auch → **Schicksal**
→ **Vergessen**

Lüge:

vgl. → **Kuckuckskind**

Luzides Träumen

„Klarträume" ist ein ungenauer Begriff. Manche Menschen nennen Träume, die sie spontan verstehen oder die sie spontan behalten und nie mehr vergessen im Leben: ihre Klarträume. Das sind wichtige, epochale Träume, wo die Menschen spüren: dies ist jetzt einmal etwas ganz Besonderes. Sogenannte Klarträume können Zukunfts-, Schicksalsbotschaften enthalten oder Warnungen oder lang ersehnte Aufklärungen. Es ist erfreulich, dass wenigstens dann, in so einem Fall, die große Bedeutung der Träume festgehalten und zugegeben wird. Bei einem solchen ‚Klartraum' geht es also im Prinzip nur um einen besonders eindringlichen Traum.

Das „Luzide Träumen" ist ein Begriff für Klar-Träumen, für Traum-Eingriffe und für Traum-Änderungen. Der Begriff stammt von lateinisch „lux" = Licht. Es wird von manchen die These vertreten, dass man z. B. in wiederholte, ähnliche Albträume in der Art „eingreifen" kann, dass man auf Dauer Herr oder wenigstens Korrektor des belastenden Traumgeschehens wird. Dazu übt man ein, den Traum zu behalten und distanziert betrachten zu können sowie ihn am Tag mit einem anderen, besseren Endergebnis sich vorstellen zu können. D. h. z. B. dass der Tiger im Angsttraum so behandelt wird, dass der Traum, beispielsweise in einem nachträgliche Rollenspiel oder in einer Imaginationsreise, umgestaltet wird, in etwa diese Richtung: Zuerst hält man das Erblicken des Tigers aus, später fragt man ihn nach seinem Gefühl, danach begrüßt man vielleicht den Tiger, zwischendurch verschafft man sich viele Helfer für den Umgang mit dem Tiger, am Ende stellt man einen freundlichen Kontakt zum Tiger her. Sukzessive wird der Aggressor also entschärft. Als historisches Beispiel für dieses Vorgehen wird gern ein Stamm aus Hinterindien, die „Senoi", angeführt. Je nachdem wie stark die Suggestion, das positive Denken oder die Manipulation sind, kann auf diese Weise das Ende eines Albtraums in der Vorstellung, mit viel Glück auch in der Traumwelt, geändert werden. Damit ist aber der Albtraum noch nicht verstanden – was viel besser zum Aufhören des Alb-Träumens beitragen würde. Und man muss davon ausgehen, dass Inhalt und Motivation, also Kern und Ursache, sich per Symptombildung (die nicht gestoppt ist) einen anderen Weg suchen. Die eigentliche, belastende Energie oder Triebkraft ist nur verschoben! Das Kernmaterial wird sich also seinen Weg in ein neurotisches Symptom, in einen kleineren oder größeren Ersatz-Tic, oder in einen anderen Angsttraum hinein suchen.

Ein weiterer Aspekt des luziden Träumens frönt der allgemeinen Machbarkeitsideologie. Hier besteht die Einübung in der Suggestion, die traum-ähnlich werden und wirken soll oder auch zu einem richtigen Traum heranwachsen soll, deren Inhalt eine Leistungssteigerung ist. Beispielsweise soll mit der kräftigen, imaginären Vorstellung, 7,92m springen zu können, das reale Limit des Sportlers bzw. Probanden bzw. Träumers, das bei 7,80m liegt, überwunden werden. Wer an diese Verbesserungen mit solchen Tricks glaubt, dem soll hier nicht geholfen werden.

M

Magersucht

Zum einen ist hier die Beobachtung wesentlich, dass unsere Pubertät eine Zweite Geburt ist. Bei der Ersten Geburt werden wir als Mensch geboren, bei der Zweiten Geburt als Mann oder Frau. Beide Male braucht es übrigens Helfer, Initiierende (die leider oft fehlen). Mit anderen Worten: In der Pubertät und in der Vorpubertät tauchen Symptome, Verhaltensweisen auf, die eigentlicher zur Ersten Geburt gehören, als eine Art Restimulierung. Unbewusst, unbekannt und verdrängt brechen sie sich in der Pubertät Bahn. Weiter ist zu beachten, dass „Essen/Nahrung" symbolisch immer „Mama" bedeutet (abweichend kann es manchmal als Traumsymbol auch die Bedeutung Sex haben). Esssucht und Essensabhängigkeit ist im Prinzip eine Muttersüchtigkeit. Sie ist entstanden als Kompensation, nämlich aus der Erfahrung, zu wenig Mama gehabt zu haben. Wer die Mutter saturierend und befriedigend „hatte", kann sie leichter loslassen. Die Magersüchtigen haben in der Regel ein Muttertrauma. Z.B. gibt es das frühe Fehlen der Mutter, das Überspringen des Geburtsprozesses (Kaiserschnitt), das Nicht-gestillt-Sein, diverse Trennungssituationen, mangelnde innere Zuwendung der Mutter, broken home, also ein Mutter-Kind-Beziehungs-Trauma. Das bindet die Kinder, Töchter: sie entwickeln ein Essproblem, u.a. um Mutter ersatzweise haben und halten zu wollen.

Die Magersucht nun ist der große Freiheitskampf. Die betroffenen Töchter wollen von der Abhängigkeit gegenüber Mutter, und das ist gegenüber dem Muttersymbol Essen, frei werden Sie ‚wissen', dass sie da unfrei sind. Die Lösung ist: auf Essen verzichten zu können. – Natürlich ist das ambivalent, widersprüchlich, unbewusst, eventuell verleugnet sowie noch anderen Problemen unterliegend. – Die Angelegenheit „Figur" ist eine Verschiebung, ein sich anbietendes Stellvertretungsmoment. Die unbewusste Selbstablehnung bezieht sich in Wahrheit auf die Seele, auf die Person (das Kind ist nicht genug geliebt gewesen von der Mutter), das wird äußerlich am Körper abgehandelt. Im Unterschied zu Nikotin- oder Alkoholsüchtigen kann der Esssüchtige das Suchtmittel nicht einfach in die Ecke stellen, nicht lassen und tabuisieren, sondern er muss täglich, sein Leben lang, weiter essen. Der Kampf gegen die Essensabhängigkeit ist also extrem schwer! Da muss man sich schon in radikal-asketische, ablehnende Verhaltensweisen hineinsteigern. So kommt es also zu einer Gewichtsabnahme, als Lösung im Freiheitskampf, bis zur Lebensgefährdung. Nicht selten kann man den heftigen inneren Konflikt, der zwischen Essen-Haben-Wollen und Essen-Vermeiden-Wollen sich abspielt, an dem widersprüchlichen Phänomen der Bulimie ablesen. Sie ist als Zwitter ein Stück Wahrheit – offenbart indirekt, dass die Betroffene zwischen Mutter-Haben-Wollen und Sich-von-Mutter-Befreien-Wollen changiert, pendelt, was nicht überrascht. Die Magersucht nur so zu verstehen, dass es um das Problem geht, „weiblich" zu werden (wie die Mutter), ggf. Weiblichkeit abzulehnen, ist zu wenig. Auch die Magersucht als latenten Suizidversuch zu sehen, ist zwar nicht falsch, aber zu wenig zur Erklärung.

Man achte bei Träumen, die auf Magersucht hinweisen oder hinzuweisen scheinen, auf das Konfliktuöse. Dann kann man die Betroffene besser verstehen und erhält auch Anregungen für das therapeutische Eingreifen. Man kann es vergleichen mit dem Fall eines Suizidgefährdeten: Auch dieser Mensch hat in der Regel einen Konflikt (!) zwischen dem Streben nach Tod und dem Lebenswunsch. Um Magersüchtige in ihrem Unbewussten zu verstehen, sollte man das Augenmerk lenken auf ihre Traumsymbole zum Thema Mutter (1), zum Thema Essen/Lust (2) und zum Thema des starken Konflikts (3); letzterer kann im Archetyp des „Streits" auftauchen. Es mag überraschend klingen, aber die Magersucht ist als Befreiungsversuch, als Heilungsversuch zu deuten, auf jeden Fall als Widerstand. Man versteht die Magersucht, wenn man den affinen „Hungerstreik" versteht: diese Verweigerung ist das letzte Mittel desjenigen, der sich im (psychischen) Gefängnis befindet.

Manifester Trauminhalt

Der manifeste Trauminhalt, der oft zuerst überhaupt nicht verstanden wird, erscheint uns wie ein Bilderrätsel, eine Phantasiegeschichte, ein Märchen. Er erfordert eine Deutungsarbeit. Er ist der oberflächliche Inhalt des Traumes, den man hintereinander, deskriptiv aufzählen kann, ohne dass ein tieferer Sinn zu erkennen ist. Deshalb gibt es auch Forscher, vornehmlich in den USA, die den Träumen Sinnlosigkeit attestieren und die die einzelnen Elemente eines Traumes lediglich als neuronales, elektronisches Feuerwerk von überhitzten oder sehr aktiven Gehirnzellen ansehen. Tatsächlich erschließt sich der Sinn eines Traumes selten im manifesten Trauminhalt. Der oberflächliche Inhalt eines Traumes entspricht dem Bericht, den man einem Bekannten über seinen Traum gibt, wenn man ihn exakt erzählt. Der manifeste Trauminhalt enthält keinen Kommentar und keine Spekulation. Doch es gibt Ausnahmen: der manifeste Trauminhalt in einigen Kinderträumen und in besonderen Klarträumen spricht spontan für sich, d.h. ausnahmsweise ist die Deutung und der tiefere Sinn identisch mit der Oberflächenstory. In der Regel aber muss ein manifester Trauminhalt aufgeschlüsselt werden, übersetzt werden. Dazu verwendet der Freudianer vornehmlich die Assoziationskette, die persönlichen Einfälle des Träumers zu einzelnen Traumelementen, die Anmutungen und Besetzungen, die der Träumer zu Einzelheiten vorbringt. Anders übersetzt der Jungianer den manifesten Trauminhalt: er geht davon aus, dass die Symbole allgemein unter den Menschen verbreitet sind, d.h. besonders im Unbewussten, und dass die Bilder eines Traumes auch ohne die Einfälle des Träumers schon wesentliche Informationen liefern, also für sich sprechen. Ein Jungianer nimmt den manifesten Trauminhalt ernster - er, so könnte man sagen, bleibt beim Text, interpretiert den Traum werkgetreu. Wenn man die Symbolsprache kennt, muss der manifeste

Traum nicht unbedingt sekundär in einen latenten Trauminhalt hin umgewandelt werden, also entschlüsselt werden, sondern jedes Traumbild redet direkt und unverfälscht. Der latente Trauminhalt wird von Freud als die verborgene Traumaussage und Traumabsicht gedeutet. Man könnte vielleicht sagen: ein Freudianer „entschlüsselt" den Traum, stellt ihn auch manchmal auf den Kopf; ein Jungianer „übersetzt" gekonnt und bleibt dem Traum treu.

Vgl. → Assoziationen und
→ Latenter Trauminhalt

Männerträume

Wir greifen hier nur einige wenige Einzelheiten heraus, denn ihre Träume sind in der Regel vergleichbar mit den Träumen aller Menschen und Geschlechter. Nehmen wir aber einmal als Besonderheit die Rolle der Männer als Väter. Das große Thema ‚Leben zu geben' und auch zu empfangen, wie es in Frauenträumen auftritt, fehlt, als Ausgeprägtes jedenfalls, in Männerträumen. Die Vaterrolle kann man oft im Traum so sehen, dass der Mann als bemühter Taxifahrer seine Kinder oder Angehörigen dauernd durch die Gegend fährt. Da haben wir also eine Vaterfunktion, die besteht im Unterstützen und Helfen und Beschützen, und auch darin, für die Weiterentwicklung der Kinder zu sorgen. Eine archetypische Beschreibung von Männern, besonders auch von Vätern sind die Symbole Lehrer, Priester, Redner. Ansonsten müssen wir die steinzeitlichen Anlagen beachten, ob man sie nun als Evolution oder Genetik oder gesellschaftliche Zwänge bezeichnet. Krass ausgedrückt darf man sagen: Männer lieben ihren Samen. D.h. sie sind grundsätzlich daran interessiert herauszufinden, wo sie denn eine Ejakulation durchführen könnten. Das entspricht vielleicht der ‚Überfülle' im Naturplan, wo ja der Samen auch z. B. von Bäumen in einer unglaublichen Menge und Redundanz vorkommt und wo man glauben könnte, soviel braucht es eigentlich nicht. Da ist halt Überströmendes in der Schöpfung vorgesehen. Die Vervielfältigungsanlagen und Vermehrungstendenzen sind in allen Lebewesen stark. Männer tragen solche Absichten mit sich. Sie unterliegen aber auch ganz einfach einem hormonellen Erregungsabfuhrstreben (dem ‚Druck').

Der Penis kann auch schon einmal als Finger oder Foetus dargestellt sein, das Phallische meist in entsprechenden Formen: Gewehr, Dolch, Stock/Stab oder auch Fisch. Im Unbewussten unterscheiden sich Männer und Frauen besonders bei dem Thema Kampf. Männliche Lebewesen haben den Drang zum Duell, zum Kämpfen. Man weiß ja in der Biologie, dass es bei allen Tieren, gerade bei den männlichen, zur Fortpflanzung gehört, anscheinend ein unabdingbares Vorspiel ist. Das kann man auch beobachten, wenn man sich kleine Jungs ansieht gegenüber den Mädchen. Die Jungs sind geradezu wettkampfbesessen. Sie scheinen zu leben für Erfolg, Kräftemessen, Sieg oder Niederlage. Das hat nichts mit einer gesellschaftlichen Frage zu tun, etwa so, dass man sich fragen könnte, wohin ist die Aggression ausgelagert, verschoben worden, oder wer animiert wen zum Kämpfen. Außerdem sieht man generell in der Traumsymbolik, dass „Aggression" in der Regel „männlich" ist, auch in vielen Fällen, wo Frauen die Aggressoren sind. Die Aggression ist als männliche eine gezeigte und eine direkte – also leicht zu begreifen und zu verstehen. Im Unterschied zum Kriegertypus kann weibliche Aggression im Spinnensymbol oder Schlangensymbol auftreten. Dass Männer also archetypisch Krieger sind ist immer noch in ihnen vorhanden. Am ehesten kann man es erkennen an dem Spaß, den männliche Jugendliche am Wettkampf haben. Jugendliche Rabauken provozieren deshalb auch gerne, sie leben für ihr Leben gern für das Duell, so kann man es ausdrücken. Auseinandersetzungen nach außen hin sind typisch männlich, und für Männer eben auch attraktiv. Wir sprechen natürlich hier nur von Schwerpunkten und Tendenzen, nicht davon, wie sich ein einzelner Mann verhalten kann. Mars, der Kriegsgott, ist als Symbol für den Mann insgesamt jedoch stimmig. Das Muster ‚Große Anstrengung mit dem möglichen großen Erfolg am Ende' zieht Männer an. Man könnte es auch so ausdrücken: das Risiko zieht Männer an. Auch von Erkenntnis, Wissen (zumal als Erfolg, als Macht, als Kontrolle) fühlen sich Männer angezogen, das ist der bekannte Forschungsdrang. Schließlich fehlt auch das Spirituelle nicht, dies verwirklichen Männer als Priester, Lehrer, Schamanen.

Vgl. auch → Frauenträume

Medizinmann:

siehe → Schamanen und Träume

Muttertabu

Die „Mutter" ist ein Archetyp, der im Unbewussten positiv besetzt ist. Die Mutter ist leben-gebend. Die übliche, animalische, hormonell vorgegebene Mutterliebe führt dazu, dass die Macht der Mutter fördernd, aufbauend ausgeübt wird. Wie überall kann es aber auch hier zu Machtmissbrauch kommen. Wir beginnen in unserem Leben als Besitz der Mutter, völlig abhängig. Der konstruktive, beherrschende, zwingend notwendige Schutzschirm der Mutter wird von unserem Unbewussten in Dankbarkeit geliebt, jedenfalls niemals angegriffen. Das gilt für ein ganzes Leben, im Regelfall. Baum, Quelle, Nahrung, Höhle, Raum, Zug, Eros, Heilerin können Traumsymbole für die Mutter sein, oder eben die behütende Mutter selbst. Leider gibt es aber Fälle, in denen die Mutter ihre Macht während der Kindheit arg und rücksichtslos ausgenutzt hat. Aus egoistischen Motiven hat sie ihre Interessen rigoros über die des abhängigen Kindes gestellt. Oder aus einem eigenen Muttertrauma heraus oder wegen äußerer Unglücke und Schicksalsschläge ist sie nicht fähig, reif dazu geworden, eine tatsächliche seelische „Mutter" zu werden. Sie ist neurotisch, männlich, verletzt usw. Wie bei allen Menschen sind auch bei einer Mutter Machtgier, Neid, Rachsucht nicht zu unterschätzen. Kurz gesagt: In Ausnahmefällen kann eine Mutter ablehnend, destruktiv, zerstörerisch sein. Z.B. wenn sie den Säugling weggibt, sich anderweitig um ihr Kind nicht oder sehr wenig kümmert, Strafe und Vorwürfe auslebt statt Hilfe, das Selbstwertgefühl des Kindes unterminiert. Oft hat sie auch die Frucht gar nicht haben wollen, ärgerlich empfangen, geboren, gestillt. Nicht selten kommt vor, dass die Mutter die Frucht hat abtreiben wollen, dass sie also zum Tod des Kindes tendiert hat statt zu seinem Leben. Solches ist für Natur, Gefühlswelt, Unbewusstes extrem widersinnig. Es widerspricht der Erwartung eines Kindes, dass solches überhaupt möglich ist, es fehlt völlig in seiner inneren Programmierung. Es wird meist weder gesehen noch registriert noch begriffen, sondern stark verdrängt. In diesen und allen Fällen einer jeglichen Art von Mutterbeziehung gibt es ein „Muttertabu". Dass Mutter positiv für „Leben" steht, daran hält man sein Leben lang fest. Etwas anderes ist ‚undenkbar'.

Wie also stellt der Traum eine Muttererfahrung dar, die destruktiv war, z.B. in den beiden Beispielen, dass die Mutter über die Maßen herrschsüchtig war, also das Kind zu einer abhängigen, unfreien Person machte, oder dass sie Abtreibung, Tod, Nichtexistenz des Kindes wollte? Denn das Unbewusste kennt ggf. eine solche Wahrheit, sie kann nicht wirklich gelöscht werden. Und der Traum als Sprachrohr des Unbewussten versucht, das wiederholt darzustellen. Der Traum wählt gerade hier die Methode, Stellvertreter auftreten zu lassen! Die widrige Mutter wird durch andere Figuren ausgedrückt, so dass das Muttertabu erhalten bleiben kann. Die zerstörerischen Seiten der Mutter werden wie abgespalten in beispielsweise folgenden Aspekten dargestellt: Tiger, Löwin, fremde/asoziale Kinder, Räuber, Diebe, Hund/Wolf (= Betonung des ‚Männlichen'), Spinne oder Schlange (die letzten beide Symbole sind häufig), Hexe, Schlägerin, Naturgewalt (z.B. Orkan, Wassereinbruch), übermächtige Kuh, böser Vogel, negative Lehrerin, Freundin oder Vorgesetzte. Der vergebliche Hilferuf, sehr früh, schon im Uterus, der Appell an die positiv, leben-gebend gedachte Mutter verläuft im Traum dann im Nichts; weder Artikulation noch Telefonnummer noch Polizeiruf sind möglich. Inwieweit die Mutter in einem solchen Traum auch als Frau oder als Mann oder als gefährliches Tier dargestellt wird – die Träger solcher Figuren sind grundsätzlich stellvertretend. Die Angst vor der Mutter: sie wird als zu widersinnig empfunden und nur an Ersatzfiguren dargestellt, damit kann das ‚gute Muttergefühl', ob als Illusion oder Teil-Erfahrung, bestehen bleiben. Die imago „Mutter" wird nicht angerührt. Sie ist oder war zu lebenswichtig. Die Idee „Mutter" wird niemals aufgegeben. Selbst in der Todesstunde rufen wir nach ihr. Aufklärungsträume über eine grausame Mutter sind ebenso notwendig wie auch sehr schwer zu verstehen. Das Muttertabu beherrscht uns, von Natur aus, alle. (Auch sehr deutlich bei Sigmund Freud persönlich zu merken.) Selbst wenn eine Frau/Tochter, ebenso aufklärerisch wie verletzend, folgende Aussage ihrer Mutter träumt: „Mit dir fing mein Unglück schon an..." – behält sie in der Seele oder im Unbewussten das Muttertabu.

N

Nacktheitsträume

Nacktheit bedeutet ein unschuldiges, natürliches Akzeptieren seiner selbst. D.h. wenn man sich seiner Nacktheit im Traum „schämt", zeigt das einen Minderwertigkeitskomplex, eine unbewusste Selbstablehnung. Nacktheit im Traum ist psychisch, mental gemeint, nicht sexuell. Neben der Akzeptanz der Realität hat die Nacktheit die Bedeutung der Wahrheit. Vor der Geburt waren wir „nackt", und nach dem Tod nehmen wir im Prinzip auch nichts mit. Pränatal und postmortal brauchen wir keine Kleider. Symbolisch heißt das: Wir kommen aus der Wahrheit, und wir gehen nach dem Tod in die Wahrheit. Ein nacktes Kind, wenn es noch ohne Manipulation ist, hat weder Scham- noch Schuld- noch Minderwertigkeitsgefühle. Es ist authentisch. Auch im gedachten Paradies waren wir wahrhaftig und brauchten keine Kleidung. Die nackten Genitalien, die dem Träumer peinlich sein können – jedoch sinnigerweise nur vor anderen Feedback-Personen – stehen stellvertretend für das innere Kind, tiefe Unbewusste, als Körperliches für das seelische Ich. Die Selbstablehnung, in Einzelfällen eben konzentriert auf die Genitalien als Symbol für die Person, stammt aus Fremdablehnung. Nacktheit wird erst dann problematisch oder peinlich, wenn ein Kind entsprechend erzogen wird. Dass sich die Menschen ihrer Nacktheit schämen ist das Ziel vieler Kulturen: auf dass sie Gemeinschaftsmitglieder werden mit einer Art Sündenbewusstsein. D.h. Gesellschaften, Herrschaften verteilen gern anmaßend Schuld und Unschuld, verurteilen dies und das, davon leben sie. Im Übrigen neigt der „Körper" grundsätzlich dazu, die seelische Befindlichkeit auszudrücken; auch Dick-Sein oder -Sich-dick-Fühlen, Gewichtsprobleme diverser

Art, besonders die Magersucht, verraten ein seelisches, weniger ein körperliches Problem. Ähnlich meint eine körperliche Behinderung im Traum die seelische Verletzung. Mit dem Verlust der Haltung, sich unschuldig nackt zeigen zu können, haben wir unsere ursprüngliche, himmlische Wahrheit verloren, ja verkauft, zugunsten einer Rolle auf Erden. Die Welt verlangt von uns eine Rolle. Wir spielen auch tatsächlich gern eine Rolle, eine Show. Der Eindruck, den wir machen, ist uns wichtiger als die Wahrheit. Verkleidungen, Berufe, Funktionen, Erfolge – dafür opfern wir unsere Nacktheit und Wahrheit. Je peinlicher die Nacktheit im Traum empfunden wird, umso tiefer ist die unbewusste, verdrängte Selbstablehnung, bis hin zu Depression und Suizid. Die Gottheit der Nacktheit ist die „Wahrheit": Veritas, Varuna, Aletheia.

Vgl. auch → Kleidung

Nahtoderlebnisse:

vgl. → Erleuchtungsblitze

O

Objektstufige Traumdeutung

Bei dieser Methode werden die Traumelemente als Abbildungen für äußere Objekte, Personen, Phänomene verstanden. Die Traumeinzelheiten seien dann nicht nur Chiffren für innerseelische Vorgänge, sondern meinten tatsächlich die im Traum vorkommenden Dinge, und damit auch diese Dinge, die in der Alltagsumgebung des Träumers vorkommen. Beispielsweise geht es bei dem Traumsymbol „Hund" dann nicht um eine hündische Seelenqualität des Träumers, sondern um einen Hund Bello oder Rex in der Außenwelt des Träumers, ob nun vom letzten Tag, oder irgendwo in Jahrzenten der Vorgeschichte. Der Fluss gilt bei der objektstufigen Traumdeutung als irgendein konkretes Wasser, ob bekannt oder nicht bekannt, auf jeden Fall als ein Element der Außenwelt, als ein realer, tatsächlicher Fluss, und nicht als Chiffre für das Gefühlsleben des Träumers; im letzteren Falle wäre Wasser subjektstufig als Stimmung zu deuten. Gerade bei Personen-Motiven kann man sich über die richtige Traumdeutungsmethode streiten. Kinder können z. B. die eigenen Kinder sein (das wäre objektstufig) oder aber die kindische, verborgene Seite im Träumer (subjektstufig). Die objektstufige Traumdeutungsmethode ist die sozusagen leichtere oder wenigstens nächst-liegende. Ein Kollege im Traum wird dann wie ein realer Kollege aus der Arbeitswelt verstanden und gibt also in der Traumszene verschiedene Informationen von sich kund. Während man umgekehrt auch mit dem Gedanken spielen könnte: Habe ich nicht etwa selbst so eine Charakterseite, vielleicht manchmal, wie dieser mir bekannte Kollege? Aus Gründen der Redlichkeit muss man unbedingt beide Methoden anwenden, also die „Mutter" im Traum als interessante, ggf. verdrängte Information für die eigene Mutter verstehen, wie auch als die Möglichkeit begreifen, dass man selbst eine sehr mutterähnliche Seite in sich trägt. Die objektstufige und die subjektstufige Traumdeutung klingen sehr gegensätzlich, sie stellen tatsächlich eine Alternative dar, sind aber gemeinsam hilfreich, um ein Traumsymbol umfassender zu verstehen. Beide Methoden sollte man anwenden. Das kann anspruchsvoll sein, denn der Mensch entscheidet sich gern für eine einzige Möglichkeit. Wer lässt schon gerne zwei Wahrheiten nebeneinander stehen? Aber so ist nun einmal der Kosmos, wie Yin und Yang: zwei Aspekte sind in einer Sache vereint. Zuletzt ist es ein Akt der Weisheit und der Fähigkeit zur Selbstkritik, Parallelen zwischen der innerpsychischen Welt und dem äußeren Ablauf der Umgebung oder des Schicksals zu sehen oder wenigstens für möglich zu halten, also sowohl objektstufig als auch subjektstufig zu interpretieren. Das alte magische Weltbild und die Entsprechungslehre wussten um die Zusammenhänge von „oben" und „unten", von außen und innen, von Geist und Materie, von Unbewusstem und Schicksal; vgl. dazu z.B. die Tabula Smaragdina von Hermes Trismegistos (ägyptisch, vor 3000 Jahren).

P

Penisneid

Sigmund Freud leitete dieses Phänomen der ‚männlichen Frau' aus der Entwicklungspsychologie ab. Er beobachtete, wie jeder, dass Mädchen und Jungs vor der Pubertät – man müsste genauer sagen: vor der Vorpubertät – sich nicht auffällig im Charakter und im Gebaren unterscheiden. Wobei man allerdings an den Spielen, die Kinder im Kindergarten- und Grundschulalter bevorzugen, doch deutlich verschiedene, geschlechtsbezogene Orientierungen feststellen kann. Gravierend wird das aber erst mit der Pubertät. Nach Freud müsste das Mädchen in der Vorpubertät die Gemeinsamkeit, Ähnlichkeit, ‚Gleichheit' mit dem Jungen intuitiv aufgeben und sich in die andere Entwicklungslinie, nämlich Frau zu werden, hinein begeben. Das geschieht relativ automatisch, meist über das Muttervorbild, und bereitet auf weibliche Aufgaben später vor. Wenn sich das Mädchen unbewusst gegen diese Trennung vom Miteinander mit den Jungs wehrt, kann die folgende Weiblichkeitsentwicklung eingeschränkt sein. Landläufig kann man eine solche Frau dann als ‚männlich' bezeichnen. Genauso wie es umgekehrt auch

‚weibliche oder weibische' Männer nach erstem, oberflächlichem Urteil gibt. Da tatsächlich in der Traumsymbolik der Penis/Phallus als eine Art Waffe, die Aktivität und Macht ermöglicht, erscheint, und da dieses ‚Werkzeug' einer Frau fehlt und die besagte, quasi zu männliche Frau oft Ärger und Konkurrenz gegen die Männerwelt fühlt, kann man auf den plakativen Begriff „Penisneid" kommen. Neid ist sowieso ständig in Psychologie und Sozialleben im Spiel. Nach Karl Marx ist „Neid" der wichtigste Motor für Kriege, da liegt er nicht falsch; auch in Familien und Politik ist Neid ein Hauptmovens.

C.G. Jung würde eine Frau mit Penisneid als animus-besessen oder –versessen bezeichnen. Aggressivität ist im Prinzip ein „männlicher„ Archetyp. Eine männlich wirkende Frau, also eine solche mit Penisneid, kann so auch schon einmal durch kriegerische Aggression im Traum auffallen. Die typische Göttin dafür ist die gefährliche, wilde Artemis/Diana (vor der Männer sich hüten müssen). Sie ist eine, die ihre „Tochter", welche symbolisch nicht selten für die eigene Vagina steht, hysterisch gegen Männer verteidigt, abschottet. Und sie kann tatsächlich phallusartige Ersatzwaffen im Traum vorweisen. Ein Beispiel ist der „lange Schlüssel" (natürlich für ein Schloss) einer Frau im Traum, den niemals ein Mann auch nur leicht berühren darf. Die Brust, in vielfältiger Funktion, einzusetzen, wird vermieden. Im Märchen ist die männliche Frau die typische „Hexe", durchs Alter fern der weiblich-fruchtbaren Zeit, mit langer Nase (Phallustypus) und sehr aggressiv-verbittert (neidisch). Häufig kommen auch Rechthaberei und Besserwisserei (Dominanz per Rede; Wort statt Eros) vor; Fechten und Fight werden von solchen Frauen eher geliebt als abgelehnt. Und es gibt durchaus, wenn auch selten, Träume, in denen eine Frau einen Phallus hat und auch noch ejakuliert (eine Frau, nicht ein Mann, träumte das konkret von sich). Umgekehrt können auch Männer im Traum ausnahmsweise gebären. Diese Dinge sind aber in der Regel kein Indiz für ein besonderes Problem der geschlechtlichen Identität, sondern damit zu erklären, dass im Unbewussten – auch in den Vorstufen – jedes Menschen die beiden geschlechtsorientierten Möglichkeiten vorhanden sind; was davon im Alltag dominiert, ist unterschiedlich. Auch könnte die Wiedergeburtslehre solche Träume erklären.

Die Familienpsychologie und die Träume können die Phänomene der männlich anmutenden Frau und des dito weiblichen Mannes manchmal aufklären. Erwartungen, Elternsuggestionen und die Vorgeschichte in der Sippschaft spielen eine Rolle. Da kann sich ein Fakt als Erb-Komplex-Faden durch Generationen ziehen. Beispiel: Irgendeine Frau im Clan, nicht unbedingt Mutter oder Großmutter, wollte einmal partout nicht geschwängert werden. Im Unbewussten kann diese Abwehr dagegen, Frau zu sein, sich bei weiblichen Nachkommen, Verwandten fortsetzen. Eine Tochter z. B. kann sich, unwissend aber stark, „für" der Mutter Unverwirklichtes/Ersehntes einsetzen (und so sogar die eigene Sexualität opfern). Anderes Beispiel: Eine Tochter war, vielleicht in der Reihe von vielen Schwestern, oder auch als Einzelkind, als sogenannter Stammhalter, in großer Hoffnung „als Junge erwartet worden". Diese Mutter- oder Elternsuggestion wirkt enorm nach. Nächstes Beispiel: Eine männliche Frucht ist abgetrieben worden oder abgegangen, oder als Baby ist ein Sohn früh gestorben, in der Familienvorgeschichte des Träumers. Wer ist nun verstrickt in das nicht-ausgelebte Leben dieses möglichen, männlichen Wesens? Wer übernimmt unbewusst Rolle und Rechte dieses toten männlichen Kindes? Solche Geschichten können ein danach geborenes Mädchen ‚männlich' machen und mit dem plakativen Mal des Penisneides versehen. Das Kind hat im Unbewussten etwas Energiereiches, Unerledigtes, Verdrängtes übernommen. – Es gibt auch die Identifizierung einer Tochter mit dem geliebteren oder näherstehenden Vater, statt mit der Mutter, das kommt nicht selten vor, führt aber nicht zwingend dazu, dass eine solche ‚Vatertochter' relativ unweiblich oder zu männlich wäre. Das schlägt sich eher in der Berufswahl nieder, nicht in der Tiefe der Seele (vielleicht in den Symbolen: Lehrerin, Rechtsanwältin, Priesterin).

Pflanzenträume

Ganz übergreifend ausgedrückt tendieren Pflanzen zu der Bedeutung: Leben, Fruchtbarkeit, Mutter. Sie meinen verschiedene Formen der Vitalität und sind eher ‚weiblich'. Wie in der Evolution sind sie älter als Tiere und Menschen, und das bedeutet, dass besonders das „grüne Gras" frühes, archaisches Wachstum meint; die „Wiese" ist der Lebensboden im Uterus. Hildegard von Bingen hat das Pflanzliche als die „Grünkraft" erkannt und benannt, als Bios-Ur-Energie verstanden , in allem Leben vorhanden, und in der Uteruszeit am stärksten (von ihr sehr weise beobachtet).

Ähnlich archaisch und generell ist das Symbol „Baum". Es hat drei Bedeutungen: ein Ich/eine Person, die Mutter (daher gibt es neben Isis noch viele Baumgöttinnen), und allgemein das Leben, nicht zuletzt als Schutz. Wenn ein Baum fällt oder gefällt wird, im Mythos oder als Traumsymbol, dann ist das Tod-Thema dargestellt. Oder wenigstens geht es um Macht-, Kontrollverlust, d.h. beispielsweise ein Herrscher ‚stürzt', oder eine Person fällt in die Umnachtung. Auch Abtreibungen und Fehlgeburten können als umgestürzter Baumstamm im Traum auftauchen.

Unter den Bäumen herrscht ein unsichtbares energetisches Feld (der österreichische Mystiker Jakob Lorber hat das erkannt). Das kann man im Winter gut beobachten, wenn es morgens unter einem Baum andere Wetterkriterien gibt als im freien Feld. Die Tiere im Wald können unter Bäumen starken Frost aushalten. Dieses ‚Feld' kann der Mensch zu Heilzwecken nutzen (ein Mittagsschlaf unter dem Baum ist optimal) – auch zur Erweckung seiner Spiritualität. Erleuchtungen geschehen gern unter einem Baum oder am Waldrand, sic. Wer sensibel ist, kann die Botschaften eines Baumes verstehen, denn Bäume sprechen und informieren.

Der „Wald" ist das Unbewusste! Auch zu vergleichen mit der Zeit vor der Geburt. Der Wald wird auch gern betont – die kleineren Pflanzen dabei übergangen – als pars pro toto für die ganze „Vegetation". Träume zur Vegetation meinen die Vitalkraft direkt. So kann das Symbol, wenn „die ganze Vegetation verbrannt ist", bedeuten, dass eine schwere, gar tödliche Krankheit ihr Zeichen setzt (hier z. B. Krebs).

Der „Blumentopf" hat oft die Bedeutung eines Embryos oder Foetus' in der Muttererde, d.h. im Mutterbauch. „Blumen" stehen für Weibliches, Liebe, erotische Bereitschaft. So sind sie ein typisches Geschenk für Frauen. Oder Frauen bzw. weibliche Charaktereigenschaften werden wie Blumen beschrieben. Blumenbeete oder rot-weiße Blumen können die Empfängnis bzgl. einer Frau andeuten. Blumenmuster findet man in weiblicher Kleidung logischerweise viel häufiger als bei Männern. Auch in der Natur wartet eine farbenprächtige Blume auf Befruchtung, Bestäubung. Eine Blume ist auch allgemein der Frühling oder ein junges Mädchen. Die Blumensorten haben eine tiefere und keinesfalls beliebige Symbolik. Die Farbsymbolik spielt dabei eine große Rolle. „Gelbe Blumen" haben eine Nähe zu Sex, Gier, Fremdgehen. Rote Blumen, etwa die Rose, sind die Liebe. Die „blaue Blume" in der deutschen Romantik verband Verzicht, Intellekt, Trauer mit erotischer Sehnsucht (ein Kontrastprogramm).

P Weiße Blumen tendieren zu Unschuld oder Tod/Sterilität. Auch der Duft spielt eine Rolle; Riechen, Geruch haben eine erotische Besetzung. Oder die Form ist sprechend. So kann z.B. die umrankende, umschließende, bindende, immergrüne Efeupflanze die Bedeutung einer Mutterbindung, Muttersucht oder Abhängigkeit haben. Man denke auch an die verbreiteten Assoziationen zu Disteln, Brennnesseln, Dornen oder zu Lorbeer oder Palme. Offensichtlich verstehen und erahnen das Unbewusste wie auch der Traum den Charakter einer Pflanze. Historisch sind ja auch viele Pflanzen Heilkräuter.

Auch zu den verschiedenen Baumsorten gibt es passende Assoziationen. Die Dorflinde ist das Mutterzentrum. Der Gerichtsbaum, in Mitteleuropa meist als Eiche (Vater) oder Buche (strafende Mutter), hat ein Wesen, nicht nur eine biologische Spezialität. Man kann sich in der Mythologie umsehen: Die Eiche gehört zu Zeus und Donar/Thor, der Walnussbaum zur Weisheit, der Ahorn kann ein Schicksal/Verhängnis aussagen, die Tanne ist eindeutig weiblich bzw. mütterlich. Auch Potenz können Bäume ausdrücken, und zwar diejenigen, die zu Phallus- oder Fruchtbarkeitsgöttern gehören. Schließlich gibt es noch eine allgemeine psychologische Baumsymbolik, in der Maltherapie (als Ich) oder in Selbsterfahrungsseminaren einzusetzen: Die Wurzeln sind unsere Herkunft, Basis, Triebe, Eltern. Der Stamm zeigt das emotionale Ich, mit Sicherheit, Stärke, Freiheit oder Schwäche/Abhängigkeit, auch das Jetzt und das Ist. Die Krone stellt symbolisch Kreativität, Ziele, Intellekt, also etwas wie den menschlichen Kopf oder Willen oder Geist dar. Das Transzendente des Menschen sowie die Fernziele liegen ganz oben in der / oder über der Krone. In einem Baum-Bild zeigt sich gern rechts das Männliche und links die weibliche oder auch die unbewusste Seite eines Menschen.

Positives Denken

Unter diesem Begriff finden sich einige Halbwahrheiten. Es mag akzeptiert werden, dass unbewusste psychische Inhalte, mentale Absichten bei einem ‚Empfänger' registriert werden. D.h. man ‚spürt' verschiedentlich, aber nicht immer, ob ein ‚Sender' positive oder negative Gefühle, Gedanken hegt. Auch mögen Gedanken insofern „Energien" sein, dass ein bestimmtes Denken und Fühlen, vielleicht noch kumuliert und ins Extrem getrieben, z.B. ein Zeitgeist, sich auf einmal als Materie manifestiert, ggf. entlädt, bei Krieg, Panik oder auch in Beifallsstürmen. Dass also Geistiges auf Dauer Materie werden kann, soll nicht bestritten werden. Die durch Gedanken gesteuerte Gestaltwerdung, wo also Gedanken, geleitet und manipuliert vom Ich, sich im bewussten Wollens- und Kreativitätsprozess zu einem realen, materiellen Phänomen hin entwickeln, ist doch eher nur eine schöne Hoffnung, ein Versprechen in Büchern, die sich gut verkaufen, weil sie dem Leser suggerieren: durch die Wahl deiner Gedanken kannst du Erfolg haben. Es gäbe das Gesetz der Anziehung, so heißt es, gern amerikanisch viel bemüht und eingepaukt als „The Law of Attraction", nach welchem eintreten müsse (!), was man sich ausreichend und gekonnt in Autosuggestion oder Visualisierung vorgestellt und gewünscht habe. Das Universum ‚antworte' zwingend auf eine entsprechende Wunsch-Frequenz. Wer „dick" ist und nicht abnimmt, hege „dicke" Gedanken. Die These, dass man selbst schuld sei an Unglücksein, Krankheit, Misserfolg, verbindet sich mit dem umgekehrten positiven Machtversprechen, dass man Erfolg, Glück, Liebe, Geld selbst in der Hand habe, vorausgesetzt, man denke richtig.

Nun, wenn denn geistige Inhalte das Schicksal machen, dann liegen diese eher im Unbewussten, im Traum, in der Natur, im Himmel, im Karma, in der Vererbung, in der Prädestination oder

P in Gesellschaft/Geschichte/Zeitgeist (in dem sozialen, politischen Kontext) – im wählbaren Wollen der Kopfentscheidung nicht. Gedankliches Wünschen hat wenig Kraft, unbewusste Inhalte schon eher. Das Positive Denken ist einem archaischen und kindlichen Weltbild verpflichtet, dem „magischen Weltbild", einer Zeit, in der das Wünschen noch geholfen hat, wo das Wissen um den Zauberspruch das Entscheidende war. Hexerei und Wunder-Wirken – das ist einer der Aspekte des Positiven Denkens; ein krampfhaftes Omnipotenzstreben ist es. Beim Misserfolg liegt das Versagen auf der Seite des Lesers: er kann es eben nicht. Dabei ist die Wahl des richtigen Gedankens doch so einfach, überhaupt die Herrschaft über die eigenen Gedanken, anscheinend jedenfalls.

Man kann das Positive Denken an sich anwenden – als Autosuggestion – oder am Nächsten. Natürlich kann man real im Tun am Du, und zwar am liebevollen (positiven), ‚sich selbst finden', auch sein Glück. Also „Liebe aussenden" ist kein schlechter Rat im Positiven Denken. Auch akzeptieren wir, dass Gedankenbilder „Energien" sind, wenigstens sein können. Doch im Traum erkennen wir, dass gerade nicht der ich-bewusste Wille, als gewählter „Gedanke", Leben und Ereignisse schafft, sondern Unbewusstes und Natur, in dunkler unzugänglicher Tiefe, kreativ sind. Es ist die Hoffnung des Positiven Denkens, dass absichtliche Autovisualisierungen auf Dauer zu Bildern/Kräften im Unbewussten werden und als diese integrierten Symbole eine Realität draußen erzeugen. Auch dies eine Halbwahrheit: Vielleicht gelingt die Verankerung des Erhofften im kreativen, archetypischen Unbewussten und erzeugt sogar etwas. Vielleicht lässt aber auch umgekehrt der gewaltsam eingeflößte suggestive ‚positive' Gedanke den bekämpften unbewussten Inhalt umso stärker wachsen, als Kompensation und Widerstand. Was man heftig ablehnt, wird in gewisser Weise angezogen. Dann hilft nur noch eine „paradoxe Therapie bzw. Intention". Beispiel: Panische Prüfungsangst wird mit der positiven Suggestion niedergedrückt, bekämpft: „Mir gelingt alles; ich bestehe die Prüfung gut; mir kann nichts passieren." Was passiert? Das Tier der Angst wird bei dieser Methode noch größer, weil es heftiger in die Ecke der Verdrängung und Leugnung hineingeschoben wird; auch ist dem Unbewussten gar nicht glaubhaft, dass das Ich keine Angst hätte, es wehrt sich. Der Bann der Prüfungsangst würde besser gelöst, mit der „paradox" erscheinenden Methode, die extremen Ängste exzessiv aus dem Keller auf den Tisch zu holen und in zweistündiger Drama-Therapie, im Rollenspiel, durchzuspielen, d.h. etwa bis zur Erschöpfung anzunehmen und herauszuschreien. Das würde oder könnte gut den Bann und ‚Bann' der Angst lösen. Was man dagegen stark unterdrücken will, wächst gern, das hysterisch Befürchtete kommt hoch, zeigt sein Haupt, das Abgewehrte rächt sich. Deshalb spielt der Traum das oberflächliche und teil-gefährliche Spiel des Positiven Denkens nicht mit, sondern er sendet zur Heilung der großen Ängste den Albtraum. Es scheint paradox, ist es aber nicht. Im Positiven Denken wird empfohlen, sich abends im Bett den Tag in Erfolgserlebnisse umzumünzen und entsprechend vorzustellen, ebenso morgens den geplanten Tagesverlauf sich optimal vorzukonzeptionieren. Wenn Sie das zwei Monate lang machen, lieber Leser, werden Sie reif für das Irrenhaus. Der Traum arbeitet hier, weiser und nicht paradox, ganz anders: statt rosaroter Brille (mit der Sie dann in der geschlossenen Abteilung landen können) zeigt er die Wahrheit, produziert er unabhängige Ist-Aufnahmen. Der Traum meidet Illusionen, sondern zeigt die nüchterne Wahrheit. Wenn unsere Gedanken in Übereinstimmung mit der nüchternen Realität draußen stehen, und nicht stark abweichen, ist das seelisch am gesündesten.

P Von Unechtem und von Unwahrhaftigkeit hält der Traum gar nichts. Der Traum weiß, dass Varianten von Lügen und Selbstbetrug seelisch krank machen. Als würde das Gesetz des Positiven Denkens hier, in Ironie, gelten: der Selbstbetrug ist eine fatale, suggestive, falsche, auf Dauer schädliche Verankerung im Unbewussten, aber nicht in der Tiefe des Unbewussten – mit Auswirkung für das Leben. Eine Autosuggestion, zu der man sich intellektuell entschließt (einen Gedanken „wählen"), kann nur Erfolg haben, wenn der passende fruchtbare Boden im tiefen Unbewussten bereits vorhanden ist und kein Widerspruch sich ergibt. Auch Therapie, incl. Traum-Therapie, kann nur gelingen, weil und wenn in der Tiefe des Unbewussten immer noch und ewig und irgendwo ein seelisch gesunder Kern liegt. Wer Liebe hat, wenigstens als latente Potenz, der kann „Liebe aussenden". Der andere trickst sich und die andern aus – mit vielerlei Katastrophen am Ende.

Der Traum ist die Korrektur unserer bewussten Gedanken, geplanten Absichten, und besonders gern des Allmachtstrebens. Der Kosmos wie der Mensch kann nur polar gedacht werden und funktionieren, mit Yin und Yang und Leben und Tod, mit Positiv und Negativ. Eine Seite zu extrahieren und nur in Positiv zu existieren, ist eine Manipulation, ist philosophisch-ontologisch unmöglich. Dies zum Grundsatz. Zur Halbwahrheit des Positiven Denkens gehört, dass Gedanken, an die man sich gewöhnt hat, auf Dauer integriert werden können, zum ‚Eigentum' werden können. Genauer gesagt, sind es jedoch „unbewusste" Erlebnisse, Gedanken, Gefühle, die so, als wären sie wiederholte Traumsequenzen, im Einzelfall die Realität ein wenig ändern können. Aber sicher ist das alles nicht. Wir wollen nicht abstreiten, dass Gedanken eine Art von Kräften darstellen – aber es ist der große Fehler des Positiven Denkens, dem Leser vorzumachen, dass er dies steuern könnte, in seiner Macht hätte. Ebenso hat man nicht die Macht, einfach seine „Gedanken auszutauschen", denn das Ich **ist** diese Gedankensammlung. Die Gedanken haben eher uns als wir sie.

In die Traumpsychologie hat das oben beschriebene und kritisierte Konzept Eingang gefunden als Heilungsversuch und zur Leistungssteigerung. Da wird in vielen Traumbüchern der hinterindische Stamm der „Senoi" zitiert. Dort würde man sich die Träume gern erzählen, möge es auch den halben Tag einnehmen. Besonders der Jüngling mit dem Albtraum wende sich an einen kundigen Älteren, der folgende Therapie vorschlage: Das bedrohende Monster im Albtraum wird in ein Rollenspiel und in Übungen der Art genommen, dass der Träumer versucht, sukzessive das Monster und die Angst auszuhalten. Der Träumer nähert sich also dem Monster an. Etwa indem er einen starken, bewaffneten Freund mitnimmt oder auch überhaupt zuerst mal aushält, das Monster anzuschauen, mit ihm spricht. Es geht also um Wiederholungsträume mit Angst. Nach mehreren Szenen/Übungen dieser Art ist der nächste Schritt, das Gefährliche vielleicht als neutral, eventuell kumpelhaft, eventuell schwach zu erleben oder auch umgekehrt es zu erlegen. Dieser Spielszenen, Möglichkeiten soll sich der Träumer im erneuten Traum erinnern und so das schreckliche oder einfach nur angstvolle Ende des Traumes umändern, ins Positive hinein. Ob man solche Anker, Suggestionen in den Traum hineinbringen kann, wenn man es „sich vornimmt", ist nicht sicher, mag aber im Einzelfall gelingen (es ist nicht voraussagbar). Mit einer gewissen, nicht sehr großen Wahrscheinlichkeit kann so der Traumverlauf geändert werden. Da aber das Wesen des Gefahrbringers, der geheime Grund der Angst nicht begriffen ist, ist selbst bei Erfolg dieser Suggestion, Manipulation eine Symptomverschiebung wahrscheinlich. Statt des Monsters gibt es vielleicht in anderen Träumen ein anderes, neues Symbol oder eine Hautirritation oder irgendeine körperliche Krankheit, ein psycho-somatisches Symptom. Modern und verbreitet ist dieses Phänomen als „lucides Träumen". Das wird sogar an Universitäten gelehrt. Z.T. ist es verbunden mit der akademischen Hilflosigkeit bei Albträumen. Zum andern mit der Leistungsgesellschaft. Klassisches Beispiel ist der Sportler, der mit positiver Autosuggestion seine Ergebnisse optimieren will und wo dann der Professor der Sportwissenschaft und der Psychologie angeblich Rat wissen. Ähnliche, vielleicht bessere Wege bieten sich im Katathymen Bilderleben, in der Hypnose oder in der geführten Imaginationsreise an, oder ggf. in der Salztank-Therapie oder im Holotropen Atmen.

– Ein kluger Indianer würde solche Manipulationen ablehnen und stattdessen seinem jungen Stammesgenossen empfehlen, seine Träume zu deuten oder vielleicht auch an einem Gruppentanz teilzunehmen, an einem Heilungstanz für die Sonne. C.G. Jung würde raten, den Traum das Ichbewusstsein „korrigieren" zu lassen, und nicht umgekehrt die eingebildete Ratio das weise Unbewusste.

Eine Art Halbwahrheit ist auch in folgender Weise im Positiven Denken verknäuelt: Der Mensch kann „ahnen". D.h. eher als dass er mit seinen Gedanken die Zukunft beeinflusst, gestaltet, manipuliert, weiß er sie ahnungsweise voraus. Ob wir von Intuition oder Eingebung sprechen, oder von Bestimmung oder Zufall, oder gar auch von einem Engelshinweis – es ist eine Erfahrung, eigentlich eines jeden Menschen, das hin und wieder man Eintretendes vorausgeahnt hat. Besonders der Traum ist ein Medium, in dem Vorwissen vorhanden ist. Das hat aber nichts damit zu tun, ein eintretendes Ereignis mit bewusster Willenskontrolle gestaltet zu haben. Mit der selbstgewählten Macht der Gedanken hat es nichts zu tun. Es geht nicht um omnipotentes Steuern von Ereignissen, sondern um intuitives Ahnen, Voraus-Wissen. Das läuft dann im Traum beispielsweise so ab, bei einer bestimmten Szene: „....Da kam mir der Gedanke, dass man hätte fallen können. In dem Moment fiel ich auch schon..." Wir ahnen etwas in unseren „Gedanken", aber wir schaffen nicht mental Gegenstände oder zaubern Personen daher. Mag auch der Vermessene weiterhin glauben, dass er mit seiner Zukunfts-Ahnung oder der Suggestion eine bestimmte Zukunft gemacht hat. Woraus unser Voraus-Ahnen entstammt – das wäre die interessantere Frage.

Prüfungsträume

In manchen Träumen muss man sich mit Prüfungen beschäftigen, die man in der Realität längst geschafft hat. Die „Prüfung" ist ein Symbol oder Archetyp für einen Reifeschritt. Prüfungsträume haben in der Regel mit den Klassenarbeiten oder Examina oder Fahrschulprüfungen nicht das Geringste zu tun, sondern sie sind rein symbolisch gemeint. Natürlich tritt ein Prüfungstraum bevorzugt vor einer Prüfung am nächsten Tag auf. Das Unbewusste wirft in diesem Zusammenhang alles an Tests und Abschlüssen und Prüfungen in einen Topf. Dann kann also auch die Angst des Versagens oder ein früheres Scheitern in einem Prüfungstraum zutage treten, obwohl man am nächsten Tag die Prüfung real besteht. Das Unbewusste meint mit „Prüfung" eine Bestandsaufnahme der Reife und der Entwicklung. Wenn also das Unbewusste davon Kenntnis oder Ahnung hat, dass ein Träumer in Wahrheit den Entwicklungsschritt zum Erwachsenwerden oder beispielsweise auch zum Vaterwerden nicht geschafft hat, sondern eher regressiv und infantil zurückliegt, dann kann es einen solchen Prüfungstraum senden, in welchem man versagt. Bekanntlich ist das sehr schmerzlich und peinlich oder auch panikartig, wenn man in einem Prüfungstraum versagt. Gemeint ist aber irgendein Lebensbereich, im sehr übertragenen Sinne, wo man eine erstrebte oder übliche

Reifung tatsächlich nicht erreicht hat. Nicht wenige Menschen sind faktisch in bestimmten Lebensbereichen infantil zurückgeblieben, auch wenn die Außenwelt oder man selbst das nicht erkennt oder wahrhaben will. Damit kann man sich jedoch abfinden, niemand ist in allen Bereichen optimal entwickelt; und das zeigt so ein Prüfungstraum gnadenlos bzw. in Übertreibung. Man sollte einen Prüfungstraum nicht als Omen vor einer Prüfung missdeuten. Der Prüfungstraum sagt quasi, als übergeordnete Bestandsaufnahme: ‚Schade, dieses und jenes, obwohl ich es zu verdrängen suche, habe ich leider nicht geschafft'. Er vergleicht konkrete Prüfungen mit anderen Entwicklungsschritten, gerne mit inneren Reifungsschritten.

Vgl. auch → Komplementärträume

R

Regeln der Traumdeutung

Sehr kurz gefasst zeigen wir hier Aspekte auf, die bei der Traumdeutung zu beachten sind, wie eine Reihe von Merksätzen. Zu diesen Aspekten gibt es meistens auch Einzelstichworte im vorliegenden Buch.
- Beide Methoden der Traumdeutung, die subjektstufige und die objektstufige, sind anzuwenden.
- Es immer zu berücksichtigen, dass der Traum Stellvertreter, Personen wie Tiere, für die eigentlich gemeinten Personen verwendet (z. B. Schulleiterin oder Kassiererin für die eigene Mutter oder ein Kind für die eigene Kindheit).
- Träume haben eine Struktur, die wenigstens folgende Elemente aufweist: den Ausgangspunkt, das Exposé, und dies

kündigt an, worum es diesmal geht. Der weitere Verlauf kann wie der Aufbau eines klassischen Dramas in der Literaturtheorie aussehen. Auf jeden Fall gibt es ein „Traumfinale", und dieses sagt aus, worauf der ganze Traum, das ganze Problem eigentlich beruht. D.h. wie nach rückwärts geschaut, zeigt das Traumfinale die Erstursache des Themas. Es zeigt auch oft die Lösung. Der Albtraum bricht gerne ab, so dass das Traumfinale fehlt. Daher fehlt im Albtraum auch die letzte, wichtige Erklärung.

- Zum Verständnis eines Traumes kann man ihm eine Überschrift geben, alternativ in einem längeren Satz oder auch in einem einzelnen Wort. Das hilft manchmal, den Inhalt zu treffen.
- Die Traumsymbole können in aller Regel ambivalent sein, d.h. positiv und/oder negativ, ob es nun um die Farbe „braun" geht oder um ein „Huhn".
- Dem Traum begegnet man vorurteilsfrei und neutral. D.h. man sollte nicht die simple Frage stellen: Ist das gut für mich oder bringt mir das was? Dem Traum begegnet man mit pietätvoller Einstellung, mit der Bereitschaft, sich von ihm belehren zu lassen. Man unterstellt dem Traum: Vielleicht ist er weiser als ich. Vielleicht korrigiert er mein einseitiges, festgefahrenes Bewusstsein.
- Die Sprache des Unbewussten wie des Traumes ist die Bildersprache. Wer also sich auf Symbole einlassen kann, kann am ehesten einen Traum deuten. Die Verwendung eines Symboles findet man gern in Redewendungen der Umgangssprache, des Dialekts. Des Weiteren verraten Märchen, Mythen, Religionen, die Literatur und die Kunst, wie ein Symbol gebraucht wird.
- Beim Verständnis eines Traumsymbols sind wenigstens diese beiden Quellen zu berücksichtigen: die persönlichen Erfahrungen, Anmutungen und Besetzungen (also die

Biografiegeschichte) (a) und die allgemeine, übergeordnete, kollektive, archetypische Bedeutung (b).
- Träume beruhen auf Fakten. Die ggf. fantastische Symbolik ist nur ihre Darstellungsweise. Immer gilt es zum Verständnis von Träumen die Erst- und Ur-Fakten zu suchen. Von nichts kommt nichts. Träume halluzinieren nicht, sondern sie stellen ein unbewusstes Wissen dar.
- Die Tatsache der „Komplexwanderung" ist bei der Traumdeutung zu beachten. D. h. Komplexe, ob große Erfolge oder Geheimnisse oder Traumata, haben als energiereiche unbewusste Inhalte die Kraft, innerhalb der Sippschaft, der Familie, des Clans von einem Mitglied auf das andere zu springen. Das gilt auch für Personen, die sich innerlich nahestehen. D.h. nicht wenige Träume haben mit unseren Vorfahren zu tun, und einige auch mit unserem Nachbarn oder Partner.
- Träume geben nicht nur Kundschaft über das augenblickliche diesseitige Leben. Man muss auch die möglichen spirituellen Aspekte berücksichtigen. So können vorgeburtliche und nachtodliche Inhalte im Traum mitgeteilt werden. Sogar solche Inhalte, die eine allgemeine philosophische Sentenz über die Ewigkeit beinhalten.
- Das Phänomen der Zeit ist sehr relativ zu sehen im Traum. Die Zeit kann ausgeschaltet sein oder aber in die Länge gezogen bzw. komprimiert sein, im Sinne der Relativitätstheorie von Albert Einstein. Gerne laufen Träume auch so ab, dass die Zeit rückwärts abgespult wird oder es jedenfalls so scheint. Wir befinden uns in den Träumen in einer anderen Dimension und können aus der Zeitlosigkeit heraus berichten. Das mutet uns Diesseitige an, als würden wir überraschend aus der Zukunft oder auch aus einer uralten Vergangenheit berichten. Nach dem Traum, im Wachen also, sind wir schon wieder in den Zeitgesetzen gefangen. Die

uns normal erscheinende Zeit wird aber dem Traum nicht gerecht, sie ist vorübergehend ausgesetzt.
- Ebenfalls sind die Gesetze der Schwerkraft und der Gravitation im Traum potenziell und tendenziell ausgesetzt.
- Eine Hilfe für das Verständnis eines Traumsymbols ist das Bild der „konzentrischen Ringe". Manche Träume handeln das Hauptthema mehrfach ab, indem es in der Mitte ein Hauptmotiv, einen einschlägigen Archetyp gibt, der aber durch ringförmig angeordnete Randerzählungen erneut aufgenommen wird und erläutert wird. D.h. für die Praxis: Wenn man ein zentrales Traummotiv begreift, kann es sein, dass man den ganzen Trauminhalt versteht.
- Man sollte darauf achten, wer anwesend ist im Traum. Das gilt besonders für die Personen oder Figuren oder Szenen, die scheinbar zufällig, entfernt und distanziert im Traum auftreten und bezüglich derer man überhaupt nicht versteht, wieso sie da sind oder welche Beziehung diese zum Trauminhalt haben. Diese ‚Zufälle' verraten ein Geheimnis, etwas Indirektes; die Figuren haben nämlich doch kausal mit dem zentralen Trauminhalt zu tun.
- Ein Trauminhalt beruht auf den aktuellen Geschehnissen. In der Regel wird man an die Tagesereignisse oder auch an den letzten Gedanken vor dem Einschlafen denken. Aber es kann auch um ein Problem gehen, das man seit 6 Wochen innerlich behandelt. Diese sogenannten „Tagesreste" verbinden sich mit gleichen und ähnlichen Inhalten oder Erfahrungen, die im Unbewussten bereits abgelagert sind. Also ein erneuter frischer Streitfall verbindet sich mit alten Streitigkeiten. Das geht automatisch und ist auch bereits vor der Traumproduktion im Unbewussten so geschehen. Daher fallen viele ähnliche Ereignisse zusammen, was man die „Traumkomprimierung" nennt. Praktisch heißt das für den Traumdeuter, dass er zuerst einmal offen lässt, ob der

Traum ein aktuelles Problem behandelt oder ein altes, dauerndes, grundlegendes Problem im Unbewussten des Träumers.
- Die Überlebensfrage – Lebe ich weiter, oder muss ich sterben? – ist öfter in Träumen angesprochen, als man denkt. Das hat damit zu tun, dass es auch real und faktisch in unserer Existenz im Diesseits nichts Wichtigeres gibt. – Ähnlich häufig erscheint ein Gesamt Lebens-Überblick (eine biografische Bestandsaufnahme) im Traum.
- Dingliche, körperliche Symptome, also Verletzungen, Behinderungen oder sexuelle Schamgefühle, sind in der Regel im übertragenen Sinne zu deuten und sagen etwas aus über die Psyche des Träumers, nicht über den Körper. Alle Einzelheiten des Traumes haben einen Symbolwert. Das schließt ihre faktische, der Realität nahe seiende Bedeutung nicht aus. So teilen die Tiere, die Metalle oder die Pflanzen oder auch die Länder und die Himmelsrichtungen im symbolisch gedachten Sinne etwas mit. Die Farben sowieso, aber selbst auch die Grafik der Buchstaben oder die simpel auftretenden Zahlen, sie bedürfen einer symbolischen Interpretation.
- Trete mit den Traum-Figuren im Nachhinein in einen Dialog. Lasse sie dir erzählen, was sie im Traum nicht ausgesprochen haben.

Religiöse Träume:

siehe → Erleuchtung

REM-Phasen

Wenn wir des Nachts ruhen, gibt es verschiedene Schlafphasen. Man unterscheidet Tiefschlafphasen und Phasen des leichten, flacheren Schlafes. Außerdem beobachtet man den Rhythmus, dass sich etwa fünfmal bzw. etwa alle 100 Minuten ein bestimmter Ablauf wiederholt. Das gilt für die Zeit der durchschnittlichen Schlaflänge von 7 bis 7,5 Stunden. Ein einzelner dieser wiederholten fünf Rhythmen bzw. Abläufe ist so zu denken: Mit einer Leichtschlafphase beginnt es, dann folgt eine Tiefschlafphase, daran schließt sich eine REM-Phase an, deutlich flacher als die tiefsten Schlafphasen. REM steht als Abkürzung für folgenden englischsprachigen Begriff: „rapid eye movement"; auf Deutsch „schnelle Augenbewegung". Gemeint sind auffällige Bewegungen der Augen unter den Lidern, die man von außen beobachten kann. Hundebesitzer beispielsweise können solches auch bei ihrem Tier bemerken: Der schlafende Hund scheint im Traum zu jagen, er zuckt und stößt Laute aus, bellt ansatzweise, seine Augen rollen unter den Lidern. – Hier ist Anlass für die Nebenbemerkung, dass man grundsätzlich davon ausgehen muss, dass auch Tiere „träumen". – Die REM-Schlafphasen galten früher als die Traumphasen. In vielen Büchern und Medien wird das auch heute noch behauptet. Es ist aber längst widerlegt.

1953 untersuchte und beschrieb man den REM-Schlaf in Chicago (Schlaflabor). Von Anfang an wurden körperliche Phänomene und Traumphänomene miteinander verwechselt. Die These hielt sich, obgleich man unter Berücksichtigung von Sigmund Freud hätte wissen müssen, dass das Unbewusste ohne Pause tätig ist, also immer Erlebnisse ordnet, verarbeitet, verknüpft, quasi stets träumt. Der Geist des Unbewussten ist ständig tätig. Die Aktivitäten des Unbewussten laufen wie ein Hintergrundbild. Wenn wir wach sind, überlagert das Bewusstsein seine Arbeiten und Konstruktionen. Bewusstsein und Unbewusstes sortieren, speichern, konstruieren und kreieren parallel – so z. B. im Wachzustand. Im Schlaf arbeitet das Unbewusste ungebremst weiter, während das Bewusstsein, umgekehrt zum Tag, nun seinerseits zurücktritt und dem Unbewussten den Vorrang lässt.

R Wir haben eine Arbeitsteilung dieser zwei Komponenten, sie wechseln sich darin ab, im Hintergrund und im Vordergrund zu arbeiten.

Die REM-Phasen sind spezielle Schlafphasen, aus denen heraus man, wenn man geweckt wird, Träume leichter und öfter erinnern kann als in Tiefschlafphasen. Das ist das Kennzeichnende, mehr eigentlich nicht. Irrigerweise verwechselte man die Erinnerungsfähigkeit mit dem generellen Vorhandensein von Träumen. Die Tiefschlafphasen sind ebenfalls voller Träume, diese sind aber schwieriger zu erinnern. Träume erinnern kann man auch (relativ) gut in den letzten flachen Schlafphasen vor dem Morgen. ‚Ich träume nie oder selten' – sagt ein uneingeweihter Laie nur, weil er sich an seine Träume nicht erinnern kann. Er verwechselt die Erinnerung mit den Träumen selbst. Richtiger wäre zu sagen: Wir träumen im Prinzip immer. Jeder kann bestätigen, dass nach dem ersten Einnicken, z. B. vor dem Fernsehgerät oder in einem Gartenstuhl, bei einem überraschenden baldigen Wiederwachwerden (Geweckt-, Gestört-Werden) schon erste Traumfetzen, d.h. anfängliche, aber dennoch beeindruckende Bilder, Traumsequenzen oder -reste vor dem Auge umherwandern oder erinnert werden. Schon der Sekundenschlaf liefert Traumwelten. Mit Traumbildern beginnt es, und so geht es den Schlaf über (endlos) weiter. Die REM-Phasen-Theorie ist besonders durch Prof. Linke, Universität Bonn, Neurophysiologie, um 2003 korrigiert, entzaubert worden.

Die „Schlafphasen" berücksichtigt der Traumforscher also primär als körperliche, nicht als seelische Phasen und Unterschiede. So ist besonders in den Tiefschlafphasen eine Änderung der Körperfunktionen messbar: Der Atem wird flacher und langsamer, der Blutdruck fällt ab, die Muskeln geben Anspannung auf; letztere Passivität oder Lähmung hat den Zweck, dass der Körper mit den Traumbildern und Emotionen nicht gänzlich mit-reagiert, sondern dass der heftig Träumende meist relativ ruhig liegen bleibt. Die Herzfrequenz nimmt ab, der elektrische Hautwiderstand verändert sich.

Die oben genannten etwa fünfmaligen Abläufe eines Schlafmusters zeigen besonders zu Beginn der Nacht extreme Tiefschlafphasen. Gegen Morgen zu werden die Tiefschlafphasen flacher sowie kürzer und die REM Phasen eher länger. Am wichtigsten für die Erholung sind die Tiefschlafphasen. Und zwar aus zwei Gründen: Man kann davon ausgehen, dass ihre Trauminhalte wichtiger, spiritueller, monumentaler und fundamentaler sind, während in den REM-Phasen bevorzugt die üblichen „Verarbeitungsträume" stattfinden und erinnert werden. Alltagsprobleme, mit heftigen Nöten und Wünschen dominieren die REM-Phasen. Ganzheits- und Weisheitsträume dominieren die Tiefschlafphasen. Das ist kein Gesetz, nur eine Annäherung an eine gewisse Verteilung unterschiedlicher Trauminhalte. Im Volksmund sagte man früher: „Die Seele geht nachts auf Reisen". Damit wäre träumen: sich vom materiellen Körper zu lösen. Die Seele lässt den Leib zurück – und zwar in sehr unterschiedlichen Distanzen, um in diesem Bild weiterzusprechen. Diese Vorstellung entspräche der hinduistischen und buddhistischen Traumtheorie. Je nach Entfernung der Seele unterscheidet sich das Traumthema. Je größer die „Reise", um so mehr hat der Traum mit Ewigkeit, Religiosität und Weisheit zu tun. Die Träume in den Tiefschlafphasen stellen im übertragenen Sinne eine Kraftquelle dar. Dies korrespondiert – ob nun zufällig oder nicht – mit dem außerordentlichen körperlichen Erholungswert des Tiefschlafs. Wachstumshormone werden ausgeschüttet, die Nierenaktivität wird erhöht, viele Zellen entsorgt oder repariert. Die Immunabwehr und -kraft optimiert sich in den Tiefschlafphasen. Instinktiv weiß der Mensch, dass er sich überhaupt am besten im Schlaf

„erholt", der Schlaf ist ein bevorzugtes „Medikament", über das der Mensch, besonders der kranke, verfügt. Entsprechend ist: tief geschlafen = gut erholt. Auch für die Seele gilt: Schlafen und Träumen braucht sie zur Regeneration, wie der Körper.

Ein Wort noch zum tiefsten Tiefschlafpunkt. Hindus und Buddhisten glauben, dass „traumlos" der Höhepunkt der Tiefschlafphase sei. Ein brahmanischer Guru nennt diesen Punkt „death line", etwa die große Leere oder den großen Wendepunkt. Wir könnten auch poetisch sagen: Dort träumen wir vom Universum, von der All-Einheit, vielleicht von Gott, vielleicht von der Unterschiedslosigkeit, weniger vom weltlichen, vorübergehenden, separierten Ich (in seiner Kleingeistigkeit). Wir lassen die Frage offen, was sich im tiefsten Tiefschlafpunkt wirklich abspielt, ob es also um death line im Sinne einer Ewigkeitsberührung und kosmischen Pause geht.

REM-Phasen sind also nicht die (alleinigen) Traumphasen, sondern nur die Zustände, in denen sich Träume etwas besser erinnern lassen und wo höchstwahrscheinlich andere Traumsorten als in der Tiefschlafphase sich abspielen.

Rezentes Material

Es überrascht nicht, dass man bei der Deutung eines Traumes bei den frischen Eindrücken, das heißt also bei den Tageserlebnissen beginnen muss. Jeder hat die Erfahrung gemacht, dass z.B. ein Film vom Vorabend oder ein Streit oder ein Problem vom Vortag in den Träumen der Nacht ihre Fortsetzung finden, bzw. ihre Bearbeitung und ihren Lösungsversuch. Es ist ein nützlicher Ratschlag für die Praxis, sich bei einem Traum zuerst die Frage zu stellen: Was war gestern? Welche Gefühle und Erlebnisse sind z.Zt. aktuell in mir? Die Ereignisse von gestern oder aus den letzen Tagen werden als Tagesreste bezeichnet, Sigmund Freud spricht hier vom „Rezenten Material". Die aktuellen Ereignisse sind die klassischen Anstöße für eine Traumproduktion. Sie verbinden sich mit Wünschen, Gefühlen und Gedanken, die unbemerkt im Vorbewussten sich aufgehalten haben oder die latent im Unbewussten vorhanden sind. Es ist wichtig zu berücksichtigen, dass die Tagesreste sich mit den unerledigten Inhalten im Unbewussten, mit Hoffnungen, Ängsten, Traumata, Wünschen und Potenzialitäten, verbinden. Die Hauptabsicht eines Traumes liegt in der Regel nicht in der Wiederholung oder Bearbeitung irgendeiner Filmszene vom Vorabend, sondern in der Gewahrwerdung von allgemeineren, ggf. weit zurückliegeenden Erfahrungen und Gefühlskomponenten. Gerade Verdrängtes, Unterdrücktes, Tabuisiertes bewegt sich im Unbewussten sehr energiereich und wartet geradezu darauf, einer jeder sich bietenden Gelegenheit aufzuspringen. Wenn man einen Traum vom Ertrinken deuten will, beginnt man mit irgendeinem Wasserthema-Tagesrest und stößt dann auf ähnliche frühere Erlebnisse, und besonders auch auf verwandte Gefühle; und das Ganze ist in der Regel eingekleidet in eine überwältigende Symbolwelt. Im Unbewussten sind ähnliche Eindrücke wie Dateien an der gleichen Stelle gespeichert, also in Computersprache im gleichen Ordner abgelegt. Das Unbewusste speichert nicht chaotisch, sondern mit Zuordnungen im Gleichsetzungsverfahren. Die Tagesreste können außerordentlich unscheinbar sein, jedenfalls äußerlich. Es mag ein Gedanke auf dem Spaziergang sein oder ein einzelnes Bild im Wald, was nur Sekunden oder Sekundenbruchteile dauerte, was aber im Unbewussten oder im Vorbewussten einen Nerv traf. Der Tagesrest kann also völlig vergessen sein – und trotzdem einen Traum erzeugen und dadurch auch indirekt mitteilen, wie wichtig dem Unbewussten doch eigentlich dieses kleine Tageserlebnis war.

Rollen:

siehe → Kleidung

S

Schamanen und Träume

Die Indianer Nordamerikas werden als native people oder als indigene Bevölkerung bezeichnet. Wir würdigen hier die Indianer, als besonderes Beispiel, auch als Gleichnis, um überhaupt eine Schicht im Menschen zu beschreiben, die noch nicht ihrer selbst entfremdet ist oder verfremdet ist durch tausend Umzüge, tausend Vermischungen, tausend gesellschaftliche Einflüsse oder durch Vertreibungen. Das Ursprüngliche an den Indianern hat schon immer die Welt angezogen. Man ahnte früh, dass die Indianer etwas Altes, Schönes, Eigenes repräsentieren, das längst verloren ist. Ähnlich liebte man in der Renaissance den antiken Menschen, weil er eine verlorene Schicht des damaligen Zeitgenossen spiegelte. Für Indianer sind Träume eine besondere Weisheit, und auch manchmal eine Verpflichtung. Besonders von den Schamanen, Medizinmännern der Indianer haben wir einige Aussagen über das Wesen des Traumes überliefert.

So spricht z. B. Smohalla: „Ihr weißen Männer kennt nur die Arbeit. Ich will nicht, dass meine jungen Männer euch gleich werden. Menschen, die immer nur arbeiten, haben keine Zeit zum Träumen; und nur wer Zeit zum Träumen hat, findet Weisheit." Oder so spricht Last Star: „Wer Glück und Erfolg hat, muss von etwas geträumt haben. Nicht weil er ein guter Arbeiter ist, hat er Glück, sondern weil er geträumt hat." Dazu passt vielleicht der auch anderweitig überlieferte Spruch: „ If you can dream it, you can do it." Und der Indianer Johnsten spricht: „Zuletzt machte Manitu den Menschen. Obwohl er der Letzte und von allen Wesen das Hilfloseste war, empfing der Mensch die größte Gabe – die Fähigkeit zu träumen."[8]

Die ehemalige Institution des Medizinmannes ist heute in der modernen Welt an die approbierten Ärzte abgegeben, welche von Träumen keine Ahnung haben, ja die sogar Träume ablehnen. Medizinmänner und Scharmanen benutzen Träume und Tiere als Medium für die unsichtbare Welt. Zum Teil gab es schon eine richtige Traumtheorie bei den Indianern, welche die „geheimen Wünsche" in der Seele benennt, die Sigmund Freud als die „unbewussten Wünsche" bezeichnen würde. Über die Irokesen heißt es in einem Bericht aus dem Jahre 1649:" Sie [die Irokesen] glauben, dass außer den Wünschen, die wir im allgemeinen haben und die freiwillig in uns sind, unsere Seelen auch andere Wünsche kennen, die uns eingeboren, aber verhüllt sind. Diese Wünsche kommen aus den Tiefen der Seele... Durch Träume, in denen die Seele zu uns spricht, werden uns diese Wünsche bekanntgegeben. Die Erfüllung dieser Wünsche befriedigt die Seele. Bleiben die Wünsche jedoch unerfüllt, dann wird die Seele böse ... Sie empört sich gegen den Körper und schickt zur Strafe verschiedene Krankheiten. Die geheimen Wünsche der Seele müssen erfüllt werden. Sie tun sich im Traum kund. Wer den Wunsch im Traum nicht versteht, der muss einen Deuter, einen erlauchten Medizinmann fragen."[9]

Die geheimen Wünsche bilden also den Traumstoff bzw. die Traumquelle. Es handelt sich um energetisch unerledigte Inhalte im Unbewussten. Man lernt sein Unbewusstes durch Träume kennen, das ist ein Schritt hin zu größerer Wahrheit. Die Frustration unserer Gefühle, mit anderen Worten, die Unterdrückung der Wünsche, hat zur Folge, dass durch diese Energie die Seele „böse" enden wird; sie wird hektisch, aggressiv, geradezu unleidlich. Die Seele leidet, und zwar nicht nur passiv, sondern in einem Wut-Umfeld. Man kann von Trauer und von Aggressivität sprechen. Diese gefährliche Energie schlägt sich mit der Zeit nieder im Körperlichen. Das Unbewusste wird Gestalt, erst ist die Seele das Ventil, z. B. durch einen sich anmeldenden Traum, und dann ist der Körper das Ventil bzw. die Projektionsfläche. Es läuft also ein bekannter psychosomatischer Prozess ab. Zuerst wird die Seele krank, und am Ende wird der Körper krank. Statt in Verdrängung zu landen, müssten die geheimen Wünsche akzeptiert, im Traum erlebt, und möglichst im Ersatz oder in direkter Realität ausgelebt werden. Die Befriedigung der unbewussten Wünsche ist die Antwort und ist die Lösung und ist die Strategie des Medizinmannes. Träume sprengen ein ungesundes Tabuisieren und Verdrängen. Dieser Traumglauben der Irokesen wird auch als „Traumtheorie der Huronen" bezeichnet. Im Jahre 1649 schrieb ein Jesuitenpater und Missionar den Traumglauben der Irokesen nieder.

„Von Anbeginn seiner Existenz an ist der Schamane ein begnadeter Träumer. Alles Wissen um den Ursprung wird, z. B. in der Muharem-Kultur, in Träumen erfahren und durch Träume bezeugt." [10] Und „Traumanalyse ist insbesondere in denjenigen Heilungsritualen prominent, wo nach wissenschaftlichem Verständnis psychogene Störungen angezeigt sind."[11] Hier geht es auch um krankmachende Trauer, nicht nur um verdrängte Wünsche. Der „Halter des Himmels"[12] sendet dem Menschen die Träume. Er ist der Sohn und Ehemann seiner Mutter; das zeigt, dass er mythologisch ein sehr hohes Alter hat. Ein Navaho-Mann „verfiel in trübselige Grübelei", weil er wiederholt „vom Tod seiner Kinder und vom Bären verfolgt zu werden träumte". Der Schamane diagnostiziert: „Als kleiner Knabe hast du einen kranken oder toten Bären gesehen, oder deine Mutter sah ihn vor deiner Geburt".[13]

An verschiedenen Stellen in diesem Buch haben wir darauf hingewiesen, dass Trauminhalte aus der Schwangerschaftszeit stammen können und auch sogar aus den Vorfahren-Erlebnissen. Die Macht des Clans oder die sogenannte Familienseele oder das kollektive Unbewusste bewahren wichtige Ereignisse, nicht zuletzt die Traumata. Der kluge Schamane weiß, dass auch eine pränatale Erfahrung den Bären-Traum produzieren kann. Wir werden im Mutterleib sowohl gesund gemacht als auch krank gemacht, und zwar körperlich wie auch seelisch. Die Folgen sind aber erst erkennbar im Leben nach der Geburt...

Die Schamanen und Medizinmänner wissen, dass Träume nicht nur Auskunft geben über Krankheitsursachen oder eine Wahrheit sind über die unbewussten Ist-Befindlichkeiten, sondern auch die Zukunft beinhalten können. Auch die heiligen Männer der Sioux haben die Zukunft geträumt, und das ist festgehalten worden. Sie haben es in Kollektivträumen geträumt, d.h. für ihren ganzen Stamm. Von dem Medizinmann Black Elk heißt es: „Vor langer Zeit erzählte mir mein Vater, was ihm sein Vater erzählt hatte, dass es einst einen heiligen Mann der Lakota (Sioux) gegeben hat, Drinks Water genannt. Er träumte, was geschehen würde; und das war lange vor der Ankunft der Wasichus (weißen Menschen). Und er träumte, dass die Vierbeiner in die Erde zurückgehen würden und dass eine fremde Rasse um alle Lakotas ein Spinnennetz gewoben hätte. Und er sagte: ‚Wenn dies geschieht, werdet ihr in grauen viereckigen Häusern wohnen, und neben diesen grauen viereckigen Häusern werdet ihr Hungers sterben.' Sie sagten, dass er bald, nachdem er diese Vision geschaut hatte, zur Mutter Erde zurückging, und es war Traurigkeit, die ihn tötete. Du kannst dich jetzt umschauen und sehen, dass er diese erdgedeckten Häuser meinte, in denen wir jetzt wohnen, und dass auch alles andere wahr ist. Manchmal sind Träume weiser als Wach-Sein".[14]

Der heilige Mann sah voraus, dass die Vierbeiner – das sind die vielen jagdbaren Bisons – ausgerottet wurden und ausstarben. Ein Spinnennetz ist eine nicht offen aggressive, sondern eine einschnürend subtile Aggression, die auf Dauer lähmend wirkt. Ein Entrinnen gibt es nicht, das Indianerreservat ist umgarnt. Die Farbe Grau ist das Gegenteil von Bunt, und sie ist von Vitalität und Lebensfreude sehr weit entfernt. Grau kann eine Trauerfarbe sein. Viereckig sind die Häuser, das gehört zum Archetyp, dass alles Eckige und Kantige aggressiv oder feindlich ist. Die Indianer wussten, dass umgekehrt „rund" das Gesunde darstellt. Wer in Kollektivträumen die schlimme Zukunft voraussieht, kann vor Schmerz wahnsinnig werden, wie etwa die antike Seherin Kassandra im trojanischen Krieg, oder auch an Herzeleid, Traurigkeit sterben. Die Träume des Häuptlings können prototypisch gedeutet werden für das Schicksal des Stammes. Ein Seher und Medizinmann ist bewundert und gefragt, sein Wissen beeindruckt die Unkundigen, er holt die Wahrheiten und Weisheiten aus dem Meer des Unbewussten, welches von seinen Zeitgenossen in der Regel nicht besucht, sondern übergangen wird. Der Schamane ist der Hervorragende – und der Tragische. Seine Visionen offenbaren ihm die traurige Wahrheit. Wer sich noch indigen und eingeboren fühlt, kennt solches auch.

Der Sioux-Medizinmann Hairy Chin veranstaltete einen Heilungsritus für den verletzten Rattling Hawk (Hüfte durchschossen), dazu mussten 5 Jungen den Bären spielen, „denn er verdankte seine Kraft dem Traum von einem Bären".[15]

Im Traum ist jeder Mensch Schamane und Seher. Ist der Traum das Diesseits oder das Jenseits?

Das Leben ist ein Traum

Wir sind nicht auf Erden, um zu leben.
wir sind gekommen, um zu schlafen,
um zu träumen.
Unser Leib ist eine Blume,
wie das Gras im Frühling ergrünt.
So öffnen sich unsere Herzen
und treiben Knospen,
um zu blühen und dann zu verwelken.

So lehrt der weise Tochihuitzin
Von den Azteken[16]

Schicksal

Wir sprechen speziell über die schicksalhafte Biografie. Es mag überraschen, aber es gibt Traumaussagen, und zwar von verschiedenen Menschen, wonach es einen lichten vorgeburtlichen Moment gibt, in dem das kommende Schicksal des Erdenbürgers wie in Erleuchtung „geschaut" wird. Was nicht nur als Vor-Wissen zu verstehen ist oder wäre, sondern auch den Gedanken der Prädestination stützen kann. Mit der Geburt wird dies aber „vergessen". Im Tibetischen Totenbuch heißt es dazu: Dein Bewusstsein fällt in Ohnmacht – was so zu übersetzen ist: Das bewusste und klare Wissen rutscht ins Unbewusste weg (bleibt dort jedoch, fürs Leben, ist nicht gelöscht).

S Es gibt Träume, wie ein nachträglicher Retour-Film, über die eigene Schwangerschaftszeit. Und es gibt auch Träume, von den Schwangeren, die den Zustand der Frucht oder das Schicksal ihrer Frucht darstellen. Anhand bestimmter Archetypen kann man feststellen, ob im Traum eine Überblicksschau vorgeburtlicher Art zum Leben, zur Biografie, zur Erdenexistenz vorliegt. Beeindruckend ist, dass in solchen Träumen die Rede davon ist, sich das Geschaute „einzuprägen." Eine Schwangere träumte, drei Tage vor dem positiven Schwangerschaftstest, dass ein „Wandteppich" aus zwei getrennten Elementen „aus dem Dachgeschoss heruntergebracht" wird. Erst die „Leindwandunterlage" [vielleicht zu übersetzen mit etwa dem zellulären, körperlichen Gewebe], dann das „Webmuster" [etwa Seele, Geist, Biografie, Charakter]. „Wir sollten uns das Muster des Wandteppichs eingehend betrachten, um es zu verstehen. Das erforderte das Zählen der Fäden..." Der „Wandteppich" ist das Leben des neuen Erdenbürgers, aus Körper und Geist, die aus Erlebnissen zusammengesetzte (individuelle) Biografie. Das „Dachgeschoss" ist ein häufiger Archetyp für den uteralen Bereich. Was mit dem neuen Kind sein wird, was da kommen wird, soll man sich hier gut merken. Betrachten und verstehen und exakt zählen oder aufzählen, das ist sich einprägen. Hier sieht die Mutter, nur im Traum und nicht direkt decodiert, das Mentale (als Webmuster) bzw. das Schicksal ihres zukünftigen Kindes voraus.[17]

Typisch für Träume über die vorgeburtliche Zeit ist auch das Motiv des „Einfliegens". Der Träumer befindet sich in einem Flugzeug (vor der „Landung"), oder er sitzt auf den Tragflächen oder auf der Flugzeugnase. Nicht selten ist eine „wahnsinnige Beschleunigung" dabei, die vermutlich die Transformation andeutet, wie man, landläufig gesagt, vom Himmel auf die Erde kommt, wie man die Dimensionen wechselt (vom Geistigen ins Materielle). Meist sind Personen, die die Eltern symbolisieren, oder sonstige Helfer, Anführende dabei (als wären es Führungsengel), in oder auf dem Flugzeug. Und dann das Wichtige: „Was man unter sich sieht." Eine Klientin konnte mir wörtlich berichten, dass es ihre „Lebenselemente und -aufgaben" waren, die sie von oben schaute. Wieder also eine mystische oder mysteriöse Vorausschau. Es war dies übrigens eine eher unspirituelle Träumerin. – Es passiert immer wieder, dass auch Menschen, die im bewussten Tagesleben dezidiert oder kämpferisch atheistisch sind, Jenseitiges und Spirituelles in ihren Träumen sehen, zum eigenen Ärger oder zur eigenen Überraschung. –

Diese Elemente galt es also „sich einzuprägen", zitierte die weiter oben genannte Frau aus ihrem Traum. Es steht jedem frei, dieses „Sich-Einprägen" zu deuten. Heißt es, man soll möglichst, auf unbewusstem Pfad, seiner Lebensaufgabe treu bleiben? Würde es irgendwie den Ablauf der Biografie erleichtern, vielleicht beim Ertragen von Leid oder generell in der Sinn-Frage? Oder würde es im Selbstvertrauen, Sich-Berufen-Fühlen etwas ändern? Jedenfalls an der Oberfläche, bewusst, wird das, was man da vorgeburtlich schaute, oder eventuell schaute, „vergessen". Wie der große Platon sagt: Jedem Menschen zwingt bei der Geburt ein Daimon den Becher das Vergessens auf. Man ‚trinkt' das Vergessen, wenn man auf die Erde kommt – übrigens auch, wenn man mit dem Fährmann ins Jenseits fährt.

Aus den Tausende Jahre alten vedisch-brahmanischen Schriften, aus der Garbha Upanishad (aus der ‚Geheimlehre über den Embryo') erfahren wir, dass der Foetus im siebten Monat mit der Seele ausgestattet wird. Dass er im achten Monat voll lebensfähig ist oder wäre. „Im neunten Monat endlich ist er [der Foetus] in allen Stücken und auch in der Erkenntnis vollständig; dann erinnert er sich [solange er noch im Mutterleib weilt] an seine früheren Geburten und hat Erkenntnis seiner guten und bösen

Werke."[18] Der Herausgeber kommentiert: „Gemäß dieser Vorstellung ist der Foetus schon im Mutterleib im Besitz des Wissens der eigenen früheren Geburten, vergisst jedoch bei seinem Austritt aus dem Mutterleib dies alles."[19]

Schuld

Vielleicht hilft der Blick aus der Distanz, um zu erkennen, wie problematisch und unsicher das Thema Schuld<>Unschuld ist. Sie, lieber Leser, brauchen nicht einmal auf sich selbst oder die Familie zu schauen, Sie können in der Weltgeschichte neutral genug beobachten, wie tollwütig Schuld zugeschoben wird, wie hysterisch Schuld abgewiesen wird, wie willkürlich – je nach Zeitgeist, politischem Interesse oder Subjektivität des Historikers – Schuld und Unschuld hin und her verschoben und verteilt werden. Im ständigen Wandel. Nach Hunderten von Jahren werden die Leute, die auf dem Scheiterhaufen als schuldig verbrannt wurden, rehabilitiert. Beliebig, infam, naiv, dumm, unvernünftig muten uns so viele Schuldsprüche an. Wie viel Blindheit wird gelebt in der Erklärung und Zuteilung der Schuld, in der oft krampfhaften Suche nach Schuld. Aus großer Distanz ist es besser zu erkennen, als wenn man mitten im Geschehen lebt oder gar mitbeteiligt ist, als Täter, als Opfer, als Akteur.

Es gibt ein Traumphänomen, dass man Opfersituationen aus dem eigenen Leben in „umgekehrter" Weise durchlebt. D.h. man agiert auf der Täterseite. Und es gibt das psychologische Problem, dass gerade dann, wenn man übertrieben oder selbstgefällig jegliche Schuld von sich weist, Schuldkomplexe den Menschen gern heimsuchen, wie als Korrektiv oder Ausgleich, vielleicht auch nur als Irrtum, als ‚Komplex', und zwar im Unbewussten. Wenn man Schuld und Verursachung an anderen erkennen und ihnen zuteilen kann, beruhigt das. Z.B. eine Antwort auf die

Frage „Wer oder was war schuld am Tod von XY oder an der Überschwemmungskatastrophe?". Schuld zu definieren tut hier (und sonst) gut, mag es noch so unsicher oder irrig sein. Der verständliche menschliche Drang ist, eine Erklärung für alles zu haben. Kann man keinen Verursacher, keine Ursache finden, macht das Stress, und zwar als würde man nichts von der Sache verstehen. Stress wird nicht gern ausgehalten. Lieber werden Schuld gesucht und Urteile gefällt.

Nun aber kommt der Traum daher – und arbeitet nach ganz anderen, eigenen Gesetzen. Einfach so, wie spontan, jedenfalls sehr überraschend zeigt er eine Szene, in der wir Opfer etwas Ähnliches tun wie die Täter unseres Lebens. Beispiel: Ein sexuell missbrauchtes Mädchen träumt als Erwachsene, dass sie einem Patienten die „Spritze" mit Kontrastmittel setzt, und zwar massiv, also zweimal oder in doppelter Dosierung. Trotz Bemühens erhält sie keine Hilfe von anderen Schwestern, Ärzten. Eine einzelne Frau hatte ihr banal und locker die Spritze anfangs zugeworfen, gereicht. Der Mann war ein abstoßender Typ, mit dem sie schlafen sollte, – so begann der Traum. Realität dieser Träumerin war früher, dass der Vater das Kind zum „Spritzen" brauchte, zur Ejakulation benutzte. Haben wir hier nur eine Verschiebung/Verdrängung der Art, dass nun das Mädchen mit dem Spritzen aktiv wird statt umgekehrt? Das ließe sich eventuell als Traumatisierungsfolge, als spezieller Abwehrmechanismus erklären. Ist es eine Lösung, Verarbeitung der Geschichte – oder lassen wir den Traum in seiner authentischen Darstellung so stehen, dass die Träumerin einen Mann mit einer Spritze traktiert? Also: Akzeptieren wir die Botschaft des Traumes ohne Änderungsabsicht, ohne ein besonderes, vielleicht aufgesetztes Interpretationskonstrukt? Subtil und indirekt würde der Traum dann auch zum Thema Schuld-Unschuld sprechen; er würde nämlich sagen: Aus irgendeinem Leben oder aus einem anderen Vergessenheitsreich taucht eine Szene auf, in der du tätig warst wie der Missetäter dir gegenüber. Solch ein Phänomen, eine solche Story läuft in der Regel sehr ähnlich ab, jedoch nicht total gleich. Zur alten Missbrauchsgeschichte gehört der Traum u.a. auch deshalb, weil man erkennen kann, dass niemand damals dem Mädchen „half" und dass die Mutter das Kind als Ersatz dem frustrierten Vater hinschob („Spritze zuwerfen").

Nicht wenige Mystiker konnten in ihren spirituellen Erlebnissen erfahren, dass Himmel und Hölle subjektiv sind und nur daraus bestehen, dass man in der transzendenten – oder tief unbewussten – Welt all das erlebt, was man anderen angetan hat, positiv wie negativ. Das ist der klassische Karma-Gedanke. Wir erwähnen nur das Tibetische Totenbuch, wo der Himmel als Zwischenreich zwischen Inkarnationen nur aus Selbstbegegnung besteht, oder die Jenseitsdarstellungen des Rudolf Steiner in der Anthroposophie, wo diese „umgekehrte" Erfahrung ein Teil nachtodlichen Erlebnisses ist, für jeden Menschen. Ist das die Wahrheit über unsere ‚Schuld' als Opfer – oder geht es nur um Schuldkomplexe?

Ein anderes Traumbeispiel: Ein Mann träumt, dass er pflichtwidrig zwei Tage lang „zu spät kam" und einen anderen Mann nicht aufsuchte, der auf ihn wartete. Zwei Tage länger als vorgesehen oder tunlich musste der zweite Mann, der Freund, noch bei einem Bauernpaar bleiben [Archetyp für Erzeugerpaar], und zwar im Bett [Symbol für die Uteruszeit]; der Mann/Träumer konnte also im Traum nicht aufstehen und aufbrechen, wonach er doch strebte [das wäre der Lebensbeginn]. Der Träumer hatte ein schlechtes Gewissen. Das Bauernpaar machte einen unglücklichen Eindruck. – Der Träumer ist real in seinem Leben bei der Geburt vom Erzeuger im Stich gelassen worden. Er sah ihn niemals, auch später nicht. Dadurch dass der biologische Vater nicht da war, war die Schwangere in einem solchen Stress, dass sie die Geburt unbewusst verweigerte, blockierte. Statt 24 Stunden dauerte die Geburt damals 72 Stunden, also 3 Tage (davon 2 Tage als „Verspätung"). – Auch hier die Frage: Begegnet der Träumer, vorzeitlich oder sehr fern, seinem Karma, d.h. einer verursachenden, nebulösen eigenen Schuld? Der Traum ist jedoch in sich klar, nicht nebulös. Zeigen Träume, warum man letztlich dies oder jenes Schicksal hat, auch ggf. bezogen auf irgendeine Einzelheit? Zeigt der Traum: Du bist im Stich gelassen, weil du einmal und einstmals karmisch jemanden im Stich gelassen hast?

Wir können die Schuld-Unschuld-Frage in einem Traumbuch nicht einfach beantworten. Wir kennen wenig über das große Warum dieser Welt, wir maßen uns auch nicht an, die große Ursache des kosmischen Ablaufs zu benennen. Wir geben nur eine Anregung weiter, die Träume geben. Wir erwähnen, dass wir tatsächlich manchmal in der Rolle derer auftreten, die uns gegenüber aktiv waren. Einige Religionsstifter wussten, dass das, was wir anderen antun, wir eigentlich uns selbst antun. Mystiker konnten dieses Prinzip in den transzendenten Sphären erkennen. Und tatsächlich zeigen auch manche Träume dieses „umgekehrte" Geschehen. Läuft der Wechsel von Passivität und Aktivität, von Opfer und Täter generell als Welthintergrundsgeschehen ab? Dann würden sich Schuld und Unschuld erheblich relativieren. Dann empfähle sich therapeutisch, hin und wieder Schuld bei sich anzuerkennen, also sich vom Unschuldsengel zum Mittäter hin zu begreifen. Dazu muss man aber in der Regel die Tatsache mehrerer Leben anerkennen – bzw. mit Schuld-Unschuld umzugehen fällt dann leichter. Auch empfähle sich, generell weniger Schuld zu verteilen, allgemein herumzureichen. Es würde insgesamt dem Abbau der Ich-Manie und der Wissensomnipotenz dienen. Es bleibt aber schwierig, echte Schuld von eingebildeter Schuld zu trennen. Und es bleibt fraglich, ob Schuld, Sünde, Sühne usw. sinnvolle Kategorien sind, um den Weltantrieb oder die Motivation eines Egos halbwegs logisch zu beschreiben. Führt sich die wechselnde Schuldzuteilung zuletzt ad absurdum? Oder sind wir neurotisch und wollen immer vergeblich „unschuldig" sein?

Zu den möglichen Antworten gehört auch, darauf zu verweisen, dass im Traum grundsätzlich „Stellvertreter" vorkommen. Insgeheim gemeinte Personen können durch Stellvertreter dargestellt werden. Auch der Träumer selbst kann eine andere Position als sein Ich einnehmen und z. B. aus der Perspektive der eigenen Mutter, Großmutter oder seines Kindes träumen. Es ist nicht selten, dass ein Mann z. B. aus der Perspektive seines Vaters träumt. Verfliegt damit ein schwerwiegend erscheinendes Schuld-Problem? – Sie sehen, lieber Leser, es gibt viele Optionen, um auf die Schuldfrage zu antworten. Und neben der Möglichkeit, dass es dieses kosmische Gesetz gibt, dass man das erfährt, was man anderen antut, zeigen Träume auch ein anderes kosmisches Gesetz, nämlich, dass wir alle nur aufgetragene Rollen spielen, wobei dann ein persönliches Schuldkonto eher eine Fiktion wäre. Ist „Schuld" eine menschlich verständliche, hypothetische Erfindung, um nicht ohne Erklärung da zu stehen – oder gibt es Schuld real? Ebenso ungeklärt sind die Fragen: Gibt es Gut und Böse objektiv? Existiert ein freier Wille in der Realität? Schuld kann es ja auch nur in einer kausalen Welt geben, nicht in einer zufälligen.

Siehe auch → **Wiedergeburt und Karma**

Schwangerschaftserinnerungen

Wie das Geburtserlebnis so sind auch Schwangerschaftserinnerungen in Träumen häufig präsent. Der Schwangerschaftszustand hat eine Affinität zum Schlafen und zum Träumen – und zum Unbewussten, zum unbewussten Erleben generell. Der „Foetus träumt", so wird das manchmal in der Pränatalpsychologie beschrieben. „Der Seelenraum des Ungeborenen" heißt ein Fachbuch dazu von Ludwig Janus[20]. Der Titel deutet an, dass das Ungeborene eine Seele hat oder ist und dass es sich wie in einem Raum lebend fühlt. Heute berücksichtigt die Pränatalmedizin zunehmend das Leben vor der Geburt. Die Prägungskräfte der 9 Monate für die späteren 9 Jahrzehnte sind groß. Viele Tests zeigen, was der Foetus alles im Bauch mitbekommt und als Kind direkt oder symbolisch ausdrückt und wiedergeben kann. Sowohl die Stärke der Eindrücke als auch die Ähnlichkeit zum Traumzustand begründen die Häufigkeit der Schwangerschaftserinnerungen des Nachts.

Unsere bewusste Erinnerung beginnt zwar erst mit etwa drei Jahren, ungefähr parallel zur Sprachentwicklung, aber gespeichert ist alles, und zwar ab der Zeit im Uterus. So wird z. B. ein Abtreibungsversuch dramatisch ‚erinnert' und später vom Kind in seelischen Störungen und Spielen nach-inszeniert. Oder das in utero verlorene Zwillingskind wird heftig gesucht bzw. vermisst. Elternerwartung und Wunsch, beispielsweise einen Jungen statt ein Mädchen zu bekommen, stellen eine massive Suggestion dar, die, ob geheimgehalten oder nicht, beim Foetus ankommt („der Foetus weiß alles"), die den Charakter schon pränatal prägt und entsprechend auch vielfach im Traum erinnert wird. Der Kundige kann eine solche Vorgeschichte am Verhalten des späteren Erwachsenen ablesen. Der Betroffene kann sich mit der Bewusstmachung der alten Suggestivwahrheit, manchmal schlagartig, besser verstehen. Es gibt Fälle, wo z.B. ein 40jähriger Mann eine Geschlechtsumwandlung zur Frau durchführt, weil die Mutter damals partout ein Mädchen haben wollte, ohne dass aber der Zusammenhang der 40jährigen Person genügend klar ist; sie wird die Umwandlung meist anders begründen. Elternsuggestionen haben eine nachhaltige Wirkung.

Schon lange ist wenigstens oberflächlich (und messbar) bekannt, dass der Foetus Stimme, Lachen, Laune der Mutter, Depression, Hormonzustand, Traumata (z.B. Kriegsgeschehen oder Verlust des Erzeugers), Musik und Ähnliches als Umwelt wahrnimmt. Mutter und Kind sind vorgeburtlich eine Symbiose, die Seele des Foetus fühlt identisch mit der Seele der Mutter (keineswegs nur was Medikamente angeht). Sie erleben zusammen. Man spricht von einer „foetalen Programmierung", z.B. bzgl. der Aspekte Stress, Angst, Ernährungsverhalten, Selbstwertgefühl der Mutter. Am gravierendsten ist natürlich die Ablehnung, Unwillkommenheit der Frucht. Ein solches Baby kommt mit einer großen Hypothek von Minderwertigkeitskomplex, Selbstzerstörungsgefahr auf die Welt. In den tiefsten Schichten des Traumes weiß jeder, ob er geliebt, gewollt ist oder eine Belastung für die andern anfangs war; man fühlt es unzweideutig. Die „vorgeburtliche Bindung" kann leer und aversiv sein, die „erste Beziehung" kann aus Ablehnung bestehen. Welche Mühe kostet es nicht später den Erwachsenen, das „innere Kind" wieder heil werden zu lassen, mit anderen Worten, eine Selbstliebe, nur ganz banaler, durchschnittlicher Art („ich bin okay") wieder zu entwickeln. Alle Biografien müssen um die vorgeburtliche Zeit erweitert werden. Wir haben sowohl die Schwangerschaft als auch die Geburt „erlebt". Und gespeichert ist alles. Der Traum ist die Rückkehr in die Gebärmutterhöhle. Jeder Schlaf ist eine solche Art von angenehmer Regression, mit dem Bemühen um Rekreation. Die „erste Beziehung" in utero entscheidet viel über die Beziehungsfähigkeit später. Ein Trauma im Beziehungsraum vor der Geburt wird ins Gehirn eingebrannt. Und eine Reihe von körperlichen und seelischen Krankheiten haben hier ihre Quelle, z. B. bei Diabetes und Schizophrenie wird dies angenommen.

Die Inhalte der vorgeburtlichen neun Prägemonate zu kennen ist sehr hilfreich für die Bewusstmachung, Bewältigung und Heilung von psychischen Störungen. Die Wahrheit heilt. Im Folgenden nenne ich einige Traumsymbole, die nahelegen, dass der Traum eine Schwangerschaftserinnerung ist oder diese mit-beinhaltet. (Je nach Individualität des Träumers, d.h. je nach Besetzung, Anmutung, Assoziation in seinem Unbewussten, kann ein solches Symbol ggf. auch in eine andere Deutungsrichtung führen.)

Eine Schwangere, die Abtreibung im Sinn hatte oder eine entsprechende Attacke durchführte, kann später so geträumt werden: Löwin, Tiger, Wolf, stechende Wespe, große gefährliche Spinne, auch als Frau mit Spaten bzw. mit den verschiedensten Werkzeugen, und als Mann (statt als Frau).

Die strittige Frage, wann das zelluläre Gewebe als Mensch anzusehen ist – relevant für Abtreibungsfristen – kann nicht einfach beantwortet werden. Hildegard von Bingen, die Prophetissima des Mittelalters, unterscheidet die Menschwerdung von der Befruchtung und meint, dass im zweiten Monat „der Geist des Lebens" das Gewebe durchdringt.[21]
Dies kann man nach den Trauminformationen ungefähr teilen. Im Traum kann das dann so aussehen: Vogel, Feder, Wolke verbindet sich „mit dem Schiffchen unten" (oder mit anderem Materiellen); der Verknüpfungszustand variiert, er dauert länger und ist dann definitiv bei der Geburt. Oder wir wiederholen an

dieser Stelle den Traum einer gerade Geschwängerten (noch vor dem Testergebnis, aber schon mit Ahnen), da sieht das so aus:

„Ein Wandteppich wird aus dem Dachgeschoß heruntergebracht. Er besteht aus zwei getrennten Teilen, die verknüpft werden müssen – aus der Leinwandunterlage und dem Webmuster. Zuerst wird die Leinwandunterlage nach unten gebracht. Als nächstes sollte das Webmuster heruntergebracht werden. Wir sollten uns das Muster des Wandteppichs eingehend betrachten, um es zu verstehen. Dies erforderte das Zählen der Fäden. Das Muster war sehr reichhaltig und kompliziert."[22]

Das Leben ist eine Aneinanderreihung von Einzelheiten, quasi ein Zahlen-Phänomen, deshalb werden Geschichten und Biografien „erzählt" – eigentlich gezählt.

Ein recht häufiger Archetyp für den Schwangerschaftsraum ist das „Dachgeschoss". Pyramide, Dachgeschoss, Baumkronendach stellen das Schützende der schwangeren Mutter dar bzw. ihre Gebärmutter. Verschieden Räume oder Zimmer können den Uterus(-Zustand) meinen, besonders fensterlose Räume oder solche mit weichen, nachgiebigen oder mit heu-gepolsterten Wänden. Betont frisches „grünes Gras" bedeutet gern das ganz frühe, vorgeburtliche Wachstum. „Kino" und Kinofilm, auch Monitordarstellungen, sind ein Archetyp für das Unbewusste generell (a) und für die (ebenfalls unbewusste) Schwangerschaftszeit (b). Wenn im Traum Dachgeschoss oder Wände arg von Insekten befallen sind, z.B. von Fliegen, erlebte der Embryo oder Foetus eine schlechte, stressige Schwangerschaftszeit. Auch „Wassereinbruch" besagt nichts Gutes. „Einbruch" und „Einbrecher" generell verweisen, nach der Urbedeutung des Worts, auf eine ein-brechende Gefährdung in utero. Für das Kind im Bauch fühlt es sich relativ gleich an, ob Krankheit,

Stress, Unvermögen, Schock oder Ablehnung der Mutter die Gefährdung darstellt. Auch eine Garage, ein Hof, ein Vorgarten (als Beiwerk zum eigentlichen ‚Haus') können Archetypen für den Uterusaufenthalt sein, besonders gern Kellerräume. Typisch und häufig ist auch das „Schwimmen", ob mit oder ohne Bachlauf, Fluss, Bassin. Trockenheit, Überflutung und anderes sagen hier einiges aus. Das Schwimmen ist ein ambivalenter Traumarchetyp: Neben der sinnfälligen Beschreibung für den ‚schwimmenden' Zustand im Uterus (a) kann es Symbol für verschiedene Gefühlszustände sein, häufig für die sexuelle Emotion (b). Eine Wasseroberfläche zeigt allgemein einen Stimmungspegel. Der „orale" Mundraum kann als Stellvertreter für den „genitalen" Uterusraum einer Frau stehen. Ein unwillkommener Embryo kann sich als kleine Echse, als Zahn oder als ein widriges Gewächs im geträumten Mund zeigen. Die Traumdeuter Wilhelm Stekel (1911), im Gefolge von Sigmund Freud, und Artemidor von Daldis (2.Jh. n.Chr.) haben diese Zusammenhänge schon erkannt. Auch, dass Erfahrungen des Foetus sich tief-unbewusst im Verhalten von Penis und Scheide der (sexuellen, erwachsenen) Person später niederschlagen können. Als wären Penis und Scheide Stellvertreter, stellvertretende Symbole (Personen), als wären sie Träger der Uteruserfahrung. Bei Sexualstörungen kann es sich lohnen, diese uterale Spur zu verfolgen. Zuletzt sei das „Auto" erwähnt. Es hat sehr viele Bedeutungen. Z.B. das Ich, der Sex, der Körper, der Wille, die Freiheit, die Gesundheit, der Mitmensch, der Entwicklungsweg, ggf. ein Unfall oder Trauma. Für die Schwangerschaftszeit stehen bevorzugt ein Kombi, ein Bus, eine eiförmige Karosserie, z.B. der VW-Käfer. Oder der Kofferraum hinten oder auch ein kleiner „Anhänger" sowie Züge und Straßenbahnen sind als Symbole für quasi ‚transportierende Mütter' (Schwangere) hier noch anzufügen.

Vgl. auch → **Abtreibung**

Schwimmen:

siehe → Wasser

Seniorenträume

„Eure Alten werden Traumbilder haben", meint eine Szene aus der Apostelgeschichte, auf eine tiefere und spirituelle Zeit verweisend. Als Betrunkene und Verwirrte bezeichneten die Juden die Apostel, nachdem diese das Pfingsterlebnis hatten, das man als außersinnliche Wahrnehmung oder Erleuchtung verstehen kann. Petrus korrigiert die Menge und erklärt, dass die Jünger nun eine Sehergabe hätten. Dazu verweist er auf das Alte Testament, auf die Rede des Propheten Joel: „Es wird geschehen in den letzten Tagen, spricht Gott, ich werde ausgießen von meinem Geist über alles Fleisch, und eure Söhne und Töchter werden prophetisch reden, eure jungen Männer werden Gesichte schauen und eure Alten Traumbilder haben..." – Das wäre auch so zu übersetzen: ‚Eure Greise werden Wahrträume haben...'

Manchmal wird gesagt, die Träume der Alten seien realistischer, d.h. realitätsbezogener als die der jungen Leute oder die der Kinder. Doch das kann man nicht belegen. Es sind die Senioren aber weiser, und ihre Träume sind es auch. Die Alten haben Lassen, Seinlassen, Loslassen gelernt. Weisheit ist's, die das Alter ziert. Und das passt zu dem o.g. Bibelspruch. Der große Überblick über das Leben und das generöse, gelassene Verstehen finden sich nicht selten in den Träumen der Alten. Es sind Wahrträume, sie eignen den Sehern und den Alten. So wie auch in den Nahtod-Erlebnissen der grandiose Sinn der eigenen Biografie im Sekunden-Rückblick-Film bzw. in der außerkörperlichen Erfahrung zum ersten Mal wirklich verstanden wird. Akzeptanz, die Fortentwicklung der Akzeptanz, ist ebenfalls wichtig für die Träume der Senioren.

„Die schmutzige Treppe"= der Traum einer 79-Jährigen:
„Meine Tochter muss ein Haus mit mehreren Kindern hüten und putzen. Im Flur zeigt sie mir verzweifelt den Schmutz auf einer rustikalen Steintreppe, die nach oben führt. Auch in den schadhaften Fugen alles Dreck. Jeden Tag dasselbe, klagt sie. Ich rate ihr, mit einem Besen einfach alles abzukehren... Die ganze Aufregung sei sinnlos." Das Traumsymbol (der Archetyp) „Treppe" bedeutet den Lebensweg. Kinder, Putzen, Schäden, Dreck – das ist das Leben einer Mutter, die tägliche Beschäftigung einer Hausfrau, im konkreten wie im übertragenen Sinne. Im Gegensatz zur jungen Frau regt sich die Alte nicht mehr über alles auf. Nach vielen Jahrzehnten hat man tatsächlich eingesehen: die ganze Aufregung über dies und das, über Kleinigkeiten und den Alltag – ist eigentlich sinnlos. Fazit: Dann belassen wir es eben bei einer schmutzigen Treppe, anders gibt es eh' kein Leben.

Ähnlich träumte ein 90-Jähriger: Auf der obersten Stufe seiner Treppe im Traum gab es Matsch, Schmutz usw. Der Träumer hatte kein gutes Gewissen dabei. Da streckte sich eine Hand aus den Wolken heraus und wischte den ganzen Schmutz einfach weg. Damals sagte jemand zu dem alten (mittlerweile verstorbenen) 90-jährigen Freund spontan: „Werner, was an Negativem aus deinem Leben geblieben ist und nicht weggearbeitet werden konnte, schiebt der liebe Gott bei deiner Ankunft mit einer lockeren Armbewegung einfach beiseite."

Den Makel zu akzeptieren ist am Ende angesagt. Zwar hat nicht jeder eine Leiche im Keller, aber man kann nicht leben, ohne irgendwie oder auf subtile Weise schuldig zu werden. Das meint nur: Bis zum Ende des Lebens gibt es den ein oder anderen

Makel. Nicht jeder schwarze Fleck auf der Seele kann dabei gereinigt werden. Mancher Mangel, manches Ungute bleibt, bis zuletzt. Mit einem solchen Makel, nicht rein weiß also, geht es in den großen Übergang. Vieles bleibt quasi unerlöst, ungeheilt im Leben. Das gilt es zu akzeptieren. Dazu passt der Traum einer 80-Jährigen, von ihr gar in Gedichtform geschrieben:
„Streichle über weißes, weiches Bett.
Totes Insekt, schwarz, stört die Schönheit.
Unten in der Ferne, wie eine Luftaufnahme,
mein dunkler Wohnblock aus der Vergangenheit,
jetzt weiß, makellos gepflegt, lückenlos bebaut."
„Lückenlos" scheint dieses Leben bebaut und durchgeführt worden zu sein. Die Vergangenheit und die Lebensumstände („Wohnblock"), das alles ist schon ziemlich fern, liegt quasi im Dunklen. Das Großreinemachen, das Akzeptieren, das weise innere Abschließen findet sich im Glatt-Streifen, im Streicheln übers weiße (d.i. das geklärte) Bett. Aber das „Insekt" – es ist tot und schwarz, es trübt die Idylle, es ist nicht wegzuwischen noch wegzudenken, es „stört", und zwar bleibend. Das weiß die Träumerin, bzw. es wird ihr im Traum gesagt, falls sie es bewusst leugnen sollte. Ein Insekt ist als Archetyp bzw. Traumsymbol ein Negativum. Es bleibt also ein störender schwarzer Makel, gleichgültig ob Opfer oder Täter, und mit diesem schwarzen Fleck wird man und muss man hinübergehen. Je älter man ist, umso eher akzeptiert man dies. Es gibt kein reines weißes Leben oder Bett.

Traumthemen aus Vergangenheit und Gegenwart: Zur Traumwelt des Alters gehört auch, dass einen Dinge von früher „einholen". Z.B. Kriegserlebnisse oder ein Muttertrauma sind im Unbewussten nie gelöscht oder erledigt, ebenfalls der Verlust eines Kindes nicht. Zunehmende körperliche Krankheitssymptome stellen sich auch im Traum ein oder vor. Das Traumsymbol

Auto spielt oft die Rolle des Körperlichen, Krankheiten an Gliedmaßen können sich eventuell in Reifen-oder Kotflügelschäden zeigen. An die eigene Kindheit als frühen, starken Eindruck erinnern sich Alte in der Realität wie im Traum wieder mehr. Die konkreten Enkelkinder sind natürlich auch ein aktuelles, nicht seltenes Traumthema. Hier geht es meist um Fürsorge, Sich-Kümmern-Um. Und das „Fliegen" im Traum kommt auch verschiedentlich vor, allerdings in gleicher Häufigkeit wie bei allen anderen Altersgruppen. Da geht es um spirituelle Inhalte, da ist die Seele einmal kurz von Körper und Materie frei. Schwere-los heißt erden-los. Als reiner Geist sieht und interpretiert der Fliegende für einen kurzen Augenblick die Welt. Es ist eine Ausnahme-Schau.

Der fliegende Teppich: Die Sinn-Frage kann im Alter in den Vordergrund rücken. Wie absurd sind Demenz oder Alzheimer? Wir interpretieren solche Leiden als sinnlos. Sollte der Traum darüber aufklären können, dass ein übergeordneter Sinn auch und doch hinter dem absurd erscheinenden Leid steht? Dazu schauen wir uns den Traum einer Tochter über den alten Vater an: *In der Nacht vor seinem Tod träumte sie, „ ...dass sie einen sehr großen und sehr schönen kunstvoll und bunt gewebten orientalischen Teppich vor sich hängen sah. Sie sah, wie am oberen Rand der letzte Faden eingezogen wurde. Sie begriff, dass dieser Teppich das Seelenwerk ihres Vaters war, das er in den letzten acht oder zehn Jahren still gewebt hatte, und jetzt, da es fertig war, war er frei und konnte gehen".*[23] Wir denken spontan an den fliegenden Teppich als Motiv: das ist so etwas wie eine Seele, die fliegt, also ein Leben im spirituellen Zustand. Jeder handgewebte Teppich ist ein Unikat, ein Individuum. Als solche zusammengeknüpfte Einmaligkeit stellt er eine unverwechselbare Biografie dar. Die Knüpfarbeit, hier das Faden-Einziehen, ist die Aneinanderreihung der Lebensereignisse.

S

Die beiden Bestandteile der Teppichkette und der Teppichfäden zeigen des Menschen Anlage, Determination und, darauf eingewebt, als Fäden, seine Freiheiten, eigenen Gestaltungen. Die Zusammenarbeit aus Basis und Einzelschöpfung ist das Werk, das Lebenswerk: eine Arbeit und eine Kunst ist das Leben. Auch das Leben eines Kranken ist schön, kunstvoll und bunt, für Träumende, Sehende – nicht für äußere Zuschauer. Die Intuition des Traums erkennt tatsächlich und überraschend Sinn im langen Leiden des Vaters – während acht seniler Jahre im Pflegeheim. Da hatten sich die Angehörigen öfter gefragt: „Warum stirbt er nicht? Es wäre besser gewesen, wenn er direkt nach seinem aktiven Leben gestorben wäre" *(a.a.O.)*. Aber der Vater wob still und unerkannt an der Vollendung seines Lebenswerks. Das tröstete die Tochter, die passend vor dem Ende des väterlichen Lebens diesen Traum hatte.

Siehe auch → Teppichträume

Sexualität im Traum

Sexualität ist und bleibt archaisch, sie spielt sich in der Tiefe des uralten Gefühls oder auch im Steinzeitverhalten ab. Sie lässt sich in der Regel nicht durch den Kopf oder durch den Willen steuern. Sie ist ein Trieb, der macht was er will, der im eigenen Interesse handelt. Ursprünglich dient Sex der Zeugung, und das gilt für die Erkenntnis von Sexualstörungen, und es gilt für das Sexualitätsphänomen generell im Traum. Sexuelle Blockaden oder auch Promiskuität sind so leicht zu erklären. Die Sexträume sind nicht so zahlreich wie Sigmund Freund dachte. Gravierender als Sex ist für das Unbewusste die Frage: Tod oder Leben, oder: Dominanz und Unterlegenheit.

Sexträume zeichnen sich dadurch aus, dass man in der Regel nicht mit dem Partner schläft, sondern fremdgeht. Das mag aus einer gewissen Unzufriedenheit mit dem Partner her rühren, ist aber im Sinne der steinzeitlichen Anlage auch normal. Besonders attraktiv für das Unbewusste sind für Frauen der Rudel-Führer, der erfolgreiche Mann, also z. B. ein Chef, oder der Gewinner in Sport oder Film, also der Star. Für Männer sind die jungen Frauen attraktiv, d. h. diejenigen, die mehr Potentialität zum Empfangen und zum Gebären und zur Aufzucht der Brut vorweisen. Für Frauen gilt: ‚Macht macht sinnlich', d. h. mächtige Männer werden bevorzugt. Und für Männer gilt: Der Körper der Frau ist entscheidend. Das ist natürlich hier ein wenig übertrieben und absichtlich einseitig dargestellt.

Es gibt eine Reihe von Archetypen für die sexuelle Beziehung, dazu gehören z. B.: tanzen, küssen, ballspielen im Sinne eines ping-pong oder hin und her, ein Abendessen zelebrieren, überhaupt essen und Fleisch. Musik ist sehr erotisch, weil sie die untersten Wellen, Schichten des Gefühls berührt und durchströmt. Natürlich spielen die Vater- und Muttererfahrungen, aber auch Geschwistererfahrungen für unser späteres Sexualverhalten eine Rolle. Gravierend aber sind die Muttererfahrungen, und zwar für Frauen wie für Männer. Der Eros wurzelt im Uterusgefühl, in der vorgeburtlichen Erfahrung (1), und er ist relativ identisch mit der Befriedigung an der Mutterbrust, d. h. der Eros ist immer auch stark oral (3). Bei einer normalen Geburt stehen Mutter und Kind unter einem extremen Hormoncocktail, unter anderem wird das Hormon Oxytocin ausgeschüttet, bei einer langen Geburt umso mehr; dies ist das Bindungs- und Sexualhormon, oberflächlich auch Kuschelhormon genannt, als Basis für den späteren Erwachsenen. Ein Oxytocinmangel, z. B. beim Kaiserschnitt, kann ein trauriges Ergebnis für die spätere Sexualität zeitigen. Der Geburtsverlauf ist also eine weitere tragende

Säule für die Sexualität später (2); vgl. hierzu auch die Arbeiten von Stanislav Grof.

Die menschliche Sexualität kann natürlich mechanisch oder animalisch ausgeübt werden (ohne Liebe), oder aber anders so, dass beide Partner sich auch lieben, damit ist gemeint, dass beide Partner sich als Seele und Persona anziehend und schön und interessant finden. Es wird dann nicht nur der Körper, sondern das innere Wesen des Gegenübers geliebt. Die Kombination bzgl. Körper und Seele steigert die sexuelle Fähigkeit, die sexuelle Lust nicht wenig. Wir wissen alle, dass Sex auch mit Hingabe, tiefem Vertrauen zu tun hat, und Sich-Fallen-Lassen fällt leichter, wenn man die Psyche des Gegenüber liebt und nicht nur seine Genitalien.

Der Coitus selbst und konkret ist kein Indiz für einen Sextraum, sondern gehört als Archetyp zum Tod-, Jenseits-, Transzendenz-Thema.

Vgl. auch die Stichworte → **Sexualstörung, Geburtsträume** und **Homosexualität**

Sexualstörung

Selten geht eine sexuelle Störung auf einen sexuellen Hintergrund zurück, ausgenommen bei sexuellem Missbrauch, bei Vergewaltigung und dgl. Die Sexualität ist der Kern der Ich-Gefühlswelt und der Triebwelt, sie ist ein Zentrum und bevorzugter Ausdruck des Unbewussten. Es liegt in der Regel eine Störung oder Schädigung des Ichs oder Ich-Kerns vor, gedacht als Unbewusstes, nicht des genitalen Apparates.

Die Genitalien können als Archetyp stellvertretend für den Embryo, den Foetus, das Baby stehen. In ihnen sind pränatale, perinatale, postnatale Erfahrungen niedergeschlagen und festgehalten. Die Genitalien schleppen also frühe Erinnerungen und Traumata mit sich. Diese betreffen die Ich-Persönlichkeit ehemals. Die Genitalien sind der symbolische Sitz früher Verletzungen des anfänglichen, des ‚kleinen Ichs', des Inneren Kindes. Die Erotik fußt auf der Schwangerschaftszeit, ganz besonders auf der Geburtserfahrung, also auf dem konkreten Prozess/Ablauf bei der Geburt, und auf der Erfahrung oder Nicht-Erfahrung an der Mutterbrust. Das gilt für Männer wie für Frauen. Sexuelle Störungen sind Ausdruck einer Störung des gesamten Menschen, sie sind sozusagen der unbewusste Kern eines Menschen. In der Sexualtherapie sind nicht der Sex, sondern das Ich und das Unbewusste zu behandeln.

Manchmal ist das im Traum deutlich zu erkennen, wenn der Sohn, der kleine Junge des männlichen Träumers, oder wenn das Töchterchen der weiblichen Träumerin auftaucht, sie stehen für Penis und Vagina, sie verraten die sehr frühe Verletzung des Ichs, und sie schleppen fokussiert, verschoben und codiert die sehr frühe, nicht erinnerbare Störung mit sich. Wenn eine Frau im Traum ihr Töchterchen leugnet oder vernachlässigt, dann ist das Mädchenhafte ihrer Existenz in frühen Jahren abgelehnt worden, oder sie sollte pränatal ein „ein Junge werden". Sie hat den Komplex mittlerweile übernommen, stark verinnerlicht und drückt im Traum aus, dass sie keine Lust an der Frauenrolle hat (am Sex als Weib).

Es wirken in der Sexualitätsstörung auch sehr stark die Erlebnisse der Eltern oder Großeltern nach. Z.B. beruhen Frigidität und Anorgasmie der Frau nicht selten auf dem starken Bemühen der Mutter oder Großmutter, auf keinen Fall schwanger zu werden. Enkelin oder Tochter tragen genau diese Absicht dann unbewusst aus. Impotenz beim Manne hat, wie Ähnliches bei der Frau, nicht selten mit einem Todnähe-Erlebnis oder mit einer Todespanik im Uterus oder Geburtszustand zu tun. Und ebenso auch mit dem fernen vergessenen Bemühen von Mutter und/oder Erzeuger, beim Sex nur ja nicht eine Schwangerschaft zu verursachen. Ein nicht eingehaltener Coitus Interruptus findet sich bei der scheinbar unbegreiflichen Impotenz oder Impotentia Coeundi eines Nachkommen wieder. Als letztes Glied der Kette drückt er zwanghaft und unbewusst, und zu seinem eigenen Schaden bezüglich seiner Lust, den alten geheimen Sippschaftswunsch, per Komplexwanderung, aus: ‚Nur ja keine Ejakulation'. Seherische Menschen können in Träumen auch erleben, dass Nachkommen mit einer Sexualstörung für die Vergehen von Vorfahren ‚bestraft' werden. Entkleiden wir die Szene des Straf-Charakters, bleibt die bekannte Tatsache zurück, dass Taten und Traumata von Eltern, Großeltern in vielen Bereichen stark nachwirken.

Sinn-Antworten

Im Glück spielt die Frage nach dem „Sinn des Lebens" nicht so eine große Rolle wie im Leid. Im Gegensatz zu Sigmund Freud, der als Atheist behauptete, einen Sinn des Lebens gebe es objektiv nicht, liefert der Traum zum anscheinend Sinnlosen eine logische Kausalität: Nichts geschieht ohne Grund. Zufälle erscheinen dem Menschen nur als solche. Der Traum kann Hintergrundwissen zu allen Phänomenen liefern. Allein dass er schon über die Wahrheit der vergessenen, unbewussten Geburt aufklärt, liefert verständliche, logische, erhellende Ursachen für eine Reihe von sonst zufällig erscheinenden Charaktereigenschaften. Der Traum produziert ein Ergebnis nach den Prinzipien: Ursache und Wirkung. Dabei findet sich oft die Erstursache oder die Urcausa am Ende des Traums. Für jeden Zufall oder ‚Zufall' gibt es eine geheime Erklärung. Und Verstehen liefert bereits Sinn-Elemente. Ohne Grund, aus dem Nichts, geschieht nichts. Es ist geradezu ein Merkmal des Träumens, dass die logischen Gründe für das am Tag Unverstandene aufgesucht und dargestellt werden.

Wenn man mit dem Bild etwas anfangen kann, dass Buddha der „Erwachte" (nicht Gott) ist unter Schlafenden, und Jesus (ein Prophet) der Nüchterne unter Trunkenen ist, oder auch dass Sokrates weise sagt: „Ich weiß, dass ich nichts weiß", kann man vielleicht akzeptieren, dass des Menschen Erkenntnis sui generis eingeschränkt ist. Eine Ausnahme machen die Erleuchteten und die Träumer. Nach Platon muss jeder Mensch, wenn er auf die Erde kommt, den Becher des Vergessens trinken. Erst im Finale, wie in den „Nahtoderlebnissen", stellt sich das große, überraschende (Wieder-)Erkennen und Verstehen ein – gerade auch über den Sinn einer Biografie und des Lebens allgemein. Innerhalb des Erdenlebens aber agieren wir auf der Basis von Wagnis, Risiko, Unsicherheit, Nichtwissen. Besonders im Leid, bei Unglücksfällen oder persönlichen Katastrophen quält uns das Nichtwissen. Das Nichtverstehen verhindert Akzeptanz, führt im Gegenteil zum Gefühl der Absurdität. Sinnlosigkeit ergreift uns, und sie wird behauptet. Absurdes kann man nicht oder kaum ertragen. Umgekehrt kann der Mensch mit einer Antwort auf das quälende „Wozu, Warum?" enorm viel ertragen, hat eine hohe Resilienzrate, Widerstandskraft. Wenn ich weiß „wofür", kann ich Schmerzen aushalten.

Der Mythos des Sisyphos besagt, dass Sisyphos als Strafe in der Unterwelt, dem altgriechischen Tartaros, ewig einen Felsbrocken einen Berg hochwuchten muss, der immer wieder herunterfällt. Ein absurdes Leben. Auch wenn der Philosoph Camus das Ja-Sagen zum Sinnlosen (zum Welt-Ist-Bestand) als Existenzlösung versucht, propagiert, hilft es dem Menschen in der Praxis keineswegs, sich ein Beispiel an Sisyphos zu nehmen. Ein Ja zu Sisyphos ist eher eine Konstruktion, ein philosophischer Dreh, denn in der Realität des Menschen gibt es die Option, Hoffnung, dass irgendwann einmal der Felsbrocken denn doch oben bleibt (1); und das Sich-Abmühen ist nicht mit nachweislicher Sicherheit ausschließlich absurd (2). Mit „Sinn" im Auge oder im Hinterkopf oder im Herzen – engagiert sich der Mensch auch bei der schwersten Arbeit, im Schmerz und im Leid.

Sinn-Antworten, in Träumen, führen zur Heilung, insofern sie helfen, sich selbst endlich zu verstehen, zu verzeihen, zu vergeben. Die eigenen Unarten und das Abgelehnte werden durch Verstehen gemildert, sie können akzeptiert werden, da sie logisch entstanden und nachvollziehbar sind und nicht absurd oder blind oder zufällig. Der Traum hilft sich anzunehmen, im Sinne dieses Selbstgesprächs: ‚So ist es also. Und so ist es gut. Es passt doch zu mir. Nun überrascht es mich nicht mehr. Es hat auch sein Gutes. Der Leidensdruck hat als Nebeneffekt einen interessanten Wert produziert. Bzw. so wichtig ist der Schaden gar nicht'. Oder: ‚Mit so einem Trauma kann man denn doch leben. Ich bin okay, und ich reagiere normal (!). Ich vergebe und verzeihe mir. Denn es ist keineswegs überraschend abgelaufen. Auch meine Eltern verstehe ich nun. Wie gesetzmäßig läuft das doch alles in der Psyche ab. Auch meine Neurose ist kein Wunder oder Drama, sie ist nicht absurd, sondern logisch nachvollziehbar, es verbirgt sich dahinter ein wertvolles Stück Seelenleben'.

Im Traum kann man erkennen: Der Mensch ist ein großer Computer, und sein eigentlicher Motor, seine Schöpfungskraft im Innern, ist die Programmierung, ist das unsichtbar bzw. mittlerweile vergessene, aufgespielte Programm sowie der noch unsichtbarere Programmierer dahinter. Programm und „Unbewusstes" kann man gleichsetzen. Die Logik der Software zu erkennen heißt schon auf dem Weg zu sein, dem Sinn nahe zu kommen. – Träume erleichtern es auch, sich selbst nicht so wichtig zu nehmen. „Selbstvergessenheit" ist ein erster Schritt zur Weisheit. – Die automatischen psychologischen Gesetzmäßigkeiten zu verstehen, wie bei Freud oder Descartes, entlastet und mildert die übliche, krankmachende Schuld-, Anklage-, Vorwurfsmanie ab. Spiritualität und stoische Größe erlangt man durch den Blick auf den unbekannten Programmierer hinter der Schöpfung und dadurch, dass man die Wichtigkeit seiner Persönlichkeit relativieren kann. Die Anhaftung sinkt, und die Traumaufklärungen helfen zu einem befreienden Verstehen der Dinge.

Wenn der Träumer in Angst vor dem Fluss steht und fragt, es sei doch wichtig, ob man schwimmen könne, wenn man in den Fluss steigen wolle oder müsse, dann antwortet der Vater Rhein: das sei egal. Und auf die nächste Frage, dass die Fließrichtung zum Überleben, bei etwa einer Durchquerung, wichtig sei, antwortet der Flussgott wieder im Traum: das sei egal. Mit dieser Antwort wacht man auf. Und hat vielleicht gelernt, sich nicht zu viel Entscheidungslast und Verantwortlichkeit auf die Schultern zu packen, für den Alltag. Die Träume liefern Gelassenheit, und auch immer wieder Informationen darüber, dass es eine pränatale Existenz ebenso wie eine postmortale Existenz des Menschen gibt, sowie, dass wir uns alle irgendwo und irgendwann „wiedersehen", dass also schließlich die Wiedergeburt als Idee, Grundkonzept zutreffend ist. Die Träumer und die Sterbenden wissen: „Es ist egal, welchen Weg man geht". Welchen Lebensweg und welche Entscheidung man auch immer getroffen hat, „wir kommen am Ende alle da an, wo das Ziel ist", d.h. in der Entwicklungsstufe, in der wir landen sollten. Im Mandala, in den vier Himmelsrichtungen und im Labyrinth gilt: alle Weg sind okay, sie führen dich zu genau deinem Ziel. In der Wahrheitsebene, die weit hinter den Galaxien liegt, gibt es nichts Falsches; das zeigen die Träume entlastend.

Die vorübergehenden, in die Zeit geworfenen Lebewesen sind „Träger" des Lebens, des übergeordneten Programms, des kosmischen Intelligent Designs. Du bist ein Tropfen im Ozean, nicht der Schöpfer des Wassers. Der Vogel in dir, der Phönix aus der Asche, der Kranich, die Ba-Seele verlassen im Tod das „Spiel". Tatsächlich: game over. Aber das All und die Existenz von dir gehen weiter. Vom Einzelleben ist der Kosmos nicht berührt und abhängig. Als Mensch spielst du das Spiel des In-Erscheinung-Tretens und Vergehens. Die Hintergrundenergie lebt sich in dir und in Millionen anderer Lebewesen aus. Du bist Trägersubstanz für etwas, und insofern partizipierst du an etwas Höherem. Das vorübergehende Nicht-Seiende drückt das Seiende aus, auch du tust das. Nach jeder Schöpfungsperiode oder Individualität kehrst du in den Ewigkeitspool zurück. Du hast deine „Rolle" gespielt. Dieses momentane Theaterstück ist nun zu Ende, die Aufgabe ist erledigt, mehr nicht. In der „Bibliothek" der Schöpferkraft, so kann man es im Traum sehen, gibt es viele Artikel/Stichworte, gar noch mit Unter-Absätzen, die alle durchgespielt werden müssen, nach den Gesetzen der übergeordneten „Notwendigkeit" (Ananke = griech. anagke = „Zwangsläufigkeit"). Jedes „Kapitel" in dieser großen Buchsammlung ist wichtig. Auch die Frosch-Neben-Rollen im Theater und die unangenehmen Lexikonartikel müssen realisiert werden. Der übergeordnete Sinn liegt in der Realisierung der 20 Bücher als Gesamt-Lexikon-Bibliothek. Dafür, nicht für sich allein, ist jedes Kapitel, als Klein-Buch deiner Biografie, wichtig. Rollen und Buch sind geschrieben, bevor du anfängst. Du „übernimmst eine Aufgabe", ein Segment aus den Millionen Kapiteln des großen kosmischen

Buches. Trägersubstanz, beseelt, beauftragt, bist du. Mittendrin, nicht draußen. Ist das zu wenig? Du gestaltest das „Leben", einen kleinen Part der „großen Bibliothek". „Du musst einen Beitrag leisten zu...", so meldet sich der Traum zu Sinn und Aufgabe. Du bist keinesfalls der Wichtigste, und dennoch unersetzbar.

Stellvertretung

Eine der wichtigsten Regeln für den ersten Umgang mit dem Traum, ebenso aber auch für die tiefen Schichten der Traumdeutung, ist die Berücksichtigung der Tatsache, dass im Traum für Objekte, Gegenstände, besonders für Personen, Stellvertreter gewählt werden und permanent gewählt werden können. Das hat zu tun mit der Denkweise des Unbewussten, welches assoziativ vorgeht, also in gewissem Gleichsetzungsverfahren. Das Unbewusste sagt also zu einer Frau beispielsweise: ‚Du bist ein dummes Huhn'. Ergo ist das Symbol „Huhn" dazu prädestiniert, im Traum für eine dumme Frau zu stehen. Es hat auch damit zu tun, dass die Bilder- und Vergleichssprache grundsätzlich die Sprache des Unbewussten und des Traumes ist. Die Symbolsprache und die Assoziation diktieren die Stellvertretungen. Es gibt also eine starke Kraft, Vergleiche und Analogien zu benutzen. Das Unbewusste ist ständig geneigt zu sagen: Das ist **wie wenn**–. Oder: Du bist **wie**– (diese oder jene Person). Oder wenn jemand von dem neuen und interessanten Urlaub erzählt, meint mein Unbewusstes zu dem Gegenüber, dem Erzählenden: Das ist **wie** ..., nämlich wie bei mir im Urlaub, vor 10 Jahren, obgleich es sich meilenweit unterscheiden kann. Es kommt hinzu, dass man manchmal eine mangelnde Erkenntnis hat und mit einer Vergleichsperson oder -szene etwas viel besser ausdrücken kann. Und es hat auch damit zu tun, dass bestimmte Personen im Unbewussten einem Tabu unterliegen, dass man sich also nicht traut, diese Person in ihrer Nacktheit und Wahrheit direkt darzustellen, oder gar sie anzugreifen, sondern entschärft in einer Analogie. Das Stellvertretungs- und Vergleichswesen hat insgesamt mehrere Gründe, vielleicht ist noch ein Hintergrund derjenige, dass unsere Ichs sowieso nicht so abgeschlossen sind bzw. fest abgegrenzt definiert sind gegenüber anderen Ichs, besonders nicht im Unbewussten und im Traum. Jedenfalls geschieht es in den Träumen ständig, dass ein Stellvertreter eingesetzt wird oder für etwas herhalten muss. Verdrängungen, Tabus, Unkenntnis können es steigern, dass man zu Stellvertretern greift.

Besonders für die Eltern gibt es passende Stellvertreter, ein Freund kann den Vater vertreten, eine Freundin die Mutter. Vertreter für den Vater können auch sein der Regierungschef, das Kirchenoberhaupt, der Lehrer, der Schulleiter, der Polizist. Aber auch Tiere können stellvertretend stehen, für Männer z.B. gern der Hund. Die Chefin oder die Lehrerin oder die Kollegin im Traum kann oft verraten, dass es im Traum eigentlich um eine Mutterauseinandersetzung geht. Raubende Kinder im Traum können einen gewissen seelischen Raub in der Kindheit andeuten, gegen den zu wehren sich nicht gehörte.

Eine ganz subtile Form von Stellvertretung betrifft die Rolle des Ichs im Traum. Es ist durchaus möglich, dass das Ich die Rolle, den Standpunkt, die Position von anderen Personen ausdrückt, wovon aber im Traum selbst nichts zu merken ist. Erst nach gründlicher Analyse des Traumes stellt man in Einzelfällen fest: ‚So fühle ich doch gar nicht, so kann ich gar nicht fühlen. Von welcher Person drücke ich denn hier eine Aktion oder auch ein Empfinden oder Affekte aus, was fatalerweise im Traum als Ich-Position daher geht?' Vertreter von spirituellen Gedanken und Büchern haben es verschiedentlich angemerkt, dass in Reue- und Mitgefühlszuständen oder in Nahtodzuständen oder auch in tiefer Meditation ein agierendes Ich genau das fühlen kann, was es einer anderen Person antut, im Positiven wie im Negativen. Das kann auch die Vergangenheit betreffen, dann spürt man in solch extremer Empathie-Situation sozusagen das am eigenen Leib, was man irgendwann jemandem angetan hat. Auf der anderen Seite wissen wir, dass gerade im Unbewussten das Ich keine Abgrenzung hat, sondern verbunden und verstrickt ist mit all den anderen Ichs. Die Ich-Abgrenzung hat nur mit dem Bewusstsein zu tun, mit den tiefen Schichten des Unbewussten aber gerade nicht. Deshalb gibt es da auch die mystischen Einheitserfahrungen. Womit es auch immer zusammenhängt oder zu begründen ist, es ist jedenfalls eine frappierende Tatsache, dass das Ich im Traum fühlt und agieren kann in einer Position, welcher einer anderen Person entspricht. Schon bei Geschwisterträumen sind Bruder und Schwester und die Ichs nicht immer leicht zu trennen, und auch nicht nur als Schattenseiten im C. G. Jungschen Sinne zu verstehen, sondern auch manchmal als austauschbare Positionen.

Am häufigsten kommt vor, dass das Ich im Traum tätig ist und fühlt, so wie es der Mutter ehemals erging oder wie es im Unbewussten des Vaters aussah. D.h. praktisch, die Stimmungen, Erlebnisse und Wertungen, die eine Mutter ab der Zeugung und besonders in der Schwangerschaft und besonders auch in der Geburt hatte, treten nicht selten auf als Gefühls- und Handlungspalette, die das „Ich" des Träumers auslebt. Die Berücksichtigung dieser Tatsache bei der Traumdeutung ist deshalb wichtig und muss betont werden, weil man im ersten Moment überhaupt nicht daran denkt, dass das Ich im Traum ein anderer ist oder eine andere Position übernimmt. Man kann natürlich erklären, gerade zwischen Mutter und Kind ist die Symbiose lange Zeit sehr eng, und dann muss es nicht unbedingt überraschen, dass, wenn man selber über seine eigene Schwangerschaft träumt, das Ich dabei die Position der Mutter einnimmt. Das Ich eines Sohnes kann sich, geheim und unerkennbar, im Traum so benehmen, wie sein Erzeuger ehemals, ob er nun Schwierigkeiten mit der potenziellen Mutter und Schwangeren hatte, ob er nun nicht zeugen wollte und nach der Ejakulation sozusagen schnellstens floh, oder ob er vielleicht schon bald nach der Zeugung irgendwo den Tod fand – alles das ist in den Träumen eines Sohnes möglich, auch wenn er nie darüber informiert worden ist. Ich wiederhole, dass es überraschend ist und dass man diesen Traummechanismus gern übersieht. Man kann ihm aber auf die Schliche kommen, wenn bekannte Fakten zu bestimmten Träumen beweisen, dass das Gefühl, was das Ich im Traum hatte, nicht das eigene gewesen sein kann, sondern allein das Gefühl der schwangeren Mutter gewesen sein muss. Nehmen wir als krasses Beispiel aus den Träumen den Fall, dass die Mutter sich damals gefreut hat darüber, dass es ihr gelungen ist, ihre Frucht einem anderen, z. B. dem offiziellen Ehemann, unterzuschieben und den echten Vater zu unterschlagen. Die Freude darüber, kann das Ich des Träumers selbst nicht gehabt haben, denn das ist ein Identitätsraub, ein Diebstahl, ein Verlust, ein Negativum. Ähnlich kann man in einem Traum von der Logik her erkennen, in welchem ein männliches Ich nach einer Befruchtung Hals über Kopf sich davon macht, dass das die Haltung des unbekannten Vaters gewesen sein muss, und zwar in dem Fall, wenn man als Träumer genau weiß, dass man selbst bei seinen Zeugungen sich so absolut nicht verhalten hat.

Im Sinne der modernen Systemischen Psychologie ist es überhaupt nicht überraschend, dass Gefühlsstandpunkte, Erlebnisse, Komplexe wandern können; alle sind miteinander verstrickt. Besonders gerne übertragen sie sich zwischen Vater und Sohn oder zwischen Mutter und Tochter oder zwischen Enkelin und Großmutter. Das Ich im Traum einer jungen Frau wird z. B.

vergewaltigt, ist aber faktisch nie vergewaltigt worden, sondern die Großmutter in Kriegszeiten. Die junge Frau lebt und träumt den Komplex der Oma. Es braucht also bei der Deutung der Träume oft Zeit und Kenntnisse über die historischen Fakten, bis man erkennt, dass das Ich im Traum eigentlich die Erlebnisse einer anderen, nahe stehenden Person ausdrückt. Man spricht hier von Verstrickungen oder ähnlichen Vorgängen innerhalb von Sippschaftsmitgliedern, oder man spricht von einer größeren Familienseele, die die Seelen der individuellen Familienmitglieder überragt und einbindet. Wie genau das abläuft, hat die Wissenschaft noch nicht genügend auf den Begriff bringen können. Aber die Zusammenhänge existieren zweifellos. Es ist schon mehrfach beobachtet worden, dass ein Sohn mit z. B. 42 Jahren dann selbstmord-gefährdet ist, wenn der Vater sich im Alter von 42 Jahren umgebracht hat, selbst wenn der Sohn von dieser Geschichte wenig oder nichts weiß. Sein Ich trägt diesen Inhalt. Wir sind enorm mit den Schicksalen unserer Clan-Mitglieder oder unserer Vorgeschichte verbunden. Im Traum und im Unbewussten tritt das mehr zutage als im Bewusstsein.

Subjektstufige Traumdeutung

Es gibt verschiedene Methoden, Träume zu deuten. Wissenschaftler haben unterschiedliche Traumdeutungstheorien vorgestellt. Zum zweiten gibt es über das Verständnis der Symbolsprache selbst unterschiedliche Meinungen. Drittens unterteilt man noch grundsätzlich in eine subjektstufige Traumdeutung und in eine objektstufige. Einen Traum subjektstufig zu deuten heißt, ihn primär als Informationsspiegel über den Träumer anzusehen. Bei dieser Interpretation wird außer acht gelassen oder auch negiert, dass der Traum auch Informationen über andere Personen oder Objekte beinhalten könnte. Es wird angenommen, dass alle Einzelheiten des Traumes sich nur auf den Träumer, d.h. das träumende Subjekt beziehen. Nach dieser Ansicht bildet ein Traum also nur innerpsychische Vorgänge ab. Er stellt die Verhaltensweisen und Charakterseiten nur eines einzigen Subjekts dar. Dann ist der ganze Traum eine Art Selbstbegegnung (Spiegel), natürlich nicht mit dem eigenen Bewusstsein, sondern mit dem Unbewussten. Man deutet also die Einzelheiten eines Traums als Chiffren für die Seelenteile einer Hauptperson, mögen diese auch überraschend sein. Auf diese Weise nimmt man den Traum als Selbstdarstellung an und kann ggf. Verdrängungen, Projektionen zurücknehmen. Die Traumproduktion ist eine Entäußerung des eigenen Unbewussten, und nur als solche wird sie auch gedeutet.

Praktisch heißt das, dass Personen und Objekte im Traum, wie beispielsweise der Vater oder der Sturm, Innerseelisches abbilden und ihre Symbolik so zu übersetzen ist, dass es um die vater-ähnliche Seite des Träumers geht sowie um den ‚Sturm' in seiner Mentalität. Die bösen Tiere im Traum und auch die Verfolger sind dann eigene Qualitäten. Subjektstufig zu deuten kann einen Erkenntnisgewinn bringen, da man so abgespaltene Inhalte von sich selbst ansehen kann und integrieren kann. Die Widerstände im Traumgeschehen sind keine Feinde da draußen, sondern werden als innere Hemmnisse gesehen. Ggf. handelt es sich um eine ganz unbekannte Wesensseite des träumenden Subjekts. Bausteine der Selbsterkenntnis sind dann alle Traumelemente. Der Schaffner, der im Traum dem Träumer die Weiterfahrt und die Fahrkarte verweigert, wird verstanden als innere Hemmung, die eine Entwicklung und eine Identität unbewusst stören. Therapeutisch hat diese Methode den Vorteil, dass man gezwungen ist, sich mit dem Unbewussten auseinander zu setzen. Projektionen können zurückgenommen werden, abgespaltene Seelenteile wieder angenommen werden. Die subjektstufige Traumdeutung hat also einen großen Effekt für die

Ehrlichkeit, die Selbstwahrhaftigkeit, die Identität und die Ganzheit des Träumers. Der berühmte Schatten einer Persönlichkeit kann angenommen werden, ähnlich auch solche unbewussten Seelenteile wie Anima oder Animus. Der Teufel steht scheinbar im Traum da draußen und bedroht – in Wahrheit ist er eine eigene Konstellation, die aber verdrängt ist. Selbsterfahrungen und Selbstbegegnungen gelingen mit der subjektstufigen Traumdeutung gut. Manche Wissenschaftler haben das betont: der Traum ist „deine" Produktion, und nur als solches ist er ernst zu nehmen. Da finden wir das Kaleidoskop menschlicher Charakterseiten. Der Held, der Verführer, der Verbrecher, der Liebende und der Hassende, auch der Engel: Sie alle sind Potentialitäten des Träumers selbst, insofern sie in seinen eigenen Träumen auftauchen. Selbstkritik gehört natürlich dazu, einen Traum primär subjektstufig deuten zu können.

Die subjektstufige Traumdeutung lässt sich gut in Rollenspielen, im Nachhinein, durchführen. Man versetzt sich spielerisch in jede Einzelheit des Traums, ob es nun eine Spinne ist oder ein Staudamm oder eine Blume. Lehrreich ist es, alle Gefühle, die auf diese Weise im Traum vorkommen, durchzuerleben. Hilfreich ist es, sich mit evtl. abgespaltenen Seelenteilen nachträglich zu identifizieren. Wie fühlt man sich als dieser „Verfolger" im Traum? In ihn sich hineinzuversetzen gibt Aufschluss. Es ist empfehlenswert, sowohl die subjektstufige als auch die objektstufige Methode der Traumdeutung, ggf. nacheinander, durchzuführen. Beide Methoden erhellen notwendige Aspekte und ergänzen sich. Natürlich widersprechen sie sich auch. Die Widersprüche müssen nicht zwingend aufgelöst werden. Denn Restwidersprüche bleiben in jedem Leben von uns und in der gesamten Welt. Und es gibt auf der anderen Seite eine philosophische Hintergrundwahrheit, dass nämlich Außen und Innen, Ich und Umgebung, Seele und Schicksal, in einem geheimnisvollen

Korrespondenzverhältnis stehen. Es gibt eine interessante Analogie zwischen oben und unten, außen und innen, Materie und Geist. Dort fallen nicht selten die scheinbaren Widersprüche zusammen. Die Objekte da draußen, in der objektstufigen Traumdeutung, entsprechen auf geheimnisvolle Weise dem Subjekt, d.h. der Innenwelt des Träumers bzw. dem Träumer subjektstufig. Eine vernünftige Trauminterpretation verwendet beide Methoden.

Suggestion:

siehe → **Positives Denken**
→ **Luzides Träumen**

Symbol

Die Symbolforschung hatte ihre Anfänge in der Philosophie und Altertumswissenschaft in Deutschland. Später fand sie ihre Heimat und ihren Schwerpunkt in der Psychologie. Es sind als Vertreter dieser auch als Bedeutungsforschung zu bezeichnenden Disziplin beispielsweise zu nennen: Sigmund Freud, Georg Groddeck, Friedrich Weinreb, Alfons Rosenberg, und besonders Carl Gustav Jung, in der Religionswissenschaft Manfred Lurker.

Der Begriff des Symbols leitet sich her von altgriech. „symbolon" (Wiedererkennungszeichen) und „sym-ballein" (zusammenwerfen). Ursprünglich geht es um Tonstück, Ring oder Münze, die zerbrochen wurden. Jeder von zwei Personen, die sich voneinander trennten, nahm eine Hälfte, ein Bruchstück mit (auf die Reise). In späteren, entfernten Umständen konnten die beiden Stücke, wieder „zusammengefügt", als Zugehörigkeits-Merkmal gebraucht werden, für die ersteren zwei Personen, aber mehr noch für die Angehörigen, Nachkommen, für Mitglieder des Clans usw. Das konnte Bedeutung z. B. für Gastfreundschaft, Unterstützung haben. Damit hatten die zusammengeworfenen Teile bereits eine höhere Bedeutung als Geld oder Ton. Die zwei Scherben waren „Symbol" von etwas, z. B. von Freundschaft, Zusammengehörigkeit, Sympathie.

Das Symbol illustriert zwei Ebenen: die dingliche und die übertragene bzw. geistige Bedeutung. Das Symbol „Rose" ist Pflanze, schöne Blume und zugleich ein Zeichen für Liebe. Ein Realitätselement und eine Bedeutung fallen im Symbol zusammen. Es hat nicht nur tieferen Sinn, sondern es ist auch (und bleibt) Wirklichkeit. Es wird gebraucht für Vergleiche, Assoziationen, für Allegorie, Metapher, Emblematik. Es ist Sinnbild, Sinn-Bild und Wirklichkeits-Bild. Das Symbol offenbart, und es verhüllt, es zeigt ideal das sonst Unsichtbare, etwas unpräzise vielleicht, schillernd, mit nicht abgeschlossenen Bedeutungsrändern. Es eignet sich besonders für die Darstellung des Unbewussten, ja die Bilder- und Symbol- und Archetypensprache ist geradezu genuin die Sprache des Unbewussten bzw. des Unsichtbaren bzw. des nicht physikalisch Messbaren.

Das Unbewusste weist sowohl wahre Informationen als auch Wünsche, Täuschungen auf, eben wie die Realität. Die Wahrheit im nicht manipulierten, nicht irrenden, nicht entfremdeten Symbol, in der natürlichen Symbolform dargestellt – das ist das, was uns interessiert am Traum. Die symbolische Wahrheit ist eine Offenbarung, eine Überraschung, eine Zusammenfassung, sie ist eine Fazit-, eine Extrakt-Aussage. Zwischen dem Symbol als dinglichem Bild und seiner übertragenen Bedeutung herrscht eine gewisse Spannung, die jeder Traumdeuter etwas anders ausfüllen mag. Diese Spannung ist intuitiv und persönlich. Aber die Übersetzung ist kollektiv und verbindlich, nur in kleinen Teilen individuell. Das Traumsymbol „Tisch" steht für

S „Beziehung", doch die Bedeutung „Beziehung" weist spannende Varianten, mögliche Individualitäten auf. Der Tisch ist konkret, und seine Bedeutung lässt sich nicht ganz oder abschließend mit der Ratio definieren oder begreifen, sondern eher nur empirisch. Ein „Tisch" wirkt auf den ganzen Menschen, auf Emotionen, auf das Haptische, auf Aktivität, auf Sehen, nicht nur auf den Verstand. Er ist ein handgreifliches Erleben, er ist Erlebnis plus Sinn. Deshalb ist ein Traumsymbol ein tieferes Erleben als ein logischer Vortrag. Mit Hilfe des Erlebnisses des vitalen Symbols kann man der Wahrheit näher kommen als sonst. Im apokryphen Philippus-Evangelium sagt Jesus: *„Die Wahrheit kam nicht nackt zur Welt (in den Kosmos), sondern sie ist gekommen in den Symbolen (typos) und den Bildern (eikon). Sie (sc. die Welt) kann sie nicht anders empfangen."* (Spruch 67). Das dürfte heißen: Die absolute und direkte Wahrheit kann vom Menschen nicht aufgenommen werden, wenn dagegen die geheime Wahrheit als Gleichnis, Bild, Parabel daherkommt, kann der Mensch etwas damit anfangen. Die Wahrheit muss ein Symbol = ein beispielhaftes Erlebnis, ein Wie sein oder ein Traumelement, nicht eine Theorie, sondern eine ablaufende Situation, ein Prozess oder eine Dinglichkeit sein – nur so kommt sie beim Menschen an. Sie muss eine archetypische Berührung sein, z. B. als Gefühl und Aktion und Modell, wie im Traum erlebbar, damit sie Erfahrung werden kann. Symbole sind Schlüssel, Zeichen einer Geheimsprache, in einfacher materieller Gewandung. Sie zwingen den Menschen zum Gleichnisdenken, zum analogen Empfinden, zum Mit-Empfinden, zur Empathie, zum Mit-Leiden. Durch Symbole kommen vergrabene, vergessene, verdrängte Anmutungen, Besetzungen, auch geheime Werte, ans Tageslicht, zum Vorschein. Das Unbewusste denkt assoziativ, Symbole agieren auch assoziativ. So holt das Symbol die Wahrheit aus dem Unbewussten ans Licht. Die Wahrheit übrigens, so sagt Jesus in den apokryphen Evangelien, ist „eine", aber sie kam „als Vielheit" in die Welt, damit die Menschen besser mit ihr umgehen können.

Symbolik

Unter Symbolik versteht man die nicht rationale oder mathematisch-logische oder wissenschaftliche Darstellung eines Sachverhalts. Eine Aussage, Information wird mit der Symbol- oder Bildersprache getätigt. Symbolik als Sprachmittel ist typisch für die Mythologie, die Märchen, die Literatur, die Kunst oder in unserer Zeit für Werbung, Film, Propaganda u.a.m. Weiter versteht man unter „Symbolik" die Bedeutung einer Handlung, eines Rituals, einer Geste, eines sprachlichen Vergleichs. Hier berührt Symbolik schon den Sinn einer Geheimsprache, die erst entschlüsselt, in das Verstandesdenken übersetzt werden muss, die dennoch aber schon per se eine erlebbare, ahnbare, fühlbare Aussage ist, die quasi mit allen anderen Sinnen als mit der Ratio schon gefasst, begriffen werden kann, intuitiv.

Man könnte sagen, je kopfbetonter und unsensibler ein Mensch ist, umso weniger spricht ihn die Bedeutung der Symbolik spontan an. Das Terrain der Symbolik sind Traum, Kunst, Religion. Die Aussagen des Unbewussten, ob beispielsweise als Mystik oder als Traum, bedienen sich ganz bevorzugt der Symbolik. Die symbolischen Sprachelemente sind wie außer- und vor-rational, nicht fern des Bewusstseins, aber in ihrer Bedeutung fast wie außerhalb oder am Rande des Bewusstseins. Die Symbolik eignet sich hervorragend, um unaussprechbare Erkenntnisse, die terra incognita, jenseits der Grenzen des Ichbewusstseins auszudrücken. Man könnte auch sagen: einfach um das, was man „fühlt", auszudrücken. Sie eignet sich auch für Stumme und für solche, die die Fremdsprache des andern nicht kennen.

S Zwar scheint die Symbolik als Sprachmittel oder Stil unpräziser, aber sie kann das Allgemeine und besonders die tiefere Weisheit, die überraschend und anderweitig kaum ausformulierbar ist, ausdrücken. Alle Ereignisse, ob Prozessionen oder Traumsequenzen, ob Lieben oder Kriegführen, strahlen eine Symbolik aus – die Frage ist nur, ob man einen Sinn dafür hat, wie ein Schamane, ein Erleuchteter, ein Kind, ein Träumer, ein Sänger, ein Tänzer oder ein Poet (nicht nur der betonte Symbolist, Surrealist). Es fehlt der Lehrstuhl für Symbolkunde an den Universitäten – Ansätze gibt es in der Religionswissenschaft, der Psychologie, der Stoff- und Motivgeschichte der Literaturwissenschaft oder im Fach Kunst. Jeder Traumdeuter muss solchen Lehrstuhl für sich in eigener Arbeit errichten. Goethe sagt treffend: „Alles Vergängliche ist nur ein Gleichnis". Der Traumdeuter muss jede Einzelheit als symbolisches Gleichnis lesen oder wenigstens lesen können. Ohne dieses Können sollte er etwas anderes bearbeiten. Ohne Symbolkenntnis, mag er schulpsychologisch noch so gut sein, richtet ein Traumdeuter Unheil an. Denkbar ist, dass nicht nur der Traum, sondern auch die Realität lediglich ein „Gleichnis", eine Symbolik ist, im Sinne Goethes oder im Sinne des Hinduismus (die Welt als Illusion) oder im Sinne der Gnostik (ein Abbild, eine imitatio dei) oder im Sinne des Koran: im Tod wachen wir aus einem Traum (einer symbolischen Realität) auf.

Symbolik liegt vor, wenn ein Gegenstand oder ein Prozess eine intuitive, gebundene, vorgegebene Bedeutung hat. Symbolik ist in der Regel nicht willkürlich, wie etwa in einer künstlerischen Kreation oder Setzung – sondern es geht um relativ feste Bedeutungen, mit langer Tradition und ständigen empirischen Bestätigungen. In dieser Funktion wird die Symbolik für die Traumdeutung benutzt.

Symbolisierungszwang:

siehe → Wiederholungszwang

Synchronizität

Die alte ungelöste Menschheitsfrage, ob der Ablauf unserer Biografie auf Zufall beruht oder auf einer geheimnisvollen Vorherbestimmung, versucht Carl Gustav Jung, der Schweizer Psychologe, mit dem Begriff der Synchronizität annähernd zu beantworten. Es gibt im Leben wie im Traum Zusammenhänge, die wie blinder Zufall erscheinen, von denen man aber spürt und ahnt, dass ihr paralleles Auftreten irgendwie mystisch oder von der Symbolik her zwingend aufeinander bezogen ist.

Ein simples Beispiel: Sie sind am Morgen durch einen Ort namens Fischenich gefahren; am Nachmittag hat der Herr Fischbach, einer von ca. 100 Kollegen, ein Gespräch mit ihnen geführt; abends wird ihnen ein Fisch serviert, den jemand in einem Bach geangelt hat. Jetzt kommt noch hinzu, in der Nacht träumen sie von Fischen. Nun wird ein so betroffener Mensch stutzig, aber kann es sich nicht erklären. D.h. bei Synchronizitäts-Ereignissen ist ein kausales Verstehen, das der menschlichen Ratio entspricht, nicht möglich. Aber die Intuition wundert sich über das seltsame synchrone Auftreten eines speziellen Motives, und zwar in Bereichen, die scheinbar nichts miteinander zu tun haben. Jeder kennt solche Phänomene, und man kann sie auch nicht ganz auflösen. Es ist eine seltsame Deckungsgleichheit von kuriosen Äußerlichkeiten und berührenden Innerlichkeiten, die mit der Logik nicht zu greifen und zu begreifen sind. Aber man hat das Gefühl, manchmal untrüglich: das kann kein Zufall sein.

S C.G. Jung hat mit dem Physik-Nobelpreisträger W.Pauli diese Synchronizität abgehandelt, in einem speziellen Buch, und als Ergebnis entnehmen wir die Annahme, dass hinter den Kulissen des Sichtbaren und des Logischen eventuell eine Ordnungsmacht tätig ist, der Sinn eignet und der das Zusammenfügen eignet. Wir haben mit der Synchonizität eine dritte Kategorie neben Zufall und Notwendigkeit.

Im Traum gibt es dazu gern folgende Auffälligkeit: Es spielt sich ein stark emotionales Geschehen ab, und irgendwo fern taucht eine Figur auf, scheinbar ganz unbeteiligt oder aus einer Szene von 30 Jahren zuvor, die aber vielleicht per Name oder per Kleidung eine kleine seltsame, aber treffsichere Affinität zu dem emotionalen Geschehen hat. Auch hier kann man weder im Traum noch bei der Deutung einen kausalen Zusammenhang erkennen – d.h. bei der Deutung doch, denn es ist kein Zufall, dass diese Figur genau da in dieser Szene, scheinbar am Rande, steht; sie verrät Wichtiges, sie gehört als Aufklärung dazu (nur oberflächig mag es wenig Sinn ergeben).

Ein anderes Beispiel für Synchronizität, als Ich-Erzählung: Es ereignete sich ein „Sturz", beim Abstieg von einem Berg, real, von der Damülser Mittagsspitze herab. Zuvor auf dem Gipfel hielt mir ein Fremder, wohl ein Alkoholiker, eine nicht angefragte Rede, nämlich einen Vortrag, über das „Stürzen" (in einer anderen Berggegend, in seiner Heimat). Er betonte, man müsse vorbeugend eine „Gegenbewegung" (= eine Art Gewichtsausgleich) in seinem Kopf, Programm, Verhaltensreservoir haben, sich eingeprägt haben – wie er es tue. Dabei fuhrwerkte er mit seiner Bierflasche in der Hand herum, mir vor der Nase. In der Nacht zuvor hatte ich von einem „Sturz auf einem Bergsteig", einem felsigen, geträumt, der wie in der Realität denn doch glimpflich ablief (nur äußerliche Blessuren). Ein Franzose ging am Tag des Sturzes hinter mir und sagte zu mir: „trois fois" hätte ich mich gedreht beim Sturz. Hatte ich mich intuitiv und geschickt „gegen-bewegt", wie der Alkoholiker meinte? Mittags erzählte mir ein Mitglied der örtlichen Bergwacht, dass im letzten Jahr jemand tödlich an dieser Mittagsspitze abgestürzt sei (das hörte ich zum ersten Mal). – Hier liegen die Bedingungen von C.G. Jungs Synchronizität vor: Ein unerklärbarer Parallelismus (!) von Ereignissen, seelischen Zuständen, Gedanken, von Fakten und Phänomenen. Die Motivgleichheit legt nahe, dass es hier ein unsichtbare, nicht verstehbare, höhere Anordnung, hinter den Kulissen, gibt, zentral angeordnet um das mystische Motiv „Sturz".

Im scheinbar akausalen Synchronizitätsmuster gehören Träume eng zu den Tagesereignissen – und so spielt sich wohl auch unser ganzes Leben ab, in diesem nicht auflösbaren Spannungsbogen von Zufall, Destination und Logik. „Schicksal" nennt man gern diese „Anordnung." Man könnte einen einfachen Schluss zur Traumdeutung daraus ziehen: Dein Traum gehört, auch wenn nicht erkannt/begriffen, zu deinem aktuellen Leben. Er ist zu deinem Tagesablauf ein Synchronizitätsphänomen. Es gibt viele unsichtbaren Verknüpfungen im Schicksal.

Systemische Psychologie

Man spricht auch von Systemischer Familienpsychologie. Sie öffnet die Augen dafür, dass Mitglieder einer größeren Gruppe, z.B. einer Familie oder einer Sippschaft, miteinander „verstrickt" sind. Das meint, es gibt in dieser Gruppe frei floatende seelische Inhalte, die in einem Gruppenmitglied eine besondere Manifestation und Verstärkung erleben und dort vielleicht auch so stark ausagiert werden, dass es bis hin zu einer seelischen Krankheit reicht. Man spricht dann vom Indexpatient oder vom

Symptom-Träger (der ganzen Gruppe). Unter anderem ist das vielleicht vergleichbar mit dem biblischen Sündenbock. Gerade Kinder und Liebende nehmen energiereiche, tabuisierte Komplexe des Clans auf sich; das macht auch insofern Sinn, als dass dadurch die Gruppenanführer befreiter und gesunder sind und so auch wertvoller für das Gesamtüberleben der Gruppe (Überlebensvorteil der Gruppe). Die „verdrängten" Inhalte wandern bevorzugt, sie haben die höchste Energie, sind die bekannten „Familiengeheimnisse" welche als Tabus und Verschwiegenes, wie U-Boote, Generationen durchlaufen. So äußert sich dann in einem Indexpatienten die „Macht des Clans".

Unsere Träume sind voll von Traumata, verdrängten Geheimnissen, auch von besonderen Erfolgserlebnissen unserer Anverwandten. Sehr offen sind die Wanderungsschranken zwischen Enkelin und Großmutter. Die Systemische Psychologie therapiert also Gruppen, Familien und nicht primär den Einzelnen – um es vereinfacht auszudrücken. Natürlich wusste man schon lange, dass jeder Mensch in einem Netz, in einem sozialen Verband, in einem Milieu steckt und dass seine Besonderheiten indirekt die Besonderheiten der Gruppe wiederspiegeln können. Im Grunde hatte Carl Gustav Jung mit seiner Entdeckung und Beschreibung des kollektiven Unbewussten schon die empirischen und theoretischen Grundlagen für die Komplexwanderungen innerhalb eines Clans gelegt, aber leider wird er in der Systemischen Psychologie zu wenig gewürdigt. Außerdem wird dort tendenziell ignoriert die sogenannte „Familienaufstellung" oder das „Familienstellen" (u.a. nach Bert Hellinger). Hier lässt sich in Rollenspielen die Verstrickung innerhalb eines Clans ziemlich handfest und schnell erleben. Spielszenen haben bei der Erkenntnis des Menschen einen Vorzug gegenüber theoretischen Modellen. Allerdings ist die Ausbildung zum Aufsteller nicht genormt und geprüft, so dass sich auch manch ein

Unfähiger an dieser Technik versucht. Die Familienaufstellung lässt erkennen, dass unser Schicksal größer ist als unsere Individualität und dass es eine größere Seele gibt als die Einzelseele. Die Verstrickung mit dem Clan fällt in Träumen immer wieder auf.

siehe auch → Komplexwanderung

T

Tat twam asi

Das ist Sanskrit/Altindisch und bedeutet etwa: „Das alles bist Du". Damit ist ein karmischer Gedanke gemeint, nämlich: Alle Ereignisse, Erlebnisse und Personen in der Außenwelt sind nur scheinbar andere, eigenständige Phänomene, in Wahrheit spiegeln sie Facetten, Informationen vom Erlebenden selbst bzw. vom eigenen Karma, Wesen, Unbewussten, Schicksal. Alle Begegnungen sprechen eine Information aus über dich selbst (und sind nicht zufällig). Mit anderen Worten: Du begegnest immer dir selbst. Die äußere, eigenständige, vom Erlebenden unabhängige Welt ist tendenziell eine Täuschung, ist der „Schleier der Maya" (Illusion). Wenigstens besteht neben der Realität in der Ding- und Außenwelt zugleich und parallel ein Informationscharakter über deine Seele, dein Unbewusstes, dein Karma, eben diese Art ständiger, verdeckter Selbstbegegnung. Die Entscheidungsantwort, ob die Welt da draußen und die Geschichte ein eigenständiges Sein haben oder ob alles primär nur Spiegel, Selbsterfahrung von erlebenden Subjekten ist, lässt sich nicht einfach finden.

In der Traumdeutung bedeutet die Anwendung des Satzes „tat twam asi", dass die Träume grundsätzlich „subjektstufig" verstanden werden. Alle Personen und Objekte des Traumes gelten dann als indirekte Information über das Unbewusste des Träumers. Sie werden interpretiert als Aufklärung über Seelenteile des träumenden Subjekts. Die Objekte Vater, Kind, Raubtier im Traum werden dann so verstanden: kindliche Seele, väterliche Haltung, räuberische Absicht im Träumer selbst. Die Traumobjekte, Einzelheiten sind lediglich oder primär Elemente der Selbstbegegnung. Der Traum spricht dann so zu dir: „das alles bist du" (selbst)!

Vgl. auch → **Subjektstufige Traumdeutung** und
→ **Tibetisches Totenbuch**

Teppichträume

„Teppiche" als Traummotiv haben gern etwas mit unseren Anfängen zu tun. Als Basis unseres Lebens sollen sie hier gesondert erwähnt und gewürdigt werden. Wichtig ist dabei die Unterscheidung der Teppichunterlage vom Webmuster. Letzteres wird symbolisch auf die Materialunterlage aufgeknüpft. eingewoben, eingefügt. Es gibt Geburtsträume, besser gesagt Träume zur Zeugung und Schwangerschaft, in denen eine archaische oder archetypische oder so empfundene Szenerie illustriert und belegt wird, nach der zuerst das sogenannte „zelluläre Gewebe" im Mutterbauch entsteht bzw. vorhanden ist und dann erst sekundär diese Art von „Seele" hinzukommt. Der Traum zeigt dann, dass eine Teppichunterlage angekommen ist und dass darauf ein Webmuster angebracht werden soll, welches aus sehr vielen Einzelelementen besteht, welche die Eltern sorgfältig „zählen und sich merken sollen". Gemeint sind die vielen Biografie-Einzelheiten eines neuen Erdenbürgers, die als Muster ins

Material eingewebt werden. Der Mensch als Person ist insofern ein Teppich, als er aus Materie/Körper besteht und aus einem jeweils individuellen Webmuster (Bild), was das „Seelenwerk" ist.

Die häufigste Bedeutung des Traumsymbols „Teppich" ist die eines Bodens, einer Unterlage, einer Basis, eines Anfangs. Alle Bodenbeläge, Böden können für die Anfänge unseres Lebens stehen. Sie meinen die „Grund-Lage" unsres Werdens. Das Leben selbst ist dann gern Weg, Fahrt, Straße, manchmal Schule, Treppe. Unser Start als Bodenmotiv kann auch aus Kies, Steinigem (widrig), aus Sand (eher unsicher, ungut) oder aus Lücke oder Morast bestehen; ähnlich verweisen auch Schuhe, Sohlen, Socken im Traum auf unseren Anfang, unsere Basis.

Eine nicht seltene Sonderbedeutung des Teppichs gibt es analog der Redewendung: „etwas unter den Teppich kehren". Hier haben wir den „Teppich" als etwas Verdeckendes. Damit sind Lug, Betrug, Täuschung, Unterschlagung von Wahrheit, Illusion, Schönrederei gemeint, auch konkret z.B. eine Kinduntersichiebung. Diese Bedeutung betrifft Träume, in denen Unwahrheiten der Eltern aus der Anfangszeit gegenüber dem Kind aufgegriffen werden.

Wenn schließlich ein Individuum oder eine Biografie in spirituellem Lichte gesehen wird, wenn der transzendente Aspekt einer Persönlichkeit betont wird, dann haben wir den „fliegenden Teppich". Selbst wenn er manchmal zu einem Kulturgut als simples Zaubermittel herabgesunken ist. Das Motiv korrespondiert mit den typischen Flugträumen, genauer gesagt mit dem „Schweben", mit dem Out-of-Body-Erlebnis, was es sowohl in Träumen als auch in Entrückungen und Nahtod-Erfahrungen gibt.

Das Muster eines Teppichs ist das Konzept des ganzen Lebens, ist Biografie-Ablauf, Individualität, persönliche Aufgabe, Summe aller Lebenseinzelheiten.

Vgl. auch → Seniorenträume und
→ Schwangerschaftserinnerungen

Themenrangfolge in Träumen

Wir führen hier die Inhalte der Träume nach ihrer Häufigkeit auf. Das ist aber nur ein Annäherungswert. Insgesamt zeigt sich dem erfahrenen Traumdeuter durchaus eine Bevorzugung von Themen, aber nur als Tendenz, im Einzelnen ist die Reihenfolge natürlich nicht zwingend. Man kann auch die Häufigkeit der Traumthemen nach anderen Kriterien, Überbegriffen einteilen, z.B. nach Qualitäten oder Gefühlen, etwa nach „Angst" oder „Aggression" oder „Sex". Das findet sich in manchen Büchern, ist aber zu allgemein, denn Gefühle wie Freude oder Aggression können in vielen Träumen als Beiwerk oder vorübergehendes Mit-Auftreten erscheinen, ohne den Kern des Traumes wirklich zu bezeichnen. Welche Themeneinteilung man auch wählt, sie ist mit Vorbehalt zu lesen.
Prioritätsreihenfolge:
- Frage ‚Tod-oder-Leben'
- Geburtsprozess
- Erfahrungen im Uterus (meistens mit den unmittelbaren Momenten kurz vor der Geburt verbunden)
- Baby-Zeit, anders ausgesprochen: die orale Phase (gern über Tiersymbole und Suchtthemen)
- Muttererfahrung, allgemein
- Vater- und Geschwistererfahrungen
- Kindheit (mit sozialen Bezügen und mit Entwicklungsthemen)

- Pubertät, mit allgemeinen Reifethemen, mit Prüfungsträumen und mit Entwicklungsstörungen
- Selbstwertfragen (Minderwertigkeitskomplexe, Omnipotenzstreben, Schuld und Scham)
- Mitmenschen verschiedenster Art (Alltag, Nachbarschaft, Berufsleben)
- Aggressionen (z. B. als Tiere), Wut und Ängste
- Wünsche, Hoffnungen, „mögliche Leben", Lösungsentwürfe
- Schicksal des Kollektivs
- Zukunft
- Sex, Beziehungen und Partnerschaften
- Geschick des Körpers (Krankheiten und ähnliches)
- Einsamkeit, Sterbensnähe, Verlassenwerden
- Versagen oder allgemeine Schwäche-Symptome – und umgekehrt auch Potenzialitäten
- Lügen, übergangene Wahrheiten, Korrekturen des Bewusstseins
- Transzendenz und Spiritualität, also die geistige Welt oder das Unsichtbare überhaupt, manchmal mit Gott- oder Engelsfiguren
- Weit zurückgehende vorgeburtliche Erinnerungen, z. B. eigene Reinkarnationen oder die Sippschaft-Geschichte betreffend
- Leben nach dem Tod, die überweltliche Weisheit, Verstorbene

Zu den letztgenannten abgehobenen Dimensionen gehört auch das Traummotiv „fliegen".

Tibetisches Totenbuch

Das etwa 1000 Jahre alte sogenannte Totenbuch (Heilung durch Hören), enthält Appelle, Gebete, eindringliche Ratschläge an

Sterbende, welche den Aufenthalt im Jenseits erleichtern sollen bzw. über die Jenseitswelt vorbereitend aufklären sollen. Für die Traumdeutung ist interessant, wie Erlebnisse in anderen Welten verstanden werden sollen. Da man im Buddhismus an die Wiedergeburt glaubt, enthält die Jenseitswelt sowohl die Chance zum Aufstieg ins Nirwana, das wäre der Ausstieg aus dem Rad der Wiedergeburten, als auch die (wahrscheinlichere) Möglichkeit zur erneuten Reinkarnation. Daher ist das Jenseits zuerst einmal nur eine „Zwischenwelt" („Bardo"). Wir könnten das bildlich verstehen als einen erdnahen Himmel, als nicht den endgültigen. Der Sterbende erhält Aufklärung. Da gibt es das Weiße Licht, Engel, Dämonen und vieles andere mehr über das, was ihn drüben erwartet. Teilweise ist es vergleichbar mit Nahtoderlebnissen und anderen religiösen Himmels- und Höllen-Vorstellungen.

Wichtig ist aber die Erkenntnisfrage – und damit sind wir bei der Affinität zur Erkenntnis von Traumgesichten. Zuletzt soll die Seele im Zwischenreich erkennen: Du begegnest immer dir selbst. Alle Phänomene dieser geistigen Welten sind Projektionen und Produktionen des eigenen Geistes. D.h. die Erscheinungen drüben, ob nun Engel oder Teufel, sind eigentlich Ausgeburten, Ängste, Wünsche des Erlebenden. Nur wenn man in der äußeren Welt diese Selbstbegegnung und Selbstinformation erkennt, ja die Selbsterzeugung, macht man den entscheidenden Entwicklungs- und Weisheitsschritt, der einen erlöst und davon befreit, wiedergeboren werden zu müssen. Was im Bardo gilt, gilt im Prinzip auch für die hiesige, materielle Welt, im Jenseits mag es aber leichter fallen, bzw. im Jenseits wird es dringender. D.h. sowohl im Leben, Wachen als auch im Schlafen, Träumen sollten wir alle Ereignisse als Selbstbegegnung, Aufklärung, Spiegelung über unser Inneres interpretieren – dies wenigstens auch, zusätzlich so sehen und dankbar aufnehmen. Das wäre die Wahrheit. Du begegnest deinen eigenen geistigen Produktionen: das ist der klassische Ansatz der „subjektstufigen" Traumdeutung. Die Objekte im Traum und im Bardo, die möglichen Projektionen werden ‚zurückgenommen'.

Interessanterweise heißt es im Tibetischen Totenbuch auch, dass man vor der Zeugung vom Himmel aus seine Eltern in der sexuellen Vereinigung sieht. Und dass man, wenn man ein Junge werden soll, seine Mutter da schon liebt, wenn man ein Mädchen werden soll, seinen zukünftigen Vater liebt – in einer Konkurrenz zum gleichgeschlechtlichen Elternteil. Das klingt nach einem zeitlich vor-verschobenen Freudschen Ödipuskomplex. Und wenn die weiße und rote Essenz zusammenfällt (das ist vergleichbar mit Yin und Yang), heißt es dann weiter, „fällt dein Bewusstsein in Ohnmacht". Hier wird angesprochen, dass man vor der Geburt, wie auch vor dem Aufwachen morgens, die große Wahrheit aus Traum und Jenseitswelt vergisst. Die Ohnmacht des Bewusstseins meint: das pränatale Wissen, auch meistens das Traumwissen, rutscht ins Unbewusste weg. Vergessen und verdrängt und unbewusst – das ist aber nicht identisch mit gelöscht.

Siehe auch → **Subjektstufige Traumdeutung**

Tiere im Traum

Tiere im Traum können das entsprechende Tier in der Realität bedeuten, das kommt aber nicht häufig vor. Meist sind Tiere im übertragenen Sinne zu deuten. Sie entsprechen vornehmlich bestimmten menschlichen Charaktereigenschaften, und zwar sehr pointiert und ungeschminkt ausgedrückt. Drittens können Tiere Entwicklungsstufen des Träumers repräsentieren, in denen das menschliche Wesen dem tierischen Verhalten noch ein wenig ähnlicher war als beim größeren Kind oder beim Erwachsenen, d.h. Tiere entsprechen gern dem Kleinkindalter, dem Babyalter oder dem Krabbelalter (als wir uns auf allen Vieren fortbewegten). Sie können auch für den Zustand im Mutterbauch stehen, z. B. fisch-ähnliche Tiere, und sind dann ein Gleichnis für embryonale oder foetale Entwicklungsstufen.

Neben den menschlichen Charaktereigenschaften können Tiere auch übergeordnete Qualitäten darstellen, die man früher in Tiergöttern konfigurierte oder anbetete. Die Schlange oder der Stier oder der Adler haben die kosmische Bedeutung einer allgemeinen Natur- oder Schöpfungskraft, die über menschliche individuelle Eigenschaften hinausgeht. Schließlich können Tiere noch sehr direkt als Stellvertreter für Menschen stehen. Und zwar stehen sie dann für Menschen, die in einem Charakterzug oder Verhalten eine auffällige Ähnlichkeit mit typischen vergleichbaren Tieren haben. Beispielsweise kann der Löwe ein Synonym sein für einen sehr gefährlichen Aggressor, männlicher oder weiblicher Art. Eine Ratte, ein Schwein, ein Hund kann einen Menschen vertreten, und zwar einen solchen mit einem gewissen rättischen Charakter, mit einem schweinischen Charakter, mit einer hündischen Art. In der Redewendung, oder auch in einer Beleidigung, finden wir ja oft den Zusammenhang mit Tieren, wie z.B. ‚Du dummes Huhn' oder ‚Der Elefant im Porzellanladen'. Die Indianer früher konnten einen Traum vom „Schwein" so deuten, dass vielleicht morgen ein Fremder mit schweinischem Charakter ins Dorf käme. Es können Hunde grundsätzlich für männliche Personen aus der Wirklichkeit stehen, und Katzen gern für weibliche Personen.

Legt man sein Augenmerk auf den besonders archetypischen Charakter der Tiersymbole, dann vergleicht man das Traummaterial mit vielen Märchen und Mythen auf der Welt und mit literarischen und künstlerischen Produkten. Auch scheinbar erfundene Mischcharaktere kann man mit Tieren darstellen, so z.B. das Einhorn und den Schweinehund; im Traum gibt es solche Figuren, und sie sind im Prinzip nicht erfunden, sondern summieren die Eigenschaften von zwei Elementen. Die Phantasietiere nehmen wir bei der Traumdeutung genauso ernst wie reale Tiere. Wer weiß, ob Drachen eine Vorstufe haben, die vielleicht Echsen oder Dinosauriern ähnlich ist, sie geistern jedenfalls vielfach in der alten Literatur durch die Weltgeschichte und haben den Reiz des sehr Gefährlichen und Zerstörerischen. Besonders gerne werden sie gewählt als Symbol einer übermächtigen Kraft, die nur durch außerordentliche Fähigkeiten oder durch einen außerordentlichen Held besiegt werden kann. Als die Russen den Faschismus besiegt hatten, haben sie Denkmäler gebaut, wo ein Rotarmist den faschistischen Drachen besiegt. Der „Drache" steht für das alte Chaos, auch als Schlange, als Krokodil, als Lindwurm, für eine gefährliche Vorstufe von Welt, in die erst irgendein Gott oder Held Ordnung brachte. Auch der Sagenheld Siegfried, hinter dem sich der Sieger in der Varus-Schlacht gegen die Römer verbirgt, bezwingt den Drachen. Der Drache ist der Feind schlechthin, beinahe so etwas wie der Teufel. Wer auch immer meint, Licht, Sieg und Gerechtigkeit in die Welt hineingebracht zu haben, hat einen Drachen besiegt oder wenigstens ähnliche Untiere. Der Stier steht für Potenz, das Flusspferd für Aggression, Großkatzen für besonders tückische Aggression (oft weiblicher Art) Der Fuchs steht wie im Märchen für die Klugheit, die Schlange in typisch ambivalenter Weise sowohl für die Klugheit als auch für den listigen Betrug, nebenbei ist sie auch ein Sexualsymbol für beide Geschlechter. Die Kinder im vorgeburtlichen Zustand können als Fisch, Frosch, Schildkröte dargestellt werden, die Schwangerschaft wird manchmal mit dem Delphin- und Walfischsymbol verknüpft. Es gibt eine Menge süßer oder putziger Tierchen, die zu Kindheitserinnerungen und damit zu Traumerinnerungen passen, welche ungefähr zum Krabbelalter gehören: Welpen, Kätzchen, Bärchen, Meerschweinchen, Hamster und vergleichbare Klein- und Kuscheltiere, Kaninchen und Häschen nicht zu vergessen.

Wie man weiß, sind Tiere im Prinzip unschuldig, d.h. sie können sich positiv oder negativ auf den Menschen auswirken. Also ist die Berücksichtigung der Ambivalenz bei der Deutung eines Tier-Archetyps sehr wichtig. Der Bär z.B. ist eine gewisse unzivilisierte Kraft, hat als Teddybär einen Kind- und Liebesaspekt, ist natürlich auch ein gefährliches Raubtier, war einmal Zentrum einer großen Religion in der alten Höhlenzeit, verbirgt einen sexinteressierten Freier (wie im Märchen Schneeweißchen und Rosenrot) und ist, einmal in Rage versetzt, fast unbezwingbar, wie die Kämpfer, die sich Berserker nannten (Bärensäcke, Bärenfelle), und schließlich steht er sehr versteckt und verkappt für eine gefährliche Mutter. Jedes Tier hat mehrere Charaktereigenschaften, nicht nur zwei wie in der Ambivalenz gesehen, diese können alle im Traum eine Rolle spielen. Frosch und Kröte können Glückbringer, Fruchtbarkeit, Sex, Erfolg sein. Der Kranich hat einen Bezug zur Weisheit des Jenseits, also zur Todeswelt, er ist generell hochspirituell und transzendent-ewig. Das weiter oben genannte Schwein gehört zur großen Göttin, gehört also zum Archetyp Mutter oder anführende Frau, ist auch ein oral orientiertes Wesen, d.h. egozentrisch und süchtig (nämlich real maul-orientiert), suhlt sich gerne im Schlamm, was ihm vielleicht diesen den Ruf des charakterlichen schweinischen Verhaltens einbrachte. Da es sehr weiblich ist, sind Männer und Götter, die stark unter Schwein- und Pferd-Bezug stehen – auch das Pferd ist betont weiblich – von Mutter oder weiblicher Kraft stark geprägt. Das sind z.B. die Literaten, Philosophen und die Runenkundigen und die Zauberer, die Magier (z.B. Odin). Wenn im Traum ein Pferd nach seinem Fohlen tritt, kann man erkennen, dass eine Schwangere ihr Kind ablehnt oder dass das früher im Clan einmal geschehen ist (es muss nicht unbedingt aktuell sein). Kühe sind ein auffälliges, starkes Muttersymbol, deshalb gibt es heilige Mythen über die Kuh im Hinduismus und im Germanischen, die mit der Entstehungsgeschichte der Menschen zu tun haben. Da sich ein Elefant in der Realität wohl sehr lange und exakt erinnern kann, steht er in der Traumsymbolik für Weisheit (= große Erinnerungsfähigkeit). Die Tiere in „Weiß", z.B. der weiße Elefant oder der weiße Hirsch, symbolisieren die Hirsch- oder Elefantenkraft in potenzierter Form, also gesteigert.

Dass Tiere im Traum wie im Märchen sprechen können, kommt vor und sollte ernst genommen werden. Es handelt sich um tiefe Informationen aus dem Bereich der Intuition oder des Schamanismus. Sprechende Tiere, oder auch sprechende Babys, äußern eine Wahrheitsinformation. Schamanen bevorzugen im übrigen Pferde und Hunde als Informationsquelle, d.h. als Medium für Orakel. Der Mensch hat eine tiefe Intuitionsschicht im Traum, Unbewussten, die ist aber in der Regel verschüttet. Die Weisheit in dieser Schicht kann quasi nur durch ein Traumtier oder durch ein Totemtier ausgesprochen werden. Vögel kommen in vielen Variationen im Traum vor, sie bedeuten im Prinzip Seelen oder seelische Kräfte. Das Geistige und Mentale ist ihr Reich, auch das weise Unbewusste. Sie haben an sich keinen Bezug zur Materie, d.h. körperliche Besonderheiten, ob nun Erfolg oder Leiden, werden im Traum nicht durch Vögel dargestellt. Vogel ist Seele, und zwar körperlos. Die Taube ist eine zarte weibliche Seele und die Weisheit (der Heilige Geist ist weiblich). Der Falke ist sehr klug, weise und sehend, und er hat real eine besondere Schnelligkeit, die ihm den Charakter verleiht, er ist nicht ohne Aggression. Der Vogel repräsentiert das menschliche Streben nach Freiheit und Vollkommenheit, auch im Prinzip nach Befreiung vom Körper. Er steht also gern für die Seele unmittelbar nach dem Tod, und ebenso aber auch für die pränatale Seele. Er kann Ewigkeit, Auferstehung und Wiedergeburt repräsentieren, letzteres findet sich gerne im Pfau.

Es gibt meistens ein großes Bedeutungsspektrum von einem Tiersymbol. Nehmen wir als Beispiel den Hund. Der Traumdeuter muss also Folgendes überlegen und quasi durchgehen, durchprobieren: Der Hund kann zum einen für einen Mann stehen, z. B. für Bruder, Schwager, Ehemann oder für wen auch immer; als weißer Hund vielleicht für einen verstorbenen Vater. Dann steht er allgemein für männliche Aggression und auch Sexualität, im Märchen wird dafür lieber die Vorstufe des Hundes, der Wolf, gewählt. Der Hund hat eine Schnauzenfixiertheit, d.h. er kann das Bild für Süchtigkeit sein und dafür seine Würde und Selbständigkeit verkaufen (hündischer Charakter). Er ist ein Schutzgeist, er ist stark, nicht zuletzt repräsentiert er die Treue, die Freundschaft. In der Mythologie finden wir ihn als Höllenhund und als Hüter der Schwelle. Man muss sich das Bild so vorstellen, als läge der Hund am Eingang zur Unterwelt (der Zerberus). Wie der Hund real deckt er beide Bereiche ab, den Tag, das Bewusstsein, die Vernunft und andererseits das Unbewusste, die Unterwelt, den Instinkt. Wer einen Hund hat, weiß, wie vernünftig man mit dem Hund kommunizieren kann, er versteht einen manchmal besser als ein menschlicher Freund. Zu des Hundes Potenzial gehört das Ahnen, das Vorauswissen, das Intuieren. Der besondere Hüter der Schwelle, das Tier an der Grenze zwischen zwei Welten, der Führer im Totenreich (der schakalköpfige Anubis), ist nur dadurch zum negativen Höllenhund geworden, weil die heidnische Unterwelt als Hölle bezeichnet wurde, im Nachhinein, durch das Christentum und andere Religionen. Andererseits, sein Gebiss ist nicht zu verachten, er kann also durchaus auch Verschlingendes, Raubtierhaftes darstellen. Man sieht, wie vielschichtig die Bedeutung eines Archetyps, besonders eines Tiersymbols ist. Wenn möglich, sollte man in verschiedenen Lexika, aus vielen Kulturen, die Bedeutung eines Tieres, z.B. des Raben oder des Hirschen, sich für die Traumdeutung zusammensuchen. Nicht umsonst gibt es separate, dicke Bücher allein über die Hirschsymbolik oder über die Rabensymbolik. Tiercharakter sind vielfältig – der Traumdeuter sollte sich nicht auf eine einzige Tiereigenschaft fixieren.

Tod im Traum

Es sei daran erinnert, dass die Zeitgesetze im Traum ausgeschaltet werden können; Zeit kann sich anders anfühlen, sie kann sogar fehlen oder rückwärts laufen. Zum zweiten sei darauf hingewiesen, dass das Sterben oder der Tod im Traum, zumal „tote Personen", nicht zu verwechseln ist mit einem Todesfall in der Realität, in einem zeitlich nahen Zusammenhang. Es besteht somit kein Grund in Angst zu verfallen, wenn man vom Tod träumt. Es ist in einem solchen Traum nur das Thema „Tod" vorgestellt, eine Thementür geöffnet. Der Bezug zur Realität ist ein sehr komplexes und schwieriges Unterfangen. Das ist viel subtiler, als dass man etwa oberflächlich denken könnte, nach dem Tod im Traum stirbt morgen oder übermorgen jemand. Des Weiteren sei daran erinnert, dass im Traum Stellvertreter eine große Rolle spielen, d.h. dass der Tote im Traum möglicherweise für eine ganz andere Person, eben stellvertretend, steht. Was man also feststellen kann ist nur: hier geht es im Traum um das ernste Thema des Todes oder des Sterbens. Das kann aber, realitätsbezogen, sehr ferne Zukunft sein, es kann Erinnerung an eine weit zurückliegende Todesangst und Todesgefahr sein, es kann einfach nur ein Gefühl der tödlichen Bedrohung sein, es kann eine Manie, eine Übertreibung , eine Befürchtung, eine Hysterie sein. Das Unbewusste hat halt irgendeinen Grund, das Thema „Tod" im Traum darzustellen. Dazu ist es am Vortag durch eine Situation angestoßen worden, die irgendwie, ob objektiv oder subjektiv, vom Tod durchtränkt oder affiziert war.

Ein Todestraum fußt gern auf einer vergessenen oder verdrängten, relativ todesnahen Situation, die es tatsächlich gegeben hat. Insofern sind denn doch Fakten die Grundlage für einen Todestraum. Hinzu kommt, dass der Traum gerne überdeutlich malt, d.h. jeder Traum neigt im Prinzip zur Extremisierung, das dient der Aufklärung. Das Folgende ist eine Anleitung, wieso und wann das Thema Tod im Traum vorhanden ist, es wird nichts dazu gesagt, bei wem und in welcher Zeit irgendein Tod eintreten sollte: Typische und verbreitete Symbole für das Sterben sind das Weggehen und die Trennung. Die Trennung besonders von Menschen, von Mitmenschen aus der gewohnten Umgebung ist häufig, es geht der Kontakt mit den anderen sukzessive und auch schmerzlich oder schwer verstehbar verloren. Man könnte auch sagen, Einsamkeit und Alleingelassenwerden sind todumflorte Zustände. Einsamkeit ist eine Vorstufe von Tod – so wie man in der Wissenschaft weiß, dass die soziale Isolation mehr Krankheiten und eine höhere Sterblichkeit verursacht. Das Weggehen im Sinne eines potentiellen tödlichen Abschieds wird auch gerne so dargestellt, dass eine Person auf die andere Straßen- oder Flussseite geht und dass man ihr nicht folgen kann. Oder eine Frau träumte z.B., dass ihr Mann durchs Wohnzimmer hinaus auf die Terrasse nach draußen geht und sie kann ihn nicht aufhalten noch ansprechen noch zurückholen. Auch das „Abgeholtwerden" kommt oft vor. Man kann dann sehen, wie eine geliebte Person von einer anderen Person, die der Traumperson noch nähersteht und die auch schon verstorben ist, abgeholt wird und herzlich begrüßt wird. Typisch ist auch das Abgeholtwerden per Raumschiff oder Hubschrauber oder per Flugzeug oder ähnlich. Das mutet dann an wie eine Himmelfahrt. Die Träume legen nahe: die Himmelfahrt droht jedem.

Ein oft missverstandenes Todessymbol ist die „Heilige Hochzeit". Dieses muss man als das Zusammenfallen der Gegensätze verstehen, d.h. als Einheit. Während die diesseitige Welt polar strukturiert ist, sind der Himmel, das Jenseits, das Paradies Einheit, eine Welt ohne Gegensätze. Schon die frühchristlichen Gnostiker kannten das Sakrament der „Hochzeit". Es sollte bedeuten, niemand holt einen der Beteiligten wieder in die Weltversessenheit, in Dualität und Streit zurück. Traumdeuter in früherer Zeit, aus dem orientalischen oder östlichen Mittelmeerraum wussten, dass der Coitus ein Todessymbol ist. Man versteht das Coitus-Symbol natürlich gern als erfreuliches Sex-Symbol. Das ist fatal. Es liegt eher der Charakter eines Komplementärtraums vor. Sex wird im Traum mit anderen Symbolen und Archetypen dargestellt als durch den Coitus. Die Heilige Hochzeit (Hieros Gamos) ist ein Ausdruck für die totale göttliche Harmonie, die es auf der Erde nicht gibt. Zudem meint sie die Androgynität, d.h. auch der betroffene Mensch selbst verschmilzt seine gegensätzlichen, d.i. männlichen und weiblichen, Seelenteile zu eins. Wenn also die absolut ideale, vollkommene, gegengeschlechtliche Person im Traum auf den Träumer zuläuft, kann man skeptisch sein, was das Thema „Leben" betrifft... Ein solches Ideal ist nämlich unrealistisch, es ist nur himmlisch. Und diese Ganzheit ist nicht von dieser Welt.

Wenn einer Person im Traum der Kopf abgeschlagen wird, ist gemeint, dass eine radikale Wandlung im mentalen Sinne mit dieser Person vor sich geht (Kopfänderung). Es gibt die Redewendung: „Du bist für mich gestorben". In diesem Sinne tritt das Sterben oft im Traum auf. Es meint also einen radikalen Abschluss, das Ende einer langen Geschichte, es meint einen

Neuanfang. Neben dem schmerzlichen oben genannten „sich nicht mehr verständlich machen können" gibt es in einer weiteren Häufigkeit das Symbol des Ertrinkens. Hier liegt aber oft eine Überreibung vor, indem es in erster Linie nur um Todesangst geht. Härter oder ernster wird der Tod dargestellt in Träumen, in denen man im Matsch, Schlamm oder Sumpf versinkt, oder wenn das Wasser des Ertrinkens eine braune Brühe ist. Elektrizität, Licht, funktionierender Bildschirm sind Symbole für Vitalität. Mit anderen Worten, wenn das Licht ausfällt im Traum, ist das keine Banalität. Licht ist ein sehr zentraler Lebensfunke und ein Archetyp für „Leben". Tod kann z. B. dargestellt werden dadurch, dass ein Stern verlöscht oder auch dadurch, dass ein PC-Monitor abstürzt oder plötzlich der Film ausfällt. Als Nebenbemerkung sei hier erwähnt, dass man manchmal im Traum aus unerklärlichen Gründen ein bestimmtes Foto nicht schießen kann. Das bedeutet: die Szene ist nicht in positiver Erinnerung haltbar, eine mögliche Beschönigung bricht zusammen, es war in Wahrheit alles anders oder schlechter. Die Szene, die erinnert wird im Traum bzw. um die es unbewusst geht, war sehr schmerzlich, ein schönes Foto davon zu machen ist nicht möglich; vielleicht wird auch eine Lüge aufgedeckt. Die Hauptgötter übrigens haben deshalb die Macht über die „Blitze", weil sie die Herren des „Lebens" sind, nicht weil sie banale Wettergötter wären, wie in den meisten Schulbüchern steht. Diese Götter sind die Herren der Vitalkraft, des Lichts. Bei ernsteren Todesträumen wird das Faktum herausgearbeitet, dass wir nur „Gast" auf der Erde sind. Dass wir uns an eine höhere Instanz wenden, um unsere Rückkehr in die eigentliche Heimat anzukündigen. So kann es sein, dass ein Professor im Traum einen Brief an die königliche Universität im hohen Norden schreibt und die Gastdozentur auf dieser Erde aufkündigt, weil er im Unbewussten weiß, dass er Magenkrebs hat und dass er diese Krankheit, in einigen Monaten, nicht überleben wird. Bei tödlichen Krankheiten wissen die Träume viel besser als das Bewusstsein, wie es ausgehen wird. Den genannten Traum hat es konkret gegeben, der Ausdruck „Gastdozent" traf real auf seinen Beruf nicht zu, das war eine spirituelle Traumerkenntnis; Monate nach dem Traum ist der Professor gestorben. In seinem Traum kam auch dies ernste Abschiedssymbol vor: man verstand ihn im Hörsaal nicht mehr, die Kommunikation mit den Mitmenschen brach zusammen.[24] „Wette verloren, Spiel verloren, ungünstiger Würfelwurf" sind Symbole, die für das Tod-Thema stehen. Wir betonen noch einmal: nur das Thema ist präsent – man darf nicht vorschnell auf Tod in der Realität schließen. Eine Frau aber hatte einen prognostischen Traum: Auf einer idyllischen „Lichtung" kommunizierte sie mit einem „Flieger oben, per Lichtstrahl". Bald musste sie real die Nachricht vom Tod ihres Geliebten erfahren.

Toilettenträume

Toilettenträume illustrieren ein archaisches Urbedürfnis des Menschen, als Druck, als Müssen, sowie eine ganz besondere Platz-Suche. Die Toilette ist der Rückzugsraum, wo man selbstidentisch, allein und natürlich sein kann.

Der Toilettenbesucher zeigt an: ich brauche einen Platz, und zwar für mein Triebleben. Der Trieb, der befriedigt werden muss, per „Muss", hat als Kern den Überlebenstrieb, den Lebenswillen. Insofern ist der Toilettenbesuch eine Ich-Anmeldung. Der Toilettenbesucher sagt symbolisch: Ich will hier leben, ich muss hier leben, ich brauche einen Platz für die Befriedigung meiner Urbedürfnisse. Insofern heißt eine Toilette zu benutzen = einen Platz im Leben haben zu dürfen.

Wenn die erste Ich-Anmeldung, nämlich die Geburt, das Sein in der neuen Umgebung mit dringenden Bedürfnissen, auf

Hindernisse, Vorbehalte, gar Ablehnung stieß, gibt es im Traum Probleme mit dem Toilettenbesuch. So kann die Toilette verstopft, von anderen rücksichtslos benutzt oder verdreckt sein (alles ist „beschissen"). Sie kann unauffindbar oder verschlossen sein. Es können die Wände, Abgrenzungen fehlen, die Toilette ist dann von allen einsehbar oder wenigstens nicht verschließbar. Müll von Generationen kann sie aufweisen. Wenn man, aus welchen Gründen auch immer, „nicht machen" kann, zeigt es Blockaden im Trieb-, Lust-, Sexualleben an bzw. eine Regression in der Ich-Durchsetzung. Große Hemmungen kennzeichnen den Charakter eines solchen Träumers, keinesfalls Dreistigkeit oder Unverfrorenheit. Ein arger innerer Stopp begleitet ihn sein Leben lang in vielen Bereichen. Der Anfang der Geschichte liegt darin, dass der normale Geburtsvorgang sehr behindert war. Später sind vielleicht Fehler in der Reinlichkeitserziehung, in der analen Phase, hinzugekommen. Oder das Kind ist dressiert worden, seine Triebansprüche in der Regel nicht befriedigen zu sollen. Oder es hat das Kind keinen persönlich-intimen Rückzugsraum erhalten, sondern es wurde hysterisch kontrolliert.

Einen Haufen machen gehört zum unbedingten Leben-Müssen. Das Urinieren bedeutet, Gefühle leben, laufen zu lassen (also sich nicht zu blockieren), es kann aber auch manchmal einen Machtanspruch dokumentieren bzw. Schwäche, Unterlegenheit, Angst und Stress unbewusst kompensieren. Es ist auch einer Sexualsymbolik, bis hin zu einer Ejakulation, mehr zuzuordnen als der Kot. – Kot übrigens, umgangssprachlich als „Scheiße", kann sowohl einen Fehler aus dem Alltagsleben bedeuten, der dem Träumer nachträglich einfällt, bewusstwird, als auch komplementär Glück, Erfolg.

Ur-, Trieb-, Lebensbefriedigung stellt das große „Muss" beim Toilettengang dar. Rigide, lustfeindliche Erziehung unterbindet solche Befriedigung. Probleme und Blockaden auf der Toilette haben also mit körperlicher Obstipation wenig zu tun, die Schwierigkeiten, die sich auftun, sind seelischer Art, und zwar elementar, archaisch, aus der Foetus-, Baby-, Kinder-Zeit. Die Vermüllung, Verdreckung der Toilette im Traum zeigt oft an, dass man zu Lebensbeginn einen großen Haufen unaufgearbeiteter Komplexe von den Eltern erbte oder zugeschoben bekam. Man fängt dann an auf der Basis von „viel Scheiß" der Sippschaft.

Die „Toilettenschüssel" kann auch ein Indikator für ein Abtreibungsgeschehen oder eine Abtreibungstendenz sein, besonders wenn die Zutaten „Eimer" und „Wegschütten" oder „Wegspülen" mit im Spiel sind. Auch konkrete Eros-Blockaden oder umgekehrt das Ausleben der Sexualität können sich in Toilettenträumen zeigen.

Trauer und Trost

Trauer ist „der Preis" für Freude, Liebe, Glück, Beziehung, Lust. Menschliche Gefühle existieren nur in Polarität, Gegensätzen. Gäbe es die Unterschiede nicht, würden wir nichts empfinden. Trauerprozesse kann man ein wenig schematisieren: Am Anfang stehen der Schock, das Nicht-Wahrhaben-Wollen. Auf erwartete Trauerfälle wird anders reagiert. Die hier genannte Struktur gilt für überraschende Verluste. Nach dem Anfang kommen bald die Gefühle hoch, z.B. Schmerz, Wut, Liebe, Hass, Anklage. Auch ein Rückzug des Trauernden kommt oft vor. Es gibt viele Phasen von Suchen und Wiederfinden oder Halten-Wollen – und Verzichten, Aufgeben, Loslassen. Der Realitätseinbruch ist wichtig, um die Trauerarbeit einmal einigermaßen beenden zu können, und kann auch in Träumen dieser Suchensphase nicht übersehen werden, am Ende stellt er sich ein. Auch Abschiedsrituale,

z. B. an der Leiche, am Grab oder an sonstigen verlust-belasteten Stellen gehören zum Trauerprozess. Ein Überspringen der Trauerphasen, etwa durch Verdrängung oder Ablenkung, rächt sich. Ausgelassene, übergangene Trauer kann chronisch werden: das ist dann eine Depressionsform. Am Ende steht die Akzeptanz (die Macht des Faktischen) und die Wiederzuwendung zum Leben oder zu Personen. Objekt, Beziehung, Person, die verloren sind, bleiben als Entwicklungsgewinn, als Seelenerweiterung, als „Erfahrung" im Herzen des Trauernden. In einem Traum z. B. als „Geldschein" im hinteren, abgelegenen Fach des Portemonnaies.

Da das Unbewusste immer assoziativ denkt, verbinden sich ähnliche Trauer- und Verlusterfahrungen miteinander, nicht zuletzt in den Träumen. Man kann von einer Restimulierung sprechen: durch aktuelle Trauer werden alte Verluste, Trauererlebnisse wieder wach. Oft sind frühere schwere Verluste nicht genügend im Bewusstsein verankert, oder sie wurden schnellstens mit Ersatz übersprungen – gerade diese Erstmuster melden sich bevorzugt im Traum. Ein Beispiel: Das Lieblingspferd muss eingeschläfert werden, und die Pferdehalterin hat früh ihre Mutter verloren, und damals war sie für zu klein gehalten worden, um am Begräbnis teilzunehmen. Besonders das, was wir für absurd halten oder nicht verstehen können oder wo wir eine Lücke im Erlebnis haben, wie bei dieser Reiterin, hat magische Kraft, sich mit späteren banaleren Trauerfällen zu verbinden, sich auf diese unbewusst aufzulagern. Fazit: die Pferdehalterin ist schlimmer getroffen als es der objektiv nachvollziehbare Grund hergibt. Die in Teilen ungelebte Trauer um die Mutter kommt jetzt wie eine Riesenblase zutage, mit der Objektbesetzung Tier; Übertreibung und Ersatz spielen sich ab.

Wahrheit, Wissen können trösten, auch tiefes Erleben oder das Zuweisen einer Schuld oder das Verstehen einer Ursache. Bei einer Vermisstenmeldung, etwa aus dem Krieg oder beim Kriminalfall ohne Leiche, fehlen Optionen der Trauerverarbeitung per Erleben, Verstehen, Erkennen. Wenn Abschied fehlt, kann Trost fehlen. Träume können insofern trösten, als sie erstens nachdrücklich, wenn auch überraschend, anzeigen, um was es eigentlich bei der tiefen aktuellen Trauer geht. Es kann nämlich das große Verlustgefühl eine Restimulierung, Stellvertretung sein. Man trauert vielleicht nicht um den Gatten, sondern um eine lange schlechte Ehe, um ein vertanes Liebespotential, also um sich selbst. Indirekt, heimlich und wahr kann sich im Traum zeigen, dass man viel Wichtigeres verloren hat als aktuell das Objekt, die Person. Die Träume zeigen also, um **was** man in Wirklichkeit trauert. Das hilft Ordnung in die eigene Gefühlswelt zu bekommen.

Zum zweiten zeigen Träume immer auch die andere Seite (altera pars). Neben Träumen, in denen wir große Angst haben, von Aggressoren umgeben sind, in Todesgefahr stecken, Wut und Vorwürfe hinausschleudern, gibt es Träume, in denen dasselbe Thema, dieselbe frühere oder aktuelle Stress- und Hoffnungslosigkeitssituation dargestellt sind, aber unter anderem Aspekt. Geradezu gegenteilig können wir in solchen Träumen heiter, gelassen und souverän die entsprechenden Ereignisse des Lebensfilms an uns vorüberziehen sehen. Da sehen wir, dass alles akzeptabel ist und höheren, geheimen Sinn hat. Während wir im ersteren Falle wütend sind, dass keiner uns die Verlustursache erklären kann, oder wir auch Ungerechtigkeit anklagen, spielt die Kausal- und Schuldfrage in der zweiten Traumsorte keine Rolle. Dort kann man sogar sehen, dass der Verlust vielleicht vorgesehen, vorbestimmt war (was Annahme erleichtert).

Dort haben wir wie in Nahtoderlebnissen ein Wissen um die Existenz des Jenseits. Nahtoderlebnisse kann man vielleicht wie Träume deuten und verstehen: Ein immer im Unbewussten tief schlummerndes Wissen, wie aus a priori, wird durch einen Trigger, durch das „rezente Material" (Freud) des Tages aus dem Dornröschenschlaf geholt und an die Oberfläche geschwemmt; es braucht dazu nur den Auslöser Todnähe. Nicht wenige Träume zeigen, wie ähnlich in Nahtoderlebnissen, die Biografie sehr sachlich, gut verstehbar, ohne Wertung (!), als einen neutralen Film, aus dem Lichte der Spiritualität und Zeitlosigkeit. Solche Träume zeigen, dass geradezu heiter und sicher das Leben nach dem Tod, dem Hauptverlust, weitergeht. Sogar „spannend" ist die weitere Abenteuerreise, zur Insel der Seligen im Westen, zum Himmel im Norden, zum göttlichen König oder Universitätsdekan oder zum neuen Kommandeur. Die Verstorbenen streben einem interessanten, neuen, erfreulichen Auftrag zu. Auch sonst bei kleinerem Verlust öffnet sich eine neue Tür – in transzendenten Träumen beeindruckend und erfreulich, ohne Erfolgs- oder Niederlagengefühle, überweltlich neutral. Als Höhepunkt ist schon in Träumen vorgekommen, dass der Verstorbene per Brief oder geistiges Wort mitteilt, „dass grade wegen des Todes das Leben einen Sinn hat."[25]

Das Leben hat sein Ziel im Ende, seinen Sinn darin, dass es vorübergeht und eine neue, höher entwickelte Aufgabe ermöglicht. Ein elementarer Trost des Traumes ist die Erkenntnis, Botschaft, dass das zeitliche, materielle Leben nicht alles ist, sondern nur eine Passage, eine „Brücke" (zwischen zwei Dimensionen). Wir fahren, wenigstens symbolisch, empor, werden aus der hiesigen Dimension weggenommen, werden wie von einer Raumfähre abgeholt, treffen Ehemalige, Vorangegangene und streben neuem Auftrag, neuer Rolle zu.

Traumentstellung

Die Traumentstellung ist nach Sigmund Freud ein Prozess mit verschiedenen Absichten oder Effekten. Zum einen gelangen aktuelle Erlebnisse und energiereiches Erfahrungsmaterial angeblich nur durch eine Entstellung, Verharmlosung oder Verschiebung in den manifesten, den oberflächlichen Trauminhalt. Wir würden heute von einer Entfremdung derjenigen Geschichte sprechen, die die eigentliche Grundlage des Traumes ist oder wäre. Eine Art Bearbeitung und Variante realer Lebenserfahrungen, zu welcher Zeit sie sich auch abgespielt haben mögen, nicht nur am Vortag, in eine Traum-, Spiel-, Bild-Szene hinein, mit stellvertretendem symbolischem Charakter, wird von Sigmund Freud als Traumentstellung angesehen. Er findet meist einen verdrängenden, verfremdenden, entstellenden Effekt oder Aspekt vor bzw. einen solchen Grund. Mit diesem Verfahren können Ängste vertuscht werden, Peinlichkeiten vermieden werden, Tabus aufrecht erhalten werden, besonders auch festgefahrene Einstellungen zur Eitelkeit des Geistes beibehalten werden, auch Übertragungen, Projektionen verheimlicht werden. Die Entstellung wird nach Freud aufgelöst, indem aus dem manifesten Trauminhalt der latente herausgearbeitet wird.

In der Regel ist aber die sogenannte Traumentstellung nichts anderes als die Methode, Konkretes in Symbolen, Bildern, Gleichnissen darzustellen. Für den rationalen Geist mutet die Verwendung der Symbolsprache des Unbewussten verfremdend oder entstellend an.

Die ganze Traumsymbolsprache oder Traumarbeit kann ggf. als Entstellung gewertet werden, sie ist es aber eigentlich nicht, denn in jedem Symbol liegt nicht nur ein Gleichnis (das man vielleicht als etwas unpräzise werten könnte) und ein Vergleich, sondern auch eine reale Information. Die Bildersprache des Traumes ist direkt und authentisch, nicht entstellend, und auch nicht verstellend, sondern wie ein Gemälde zu verstehen. Die Bildersprache wirkt nur codiert und fremdartig, sie ist aber ganz einfach zutreffend.

Traumfinale

Schauen wir uns die Struktur eines Traums an: Das Finale enthält die Hauptbotschaft, die Auflösung, den Urgrund, das Verstehen sowie gegebenenfalls das Annehmen. Das Finale kann auch als Realitätseinbruch bezeichnet werden. Mit anderen Worten: Spätestens am Ende eines Traums kommt die Wahrheit heraus. Außerdem laufen viele Träume zeitlich rückwärts: Sie beginnen im Jetzt, und die Geschichte oder der Traumfilm geht dann zurück in die Genese, Entwicklung, Kindheit. Am Ende wird auf diese Weise bzw. in vielen Träumen das Früheste dargestellt. Das Frühe ist oft identisch mit dem Grund für alles. D.h.: Wie es angefangen hat; wie es gekommen ist; wie es sich erklären lässt. Genau dieses ganz wichtige Finale fehlt im Albtraum. In dieses Finale muss man hineingehen, sich hineinfühlen, damit ein Albtraum seine bannende Kraft verliert. Da kann man natürlich auf abgrundtiefe, chronische, verdrängte, sehr frühe Trauer stoßen und auf unbekannte, vergessene Traumata. Aber auch auf Heilgebliebenes und Trost.

Im Traumfinale findet sich die Ur-Causa (Ur-Sache), und sie ist die eigentliche Entstehungsgeschichte eines Komplexes. Das Finale verrät die Erstprägung und die Geheimantwort. Oft haben Träume und auch Traumata damit zu tun, dass man belogen worden ist oder etwas gänzlich nicht versteht. Mangelnde Erklärungen oder Unsinnserzählungen der Erwachsenen ragen aus der Kindheit ins Leben. Nicht-Verstehen belastet. Das

Traumfinale bringt gern Antwort und Wahrheit zu Irrtümern und Komplexen. Das Finale, ehrlich und desillusionierend, ist fast das Wichtigste im Traum.

Traumkomprimierung

Die Traumkomprimierung wird auch als Verdichtung verstanden. Sie hat zu tun mit der Art unserer Erinnerungsarbeit, mit den Gesetzen, nach denen der Mensch Erfahrung speichert. Wir speichern Erfahrungen zum Thema Hund oder zur Farbe Rot oder zum Gefühl des Hasses in einer zusammengehörigen Akte. Da haben wir eine Datei oder eine Schublade oder einen Gehirnsektor, wo alle Hunde-Erlebnisse logischerweise zusammengefasst sind. In unserem Erinnerungsspeicher legen wir geordnet ab, nicht chaotisch. Wenn das Thema „Hund" erinnert wird oder durch einen Tagesrest eine gewisse Aktualität bekommen hat, dann sind im Unbewussten, sowohl am Tag also auch besonders im Traum später, alle Hunde-Erlebnisse zusammengefasst. Wir haben ein Fazit, eine Summe von „Hund" gespeichert. Das ist zwingend und macht auch Sinn für die Evolution. Wenn ich irgendein Gerät am Tag erblicke, was Ähnlichkeit mit einem Stuhl hat, dann ist meine ganze Datei voller Stuhlerfahrungen präsent, unbewusst präsent, und liefert mir schnell die Information, ob es sich da um einen „Stuhl" handelt oder nicht. (Wie schlimm wäre es, wenn ich immer wieder neu lernen müsste.) Wenn ich also einen Traum produziere, der mit Hund oder Stuhl zu tun hat oder wo ich die Symbole Hund und Stuhl gut brauchen kann und verwende, dann hole ich diese Motive aus meinem Karteikasten, wo alle Hund-Erlebnisse und Stuhl-Erlebnisse fein säuberlich nebeneinander liegen. Es herrscht Ordnung in meinem Erinnerungsspeicher. Deshalb enthält ein Traum ein verdichtetes oder komprimiertes Symbol „Hund". Mein persönliches Fazit von Hund – also eine Summe von Erfahrungen – oder die kollektive Bedeutung von Hund, diese wird im Traum verwendet. D.h. nicht nur das Hundeerlebnis von gestern oder das aus meiner Kindheit. Beim Auftauchen eines Hundes sind im Unbewussten alle Hund-Erlebnisse hinzu-assoziiert, sind spontan ‚da'. Das ergibt diese nicht unlogische Motiv-Komprimierung im Traum. Die Traumverdichtung oder -komprimierung zu beachten ist wichtig bei der Traumdeutung, besonders bei der zu speziellen oder zu spitzfindigen Suche nach Traumquellen.

Traumquellen

Träume beruhen auf Fakten. Auch wenn diese symbolisch zu lesen sind oder als Gleichnis dargestellt werden. Zwar gibt es auch Träume, die Wunschcharakter haben, die Hoffnungen und Ängste sind, die vielleicht Zukunft sind oder die Visionen entsprechen. Aber im Prinzip sind Fakten, nicht Einbildungen oder Fiktionen, das Material der Träume. Irgendwo hat es die Tatsachen als Quelle gegeben, die einen Traum produzieren oder evozieren. Die Fakten sind die Auslöser. Sie liegen gerne im unbewussten Bereich bzw. sie sind dort hin gewandert, damit sind sie einer bewussten Erinnerung oft nicht zugänglich. Sie sind aber dennoch in einem Gedächtnisspeicher konkret abgelegt. Die Fakten können stammen aus der Aktualität, aus dem gesamten bisherigen Leben ab der Geburt, aus der vorgeburtlichen Zeit. Sie können auch stammen aus den Biografien anderer Personen oder aus Erscheinungen der Umwelt. Und sie können aus der Vorgeschichte des Clans stammen. Wenn es auch überraschend ist, so ist es nicht selten, dass Tatsachen, z.B. große Traumata oder auch umgekehrt Erfolge, aber besonders gern die verschwiegenen Geheimnisse (Tabus), aus der Vorgeschichte der Sippschaft stammen, oft aus dem Leben der Eltern, aber es trifft auch für Tanten und Geschwister zu. Je verdrängter und verleugneter die Tatsachen sind, umso stärker leben und drängen sie im Unbewussten, und zwar in jedem Mitglied des Clans. In unserem Unbewussten steckt die Summe von Vorstufen, Vorfahren.

Zur Traumquelle kann alles werden, was zu unserer aktuellen Umgebung gehört. D.h. die Ereignisse des letzten Tages sind die frischesten und im Moment intensivsten Eindrücke. Sie sind in der Regel der erste Anstoß für eine Traumproduktion. Sigmund Freud nennt die Tageseindrücke das „rezente Material". Aber auch eine längere Ehekrise ist eine aktuelle Tatsache, die gern in einen Traum drängt. Bilder, Filme, die ganze Medienlandschaft ist eine sehr willkommene Traumquelle. Die Träume bevorzugen ein Material, was sich leicht in Symbolen darstellen lässt, und dazu gehören natürlich Filme und Fernsehsendungen in erster Linie.

Gegen Träume kann man sich nicht wehren. Früher sagte man: mir träumte. D.h. alles kann Traumquelle sein. Es gibt nichts, was nicht in einen Traum kommen könnte, auch weit telepathische Sendungen von einem fernen, gar unbekannten Absender aus. Man muss um der Redlichkeit willen alles für möglich halten, d.h. es könnten vielleicht auch Trauminhalte aus früheren Inkarnationen stammen. Oder umgekehrt aus einer fernen Zukunft. Oder aus einem Höheren Wissen, was noch niemand, auch der Träumer nicht, kennt. Seriöse Traumdeutung hält alle Traumquellen, zuerst einmal und vorurteilslos, für denkbar. Aus dem Leben der Nachbarn kann eine markante Information in den Traum kommen. Gut nachgewiesen sind z.B. Kollektivträume, d.h. einzelne Mitglieder eines Kollektivs können Schicksalselemente, ob aus Vergangenheit, Gegenwart oder Zukunft, des gesamten Kollektivs träumen. Man kann also sogar ‚anstelle' von anderen Personen oder Gruppen träumen – wenn eine persönliche Betroffenheit dabei ist. Auch das eigene innere

Unbewusste ist als Traumquelle uferlos. Wenn z.B. Tiere im Traum sprechen – was meistens sehr klug ist – dann darf man annehmen, eine intuitive Weisheit des Träumers in animalischer Verkleidung oder Betonung kommt zum Vorschein. Oder könnte man meinen, dass Tiere mehr Weisheit haben, als wir annehmen? Götter und Engel sprechen auch gerne im Traum und können Quelle für das Traumprodukt sein, nicht nur in Homers Ilias. Das Schicksal Nahestehender ist energiereich, es kann eine Basis unseres Traumes sein. Sehr wichtig, da meist übersehen, sind Ereignisse aus der Schwangerschaftszeit und aus dem Geburtsprozess; sie tauchen nicht selten als Traumquellen auf, z.B. in Albträumen.

Traumserie

Es gibt ausnahmsweise Menschen, die in einer Nacht eine Art Fortsetzung ihres vorangegangenen Traumes durchleben können, wenn sie z.B. zuvor aufgewacht sind oder zur Toilette mussten oder ähnlich. Da geht es um eine logische „Fortsetzung", mit direkter Anknüpfung an den vorherigen Traum, oder aber um eine „Wiederholung" des zurückliegenden Traumes. Solches versteht man nicht in erster Linie unter eine „Traumserie", sondern damit meint man die zusammengeschauten Träume von mehreren Nächten hintereinander. D.h. die Träume werden unter einer zusammenhängenden Thematik betrachtet, verstanden und analysiert.

Da fällt u.a. auf, dass oft dasselbe Thema in mehreren Traumnächten abgehandelt wird, und zwar Stück für Stück näher erläutert, besser erklärt. Eine Traumserie stellt sich bevorzugt dann ein, wenn man sich des Tags mit einem Traum, Traumthema intensiv beschäftigt und wenn Unklarheiten übrig geblieben sind. Dann beschäftigt einen das Thema im Unbewussten weiter, automatisch, ohne Absicht. Erstaunlicherweise findet man nun im Traum der zweiten Nacht eine tiefere, weitere, aber oft auch alternative Trauminformation zu seinem ungelösten Thema. Wie bei Licht und Schatten, Gut und Böse, Yin und Yang korrigiert der folgende Traum die Hauptaussage des vorangegangenen Traums. Er führt mehrere Aspekte zum Verständnis eines Phänomens an, d.h. er beleuchtet z.B. ein Trauma von verschiedenen Seiten. So kann die Traumserie abwechselnd, alternativ, im Grunde fein und klug und neutral, verschiedene Erklärungen aufzeigen. Zum Beispiel zu dem Thema: Eigenes Versagen – oder Schuld der andern. Oder zu der Frage: Welchem der Elternteile verdanke ich primär meine Schädigungen oder umgekehrt meine Positiva? Tatsächlich gehört ja auch real zu einer Wahrheit das Schillernde, Vielschichtige, Relativierende. Man muss sich überraschen, belehren lassen von einer Traumserie: die Erkenntnis der Vornacht relativiert sich in der nächsten Nacht sofort wieder. So kommt man durch eine Traumserie der Wahrheit Stück für Stück näher. Auch kann eine Traumserie dasselbe Thema in nur verschiedenen „Bildern" zeigen (wenn es inhaltlich gleich bleibt). Durch den Symbolwechsel allein versteht man dann schon mehr, es wechseln die Bildersprachenaspekte wie alternative Vokabeln für dasselbe Ding. Also: mehrere Aspekte notwendig aufzeigen, nicht verwirren, sondern besser verstehen ist das Ziel der Traumserie.

Ein Schwerpunkt von Traumserien ist es, tiefer und tiefer in die unbekannte, unbewusste Wahrheit einzudringen. Es geht um Schritte, im Prinzip in die gleiche Richtung, aber mit interessanten Abweichungen. Vorsichtig, in Portionen, tastet sich die Traumserie an die ggf. extreme Wahrheit heran. Wenn die Wahrheit nicht leicht oder eindeutig ist, dann hilft es, sie in Varianten vorgeführt zu bekommen. Ein Beispiel: Der erste Traum zeigt eine Blockade des Träumers auf, vielleicht mit Wut gepaart und mit unguten, unbefriedigenden Inhalten, Antworten. Der Traum der zweiten Nacht formuliert endlich eine notwendige Frage an einen Verstorbenen oder zeigt vielleicht auch ein lauerndes Raubtier, ohne dass man weiß, was es will. Der Traum der dritten Nacht taucht tief in ein extremes Gefühl der Todesangst ein; da ist man schon ein Stück näher an einer unangenehmen, verdrängten Wahrheit. Der Traum der vierten Nacht zeigt qualvolle Gesichter von Gefolterten (psychisch oder körperlich), wie als Geister, Gespenster, Gewissenskomplexe zu ehemals Getöteten gehörend. Hier trifft man vielleicht auf ‚Vorstufen', ob aus den eigenen Inkarnationen, ob aus dem Clan, ob aus der Umgebung. Da liegt ein Stück unterschlagener Vorgeschichte vor dem Träumer, ein Element seiner Genese, wie direkt oder indirekt auch. Werdensgeschichte (Genese) ist Identität. Nun versteht man schon eher seine Blockade, Wut, Frage und die scheinbar unerklärliche Todesangst. Das Unbewusste schleppt vielleicht eine dem Bewusstsein unbekannte Tötungsattacke mit sich, beispielsweise eine Abtreibungsattacke oder den Tod eines nahestehenden Verwandten. Die Geschichte hat nicht nur einen, sondern mehrere Aspekte, sogar etwas widersprüchliche. Das umfangreiche Kaleidoskop der Wahrheit zeigt dann die Traumserie. Das Verstehen der Vielschichtigkeit kann hilfreich zum Verzeihen, Vergeben, Ablegen sein, es erleichtert die Akzeptanz und das Aushalten der Wahrheit. Jede Stimme, jede Partei – wie vor Gericht – kommt in einer Traumserie zu Wort.

Traumtheorien

Der Traum ist eine Bestandsaufnahme sowie eine Korrektur des Bewusstseins, er agiert wie unbestechliche Natur und irrt deshalb nicht, so Carl Gustav Jung. Der Traum zeigt gern die Neurosen an, so Alfred Adler. Jeder Traum ist ein Wunschtraum, d.h. genauer, eine Wunschanmeldung mit einem Kompromiss, außerdem ist er meist entstellt, vom Über-Ich zensiert, allerdings bei Kindern weniger, so Sigmund Freud. Der Traum ist eine Verpflichtung für den Träumer, so sprechen die Indianer. Der Traum ist ein eigenes Produkt, niemand sonst arbeitet daran, man ist gänzlich für den Inhalt verantwortlich, so Friedrich Nietzsche. Der Traum ist objektstufig, d.h. die Abbildung einer Außenwelt. Oder umgekehrt: der Traum ist subjektstufig, d.h. er zeigt immer nur die Innenwelt des träumenden Subjekts. Der Traum ist ein sinnloses Nervenfeuerwerk, so manche amerikanischen Forscher. Wir träumen grundsätzlich Zukunft, jedoch in den Kleidern (Erfahrungen) der Vergangenheit, so Rudolf Steiner. Der Traum ist konkret, also wörtlich zu nehmen, oder aber umgekehrt, der Traum ist nur symbolisch zu lesen. Träume sind prophetisch oder sind eine Warnung. Träume sind Schäume. Die Träume zeigen die ganze Menschheitsgeschichte, sind das Evolutionsfazit. Sie zeigen eine mystische Welt, zu der wir im Sinne einer Einheit gehören und wo wir nicht getrennte Einzelwesen sind. Träume sind Kollektivaussagen. Träume sind Eingebungen der Götter.

Man sieht, es gibt viele Ansichten über das Wesen des Traums. Letztlich besteht kein Konsens in den Traumtheorien. Es mag sinnvoll sein, sich primär an die Forschungen von Sigmund Freud und Carl Gustav Jung zu halten. Doch soll man keineswegs das alte Wissen, ob nun bei antiken Schriftstellern oder in den alten Religionen oder bei Naturvölkern, ausschließen. D.h. auch, dass man das Spirituelle und Philosophische neben dem Psychologischen nicht übersehen sollte. Wie die Märchen als „abgesunkenes Kulturgut" in erster tiefer Interpretation psychologische Themen überzeitlicher Art aufweisen und in weiterer Interpretationsschicht dann eine verborgene Weltanschauung, also eine Philosophie zeigen – so kann man auch Träume tatsächlich als „Philosophie" verstehen, denn sie sind sehr nützlich für Sinn- und Existenz-Fragen. Ihren Gehalt an objektiven

Informationen und ihre Hinweise für Heilung sollte man nicht übersehen. Und dass die Träume, wie auch generell das Unbewusste, weiser sein können als das Bewusstsein, sollte man auch nicht übersehen. Man kann über alles träumen, über sich selbst, über den Nachbarn, über die Geschichte, über die Geheimnisse des Kosmos.

Traumverschiebung

Ein wichtiges Element aus dem Unbewussten wird im latenten Traum verschoben in eine entfernte Anspielung oder Banalität oder Zufälligkeit oder Randbemerkung oder Nebenszene. Das trifft gerne tabuisierte Dinge. So können z. B. Neid oder Aggressionen des Träumers, die seiner Selbstgerechtigkeit widersprechen, in unscheinbaren Schattenpersönlichkeiten oder -Szenen, die sogar nicht einmal einen Zusammenhang zum Haupttraumgeschehen aufzuweisen scheinen, dargestellt werden. Die Traumverschiebung ist ein typisches Mittel für die Verharmlosung, für die Unterdrückung von Wahrheiten, besonders von unangenehmen Wahrheiten, auch für Wissenslücken. Es ist deshalb wichtig für die Traumerinnerung oder Traumerzählung, niemals eine scheinbare Kleinigkeit, Unwichtigkeit auszulassen. Irgendein kleiner Vogel, der einen Kilometer vom Traumhauptgeschehen entfernt in irgendeinem Baum Piep macht, kann die Hauptaussage des Traumes sein, als optimale Verschiebung. Die Traumverschiebung ist ein Mittel, um vom Traumzentrum, vom Hauptinhalt abzulenken, die Motive dazu sind verschieden, es kann sich um Unverständnis handeln oder um absichtliche Verdrängung.

Trost:

siehe → Trauer und Trost

U

Unbewusstes

Verschiedene Theorien des „Unbewussten" finden sich in diesem Buch unter den Stichworten **„Freud, Sigmund"** und **„Jung, Carl Gustav"**, auch unter **„Archetypen"**. Sie sind hier nicht ausführlich wiederholt, abgesehen von der Jungschen Theorie des „Kollektiven Unbewussten". Die beiden genannten Forscher haben eine Wende im Denken mitgetragen, teils ausgelöst, nämlich mit folgender Aussage: dass uns das Unbewusste mehr und entscheidender motiviert als das Bewusstsein, nicht nur im Traum, sondern auch in der Realität. Das Bewusstsein folgt, wie käuflich, den Interessen des Unbewussten, es unterwirft sich, indem es die unbewussten Motive nachträglich erklärt, sanktioniert, kaschiert, legitimiert, vor dem Ich und vor den andern Personen. Oft genug bringt das Bewusstsein Pseudo-Erläuterungen, gar Lügen, um die egoistischen unbewussten Motive heiligzusprechen, auch um irgendetwas Kluges, Vernünftiges zu sagen, statt Nicht-Wissen einzugestehen. Sigmund Freud spricht von der „sekundären logischen Bearbeitung"; der Trieb wird mit Logik künstlich übermalt. Diese Übermalungsfassade fällt im Traum in der Regel weg, das Unbewusste zeigt sich ungeschminkt, weshalb der Traum wahrer ist als das logisch erscheinende, aufgesetzte Alltagsgerede.

Gravierende Folgen für die Traumdeutung hat die Erkenntnis des C.G. Jung, dass das Unbewusste des Träumers mehr umfasst als die persönlichen Erlebnisse, Erfahrungen, Erinnerungen des Träumers. Das Unbewusste ist zum großen Teil ein „kollektives" Unbewusstes, es ist größer und älter, so kann man sich ausdrücken, als der Träumer, als das momentane Individuum. Deshalb wissen auch Träume mehr als das Ich-Bewusstsein.

Das Unbewusste ist sprachlich gesehen das Nicht-Gewusste. Man kann es nicht messen, sezieren, nicht grafisch oder mathematisch darstellen. Es entzieht sich der üblichen naturwissenschaftlichen Beschreibung. Dass es existiert kann man nicht direkt beweisen, sondern nur aus seinen Ergebnissen, Aktionen und Reaktionen erschließen – besonders dann, wenn es im Gegensatz zum Bewusstsein, zum wahrgenommenen eigenen Willen steht. Z.B. sagt das Bewusstsein zu sich und andern, dass man keine Angst haben muss, durch einen Tunnel zu fahren, ein Mensch als Ganzes aber, d.h. mit Bewusstem und Unbewusstem, kann einen Panikanfall bekommen, wenn er gezwungen wird, durch den Tunnel zu fahren. Vernunft, Verstand, rationale Absicht können vom Unbewussten ausgehebelt werden, besonders bei Ängsten, Destruktionen, Unfähigkeiten, auch in der Kreativität oder bei dem Thema Sympathie-Antipathie. Der Mensch kann zu Fehlern, Versagen und Abwehr geführt werden, obwohl er es bewusst nicht will. In solchen und vielen anderen Fällen kann man mit Fug und Recht einen unsichtbaren und nicht greifbaren Seelenteil annehmen, der eine Wirkung ausübt, der also vorhanden sein muss. Die Tatsache selbst eines „unbewussten" mentalen oder psychischen Gebildes ist nicht umstritten. Man kann auch nicht übersehen, dass das Unbewusste sehr viel produziert. Über seine Art und Weise, über seine Qualitas, auch über die Quantität, gehen die Meinungen in der Wissenschaft jedoch auseinander. Wo das Unbewusste lokalisiert ist, ist ebenfalls umstritten. Die Griechen meinten, dass das Unbewusste oder die Seele überhaupt im Zwerchfell sitze (im phren – daher kommt der Ausdruck Schizophrenie = gespaltene Seele). Modern denkt man meistens unausgesprochen, dass es im Gehirn sich befinde. Wenn einer sagt, das Unbewusste findet sich in einer Cloud, frei floatend, gar außerhalb des Körpers, wer kann das Gegenteil beweisen? Vielleicht sitzt das Unbewusste ja auch, z. B. als Erfahrungsspeicherung, in den Zellen?

Zum Traum hat das Unbewusste eine bevorzugt enge Verbindung. Der Traum wird verstanden als Ausdruck der Tätigkeit des Unbewussten. Wer sonst als das Unbewusste produziert die Träume? Und es ist der Traum der bevorzugte Zugang zum Unbewussten. Man kann Geheimnisse, Strukturen und Inhalte des Unbewussten auch in der Kunst, Literatur, in der Religion, Architektur, im Geist oder der Ideologie einer Zeit, ganz zu schwiegen von Filmen und Werbung, erkennen, am besten und intensivsten aber im Traum. Die Inhalte des Unbewussten nennt man, ob positiv oder negativ, „Komplexe". Das Unbewusste kennenzulernen, z. B. durch die Träume, ist von großer psychotherapeutischer Wirkung. Derjenige Mensch ist psychisch am heilsten, bei dem Bewusstsein und Unbewusstes deckungsgleich sind. Das ist aber selten der Fall, in der Regel unterscheiden sich das Bewusstsein von uns selbst (unsere Selbsteinschätzung) und die Wahrheit unseres Unbewussten. Wahrnehmung und Wissen von uns selbst sind nie fertig oder vollkommen, wir verdrängen unbewusste Seiten als Schattenseiten, wir machen uns etwas vor, wir leugnen vor den anderen Unbewusstes, wir überhöhen, erniedrigen uns, sind viel weniger informiert als das auf seine Art geniale, vollständige Unbewusste. Die Divergenzen sind typisch menschlich. Allein wie unsere Biochemie abläuft oder auch die Aktivität in den Pflanzen oder Galaxien ist ein „unbewusster" Prozess und nebenbei auch eine extreme Hochkunst und Genialität, wovon wir im Bewusstsein nur Splitter besitzen. Die „Natur" und ihre faszinierende Gesetzmäßigkeit kann als das Unbewusste angesprochen werden. Hier kann man sich einmal klarmachen, dass es eine Überlegenheit des Bewusstseins gegenüber dem Unbewussten im Prinzip nicht gibt.

U Ein wichtiges Kriterium ist auch dies: „das Bewusstsein trennt", sagt C.G. Jung – dagegen ist das Unbewusste in seiner Tiefe grenzenlos (griech. apeiron), d.h. ohne Rand, Trennung, Abschluss, und es ist die Kraft im Menschen, die die „Einheit" darstellt oder wenigstens möglich machen kann bzw. sie auf dem Wege der Evolution behalten hat. Alle Kollektivphänomene werden bevorzugt vom „Unbewussten" gefördert und geschaffen. Das Unbewusste stellt die Eltern des Bewusstseins dar, welches ein Spätprodukt, eine spätes Kind der Evolution ist. Leben funktioniert hervorragend ohne Bewusstsein (Bäume, Gräser, Schnecken, Biotope, Wolken, auch unsere Verdauung oder unsere Blutzirkulation). Das All ruht auf dem Räderwerk der Gesetzmäßigkeiten, Selbststeuerungsprozesse des Unbewussten. Und zwar meisterlich – das Bewusstsein, das in der Regel mit einem „Ich" verbunden ist, kann daran eher etwas zerstören. Im Traum sitzt die Gegenkraft des bewussten Ichs, welche in Kopf und Ratio sitzend traditionell gedacht wird, „in der Brust", wie eine unbewusste Intuition zu denken. Nämlich Mut, Feigheit, Zielstrebigkeit, Hoffnung, Vertrauen, Gefühl, Ahnung, Stimmung, Tapferkeit, Liebe sitzen in der Brust. Die unbewusste starke Emotion hält sich quasi im Organ Herz oder wie gesagt im Brustkorb (altgriech. Thymos) auf. So kann das Traumsymbol der „Kleidung" des Oberkörpers die Launen, Gefühle, Geheimintentionen eines Menschen zeigen, z.B. im Traumsymbol „Bluse" oder „Pullover" oder in einer speziellen Farbe. Was im Traum-Brust-Bereich symbolisch angedeutet wird, ist spontan und wahr = eine echte Stimmung. Wie es in der Brust im Traum lebt, so fühlen wir (unverstellt).

Das „Bewusstsein" ist der Teil der Psyche, der mit Selbstwahrnehmung, mit Wissen-um-etwas, mit einer Art Geistesgegenwart und Kontrolle verbunden ist. Das „Unbewusste" dagegen schläft, schlummert, ruht, ist an der Oberfläche nicht als aktiv feststellbar, wirkt aber im Untergrund. Die Inhalte des Unbewussten können unter bestimmten Bedingungen ins Bewusstsein überführt werden. Was z.B. vergessen ist, kann erinnert werden, was verdrängt ist, heraufgeholt werden. Als Vergleich: die latenten, heimlichen, großartigen Naturgesetze können ins Bewusstsein geholt und in Sprache, Formel festgehalten werden; sie werden Jahr für Jahr entdeckt. Die inneren Gesetze, nach denen eine Pflanze wächst und lebt, ähnlich eine Galaxie XY, können sukzessive naturwissenschaftlich ans Licht gehoben werden und „bewusst" dargestellt werden. Die Inhalte des Unbewussten sind üblicherweise oder vorübergehend nicht im Focus der Aufmerksamkeit, manchmal werden sie sogar geleugnet, manchmal gibt es Irrtümer über sie, oder sie scheinen im Bereich des Undenkbaren zu sein – aber wenn die rechte Zeit und der interessierte Forscher kommen, werden sie erkannt und definiert = dann sind sie bewusst. So mag das Unbewusste sogar Zukunftsperspektiven beinhalten – auf jeden Fall aber alle Vergangenheit. Der Traum ist ein genialer Weg, geradezu ein Geschenk, um unbewusste Inhalte dem Bewusstsein näherzubringen.

Beide Teile der Seele, das Bewusste und das Unbewusste, sind nach C.G. Jung außerordentlich „real", also eine Wirklichkeit, keine Fiktion. Das Unbewusste ist zu unterscheiden in ein individuelles Unbewusstes und in ein allgemein verbreitetes, bei allen Menschen auffindbares Unbewusstes. Das „kollektive" Unbewusste, als das letztere, ist im Grunde ererbt, mit ihm kommen die Menschen auf die Welt. Es besteht aus Reaktions- und Fühlmustern archaischer, instinktnaher Art, es bietet Strukturen, Konstellationen, Rahmen an, innerhalb derer man erleben kann. – Das unbrauchbare Gegenteil wäre: Erfahrung und Erleben ohne Darstellungsmittel, in einer vorgegebenen Leere. – Diese Muster sind die „archetypischen" patterns, welche unsichtbar aber wirkkräftig sind und nur sekundär in bestimmten, verwandten, ähnlichen Formen, z. B. für die Liebe oder den Kampf oder den Tod oder für die Geburt, nämlich in den Traumsymbolen, d.h. in den „Bildern" des Traums, greifbar werden. Das Auffinden eines allen Menschen ähnlichen kollektiven Unbewussten, nicht gelernt, sondern bei der Geburt mit-erhalten (a priori), beruht auf Erfahrung, nicht auf einer Theorie oder einem Ismus. Empirisch ergab sich mit der Zeit das große Symbolwissen des C.G. Jung bzgl. des „kollektiven Unbewussten". Auch der Autor dieses Buches ist über die Kenntnis von vielleicht 40.000 Träumen, über Jahrzehnte, auf das Vorhandensein der immer wiederkehrenden Archetypen bei verschiedenen Menschen gestoßen. Hunderte Male kommt das „Haus" im Traum vor, und immer hat es eine vergleichbare Grundbedeutung. Im Einzelfall kann es aber natürlich etwas variieren, d.h. das Verhältnis des „persönlichen Unbewussten", in dem die biografischen, einmaligen Erfahrungen der Person mit „Haus" gesammelt sind, zum „kollektiven" Unbewussten ist nicht immer gleich. In vielen Fällen dominiert die kollektive = d.i. archetypische Bedeutung, in anderen Fällen auch einmal die persönliche. Wir denken jetzt nur an die Träume, die irgend jemand über eine längere Zeit aufschreibt oder hört (z. B. als Therapeut): allein diese Zahl reicht aus, um öfter und wiederholbar auf das Motiv und auch auf die Bedeutung „Haus" zu stoßen, vielleicht maximal in den oben genannten hundert Malen.

In diesem Zusammenhang können wir das „Selbst" ansprechen, das die Integration des Unbewussten in das Bewusstsein – zu einem einmaligen Individuum – meint. Nimmt man auch die Integration des „Schattens", der inferioren, gern verdrängten, geleugneten, gar eventuell ‚teuflischen' Seelenteile hinzu, sprechen wir von der „Individuation" (C.G. Jung). Der Erfolg eines solchen Weges gelingt allerdings nur wenigen, er ist nicht leicht. Das Unbewusste, wie augenfällig an den Träumen zu erkennen, umfasst dasjenige, was als Erfahrung nicht mehr präsent bzw. bewusst ist, und das, was nie vollständig bewusst erfahren werden kann, oder auch das, was erst später noch erfahren werden soll. Hier geht es um die Grenzen unserer möglichen Vollkommenheit – sie ist als Lebensziel, Ergebnis sehr selten. Wir sind auf dem Weg (mehr nicht)... zu Selbstwerdung und zu Selbstverwirklichung. Die „Persona" auf diesem Weg hat eher die Funktion einer Maske: wie wir wirken wollen, was wir darstellen wollen. Logisch, dass die Selbstdemaskierung, der Abwurf der Persona-Maske, notwendig ist auf dem Weg zum „Selbst".

Es ist wichtig anzumerken, dass das Unbewusste polar ist, es enthält die Gegensatzpaare Gut und Böse, Tod und Geburt, Hass und Liebe oder Yin und Yang in sich; es ist dialektisch. Im Unbewussten fallen die Gegensätze tendenziell zusammen, das ist wichtig für die Traumdeutung. Die Symbole „Bär" und „Löwe" z.B. haben sowohl eine negative Kraft als auch eine positive. „Leben", wie wir es biologisch und auf der Erde kennen, ist sui generis Gegensätze umfassend, und zwar zwingend. Strom fließt nur bei Anode und Kathode. Als Geist oder als Gnostiker zu leben, zu existieren mag etwas anderes sein, das wäre vielleicht in der Eins und nicht im Gegensatz. Das Sein hat grundsätzlich viele Formen, Zahlen, Strukturen, von denen nur unser Unbewusstes und unsere Träume etwas ahnen können. In der Welt und hiesigen Schöpfung jedenfalls ist dieses Sein polar.

Bezüglich des Seelenteiles, der für unsere Beziehungen verantwortlich ist, kann man im Unbewussten, und im Traum als seinem Sprachrohr, erkennen: Wer kein Verhältnis zu sich selbst hat, hat auch keins zu anderen. Man kann also ggf. im Traum Vorgetäuschtes über seine Beziehungsfähigkeit erkennen, was selbstkritisch oder desillusionierend sein kann, aber immerhin wahr und nützlich. Beziehungen beruhen nur sehr eingeschränkt auf dem Bewussten.

Auf Erfahrung, nicht auf Theorie, Dogma, Lehre, beruht auch die Tatsache, dass im Unbewussten eine Spiritualität zu beobachten ist. Es fällt unter einer entsprechend großen Menge von Träumen, unbewusstem Vergleichsmaterial auf, dass der Mensch einen nicht zu leugnenden Bezirk hat, in dem er religiös ist, „religiös" oder ‚religiös' fühlt – mag er auch im Bewusstsein atheistisch sein. Spirituelle Träume, Botschaften über das Göttliche oder über eine alternative geistige Welt sind unübersehbar, sie kommen oft vor, sagen wir pauschal: unter 100 Träumen sind einige. Jeder ist im Unbewussten Mystiker, ob er das mit dem Verstand, also bewusst, will oder nicht. Man kann davon ausgehen, dass viele Mystiker, Religionsgründer, Erleuchtete sich von hochspirituellen Träumen begleitet sahen. Manche empfinden folgende Aussage als provozierend: aber der Mensch ist in diesem Sinne „unrettbar religiös" (Berdjajew). Die unio mystica – auch sie ist quasi göttlich – ‚pränatale, postmortale, außersinnliche Himmelserfahrungen finden sich in der Tiefe des Unbewussten, nicht einmal sehr selten, mag die Ratio dies auch heftig bestreiten. Solche Traumerlebnisse stammen bildlich gesprochen vielleicht aus dem „dritten Himmel" (vgl. des Paulus' Erleuchtungsbericht), wenn nicht aus einem höheren, jedenfalls kaum aus dem ersten Himmel (oder Bardo, Zwischenreich). Es mag für den Aufstieg, vorübergehenden radikalen Ausstieg aus der Welt „sieben Himmel" geben – aus dem Bild ergibt sich, wie weit die Reise zu einem solchen Traum geht, wie fern man seiner irdischen Existenz dann ist. Man war entsprechend außer sich und kann dann zurück auf der Welt kaum noch von solchem Erlebnis, dem anderen Zustand, berichten, man kann nur schwer sich erinnern. Da geht es um Träume in der Non-REM-Phase. Deshalb sind Erinnerungen an spirituelle Träume zahlenmäßig geringer als an die diesseits-verhafteten Verarbeitungsträume. Bei dem spirituellen Aspekt, Ausflug und Traum geht es um die Weisheit des Unbewussten, die für den erfahrenen Traumforscher faszinierend ist. So dass man sich zu der Feststellung bewegen lassen kann: „Das Unbewusste weiß alles". Wie man auch ähnlich den Satz riskieren kann: „Der Foetus weiß alles." Da findet man sich in guter Nachbarschaft mit den alten hinduistischen Schriften, mit den Upanishaden. Die totale Weisheit, hinter der Welt der Täuschungen – sie kann im Traum aufleuchten. Das ist eines der „Geschenke", die das Unbewusste dem Menschen gibt. Die unbewussten genialen Gesetze der „Natur", die Schöpfungsprozesse, sind auch ein solches Geschenk. Der Sinn-Sucher stolpert über die Tatsache, dass der Traum ein Geschenk ist. Eines, aber nicht das häufigste, ist das Geschenk einer Art „Jenseitsreise" – es fehlen uns halt die richtigen Worte für das Transzendente. Es wäre aber fatal, andere Welten zu leugnen, man würde dann wie ein politischer Zensor bestimmte Träume aussortieren. Die Spiritualität des Unbewussten oder der Träume zu leugnen ist eine Art Bücherverbrennung. Schon rein physikalisch ist man ja auch bei der Erkenntnis angelangt, dass es viele Universa gibt, nicht nur ein einziges All.

Das Unbewusste kann auch definiert werden als unsere Vorgeschichte (C.G. Jung). Oder aber auch als komplementärer weiblicher Seelenteil des Mannes (Anima) bzw. als komplementärer männlicher Seelenteil der Frau (Anima).

Was man „versehentlich" im Traum tut, ist „unbewusst" und zwanghaft. D.h. die entsprechende Aktion hat ihre Logik, sie ist weder zufällig noch unverständlich, das Unbewusste erzwingt die Aktion. Meistens geht es um einen Wiederholungszwang. Verdrängte Erinnerung steigt zwanghaft hoch und muss dargestellt werden. Auch wenn Bewusstseinskräfte oder das

U Ich-Wollen dies ablehnen. Z.B. ein sogenanntes Täter-Introjekt (beim Opfer) meldet sich gern unbewusst. Dieses Muss der Aktion kann man auch als Symbolisierungszwang, Ausdruckszwang, Darstellungszwang, Offenbarungszwang bezeichnen. Verdrängtes, Vergessenes, Abgetanes aus dem Unbewussten will und muss in die Manifestation. Dieses „Versehentliche" sagt ungefähr: ‚Ich bin trotzdem da, und ich beherrsche eigentlich alles, man hat mich Komplex im Unbewussten nicht löschen können'. In den Träumen des Scheiterns und der Angst meldet es sich gern.

Die Theorie des Unbewussten – was das Unbewusste eigentlich ist – ist eine entscheidende Frage, eine wichtige Angelegenheit, denn sie gibt auch eine Antwort dazu, was die Träume eigentlich sind. Da gibt es herkömmliche, anerkannte und auch sehr alternative, neue Theorien. So bezeichnet der Däne Martinus das Unbewusste als „Nachtbewusstsein", und dies sei das „Tagesbewusstsein auf der geistigen Ebene", gemeint ist etwa im Jenseits.[26] Nach Martinus kann man auch alle Erinnerungen aus früheren Leben als das Unbewusste verstehen. Das Unbewusste kann auch begriffen werden als das „Überbewusstsein", das „transpersonale Selbst", das „höhere Selbst", so etwa in der Psychosynthese des Roberto Assagioli, es arbeitet synthetisierend, d.h. Ganzheit erstrebend, vervollkommnend. Bei Stanislav Grof und anderen ist das Unbewusste so trans-personal, dass es wie in einer Cloud gespeichert gedacht werden kann, nicht im Gehirn (sondern „beyond the brain"), und dass dagegen das Gehirn lediglich ein Empfänger ist; die Nervenzellen des Gehirns sind nur Rezeptoren, wie ein Radio oder Monitor; die Sende-Inhalte, die Gedanken, der Geist und das Unbewusste sind irgendwo im Raum floatend, unsichtbar, werden durch neuronale Darstellung manifest. Nirgendwo im Menschen sitzt demnach das Unbewusste – sondern außer ihm. Der Körper ist nur Werkzeug, um das Unbewusste abzubilden. Bei Rupert Sheldrake gibt es irgendwo im Raum das „Gedächtnis der Art", also einen Katzenhimmel oder einen Pferde-Erinnerungs-Speicher, wo alle Erfahrungen einer Tiergattung gesammelt und niedergeschlagen sind und woraus die zukünftigen Tiere gespeist werden, per telepathischer Sendung. Dieser Gedächtnis-Bezirk ist das Unbewusste für das neue Tier und sein sogenannter „Instinkt". Das Unbewusste ist unsichtbar und gestaltbildend, sogar so weit, dass es als schöpferisches Energiegitter dafür sorgt, dass aus den einen Stammzellen Hühnerfüße werden und aus den anderen (ehemals gleichen!) Stammzellen der Schnabel; dann heißt dies Phänomen bei Sheldrake: „morphogenetisches Feld". In der Philosophie kann man hier an die Platonische Welt der metaphysischen, erzeugenden Urbilder denken (idea, eidolon): Durch die ewige, sich nicht verändernde Idee „Baum" haben alle Bäume Form und Existenz, per Teilhabeschaft. Die geistigen Bilder haben das Sein (to ontos on), die geschöpflichen Dinge, hier die biologischen Bäume, sind das „ Nicht-Seiende" (to me on). Was ist „Traum"? Vielleicht gar unser dinglicher Welt- und Lebensablauf? Wachen wir im Tod aus einem Traum auf, wie oft provozierend gesagt? Die sogenannte Realität als ein Traum? Und umgekehrt Traum und Unbewusstes als das Sein?

Bleiben wir etwas konkreter. Alle Erfahrungen aus der Schwangerschaftszeit können genau das sein, was uns im Leben als „Unbewusstes" begleitet. 90 Lebensjahre als Blaupause der 9 Monate, so scheint es manchmal. Das Unbewusste hat kreative Kraft, um Bilder, Erfahrungen, Impressionen in Realität umzusetzen. Unser reales Leben kann vielleicht nichts anderes sein als sichtbar gewordenes Unbewusstes. Unser Unbewusstes ist dann Materie geworden – um mehr ging es vielleicht nicht? Oder es mag wenigstens die sprachlich abgeschwächte Form, die in der Psychologie seit Sigmund Freud gemein ist, gelten:

Aber auch dann diktiert unser Unbewusstes unsere Entscheidungen. Und dann ist das Gehirn kein Denkorgan? Sondern eher nur ein Empfangs- und Darstellungsorgan: ein Monitor, der sich einbildet, er sei das PC-Programm, er sei das Denken? Der Monitor denkt, er sei die Software? Lange wurde in der Menschheit das Bewusstsein überschätzt, das Unbewusste unterschätzt. Revolutionär zerstörte Friedrich Nietzsche die Anmaßung des Bewusstseins bzw. der sogenannten Vernunft. Stärker als das Bewusstsein ist nach Nietzsche der „Automatismus" in den Lebewesen. Das Bewusstsein ist nur „ein Mittel der Mitteilbarkeit", „es ist nicht die Leitung, sondern ein Organ der Leitung", nur ein Werkzeug für unsere Beziehung zur Außenwelt.[27] Der Wille zur Macht, den Nietzsche als bewegende, schöpferische, organisierende Kraft gefunden oder postuliert hat (eine Art Dominanzstreben, das sich freiwillig nicht begrenzt), er entspricht dem Triebleben, und er hat mit Bewusstsein und Absichten wenig zu tun, er ist unbewusst, steht gar eigentlich jenseits von Gut und Böse, er ist der Motor des Lebens, also gleich einer allgemeinen Lebenskraft, jedenfalls für die Körperinteressen, und das sind die Überlebensinteressen. (Dieser Antrieb hat übrigens mit faschistischen Aspekten, die man dem armen Nietzsche gern unterstellt, nichts zu tun.) Moral und Kausalität sind dem Unbewussten wie auch dem Durchsetzungs-, Machttrieb fern. Da das Bewusstsein unvollkommen ist (!) – liegt Vollkommenheit oder ‚Vollkommenheit' eher im Unbewussten und in dem so gedachten, es ausmachenden Automatismus. Vergleichbar ist das kreative Basis-Programm der Natur, das angelegte Geheimnis, wonach alles funktioniert, „vollkommen", menschliches artifizielles Tun dagegen unvollkommen.

Übrigens, auch die Liebe, als Trieb und Gott Eros, als Streben, uns dem Göttlichen und unserer Unsterblichkeit nahezubringen, z. B. über das simple Vehiculum einer schönen Person, als Drang zu der totalen Idealität des Schönen und Glückseligen, als Anstoß, uns dorthin zu treiben, wo der Seele „Flügel" wachsen, als Rückverbindung zu unserer Ewigkeit (vgl. Platon), als Befreiung, als geheimer Motor der Schöpfung – ist unbewusst und vollkommen...

Das „Unbewusste" könnte gleichzusetzen sein mit der Vergangenheit, der Erinnerung, aber auch mit der Zukunft (mit Ziel, Zweck), mit dem Karma, mit dem Jenseits, mit dem „wissenden Feld" aus der Systemischen Familienpsychologie, mit dem Heiligen Geist, mit dem Schutzengel oder auch mit dem rastlosen Teufel, mit dem Thanatostrieb und dem Erostrieb, mit dem kollektiven Gruppengeist (wie bei der Bewegung eines Vogelschwarms), mit der Angst, ebenso wie umgekehrt mit dem parallelen höheren Wissen (,Du brauchst keine Angst zu haben; es gibt nichts Falsches; du bist okay'). Vielleicht ist es auch die reine Kompensation, wie bei Alfred Adler, oder der „Sinn" wie bei Viktor Frankl, oder die Ewige Wiederkehr des Gleichen, wie bei Nietzsche. Für Sigmund Freud bestand das Unbewusste primär aus unerledigten Wünschen. Eine wichtige These, zumal er damit auch erkannt hat, wie energiereich das Unbewusste ist. Vielleicht ist das Unbewusste in der Art „Natur", dass es vollkommen und dem Schöpfer ähnlich ist – und damit auch nicht lügt und nicht lügen kann, was schön in Träumen zu beobachten ist. Vielleicht ist es unsterblich. Vielleicht auch nur blinder Zufall. Im Moment lässt es sich mit dem Bewusstsein noch nicht ausreichend beschreiben.

Das Unbewusste hat eine starke Kraft, Gestalt zu werden, sich zu morphologisieren, d.h. als Ereignis – manifest und zugleich symbolisch – ins Leben zu treten. Es ist energiereich! Das Unbewusste hat die Tendenz, „etwas zu werden". Als Erstes oder als Vorstufe tritt es im Traum als Geschehen auf, da empfinden wir es aber noch als Bild, wenigstens nach dem Traum oder in der Erinnerung. Das Unbewusste ist das Kreative an sich – auch das wäre keine schlechte Theorie des Unbewussten. Die erste Stufe der Gestaltwerdung des Unbewussten ist das Traumbild. Eine weitere Stufe in der Realisierung muss dann nicht mehr unbedingt fern sein. Je verdrängter und vergessener das Unbewusste ist, umso mehr will es „werden" und seine Energie ausleben – das ist zugleich ein Traum-Gesetz.

Vielleicht ist das Unbewusste das eigentlich Kreative. Es scheint mental, es scheint nicht dinglich, aber vielleicht ist gerade das Unsichtbare das wahrhaft Seiende Platons (to ontos on). Ist die geistige Welt das Sein – und zu ihr gehört das Unbewusste –, und ist die materiell erscheinende Welt eher nur eine Abbildung ohne wirklich eigene Existenz- und Lebenskraft? Hören wir dazu etwas aus dem Leben des Sioux-Häuptlings Crazy Horse: Crazy Horse... „wurde Häuptling dank der Kraft, die er in einem Gesicht erhalten, als er ein Knabe war. Er [der Vater von Black Elk] sagte, dass Tolles Pferd [= Crazy Horse] in einem Traum in die Welt gelangt sei, wo nichts ist als die Geister aller Dinge. Das ist die wirkliche Welt, die hinter dieser liegt, und alles, was wir sehen, ist nur so etwas wie ein Schatten von jener Welt. Er war auf seinem Pferd in jener Welt, und das Pferd und er auf ihm und die Bäume und das Gras und die Steine und alle Dinge waren aus Geist gemacht, waren nicht hart... Sein Pferd...tanzte... wie ein aus Schatten gebildetes Pferd, und daher hat er seinen Namen erhalten, der nicht besagen will, dass sein Pferd verrückt oder wild gewesen, sondern dass es in seinem Gesicht auf diese seltsame Art herumtanzte."[28]

Siehe auch → **Komplexwanderung** und
→ **Systemische Psychologie**

V

Vatertrauma

Da geht es beispielsweise um die leider berühmte Geschichte, dass der Mann zeugt und dann weggeht. Ein Tierstufen-Syndrom ist es. Den Verlust des Erzeugers büßt leider die Frucht, das Kind. Anders ausgedrückt: Wut und Ärger der Frau – und zwar allgemein der Frau wie speziell der verlassenen Frau – werden übertragen auf ‚seine' Frucht, auf den Stellvertreter des Erzeugers. Es gibt auch andere Fälle von Vaterverlust, die traumatisieren: z. B. den frühen Tod des Erzeugers. Hier muss man an die vielen Kinder als Kriegsopfer denken: vaterlos, Halbwaise. Manchmal starben auch beide Eltern im Krieg... Der Vaterverlust wird am Effekt gemessen, d. h. das Kind reagiert in einer bestimmten Weise, die unabhängig davon ist, auf welche Art der Vater verloren ging. Es zählt psychologisch, wie die Verlusttatsache abstrahiert und faktisch beim Kind ankommt: Vater ist weg, fehlt: so fühlt es sich primär an, von verschiedenen Umständen und Gründen, von Schattierungen abgesehen. Für Kinder beiderlei Geschlechts ist der Vaterverlust ein Trauma. Es fehlt eine Sicherheits-, Zuwendungserfahrung, es fehlt ein Muster für typisch ‚männliches' Tun draußen und für den ggf. andersgeschlechtlichen Seelenteil im Innern (im Unbewussten) des Kindes. Symbolisch tritt das Kind nicht mit einem Paar von Schuhen im Traum auf, sondern nur mit einem, was nicht günstig ist für den Lebensweg.

Dramatisch ist der Verlust des Erzeugers in der Schwangerschaftszeit. Mit einiger Wahrscheinlichkeit ist dann mit einem großen Geburtsproblem zu rechnen, das das Kind auch körperlich, gesundheitlich schädigen kann. Die Mutter steht unter Wut,

Schock, Enttäuschung oder wenigstens hohem Stress, der im Fokus der Geburt (noch einmal) kumuliert. Auch zuvor, als die Mutter vom Verlust des Geliebten, des Erzeugers erfuhr, kann eine Schockwelle durch Mutter und Kind gegangen sein, die manifeste Folgen für den Säugling haben kann. Weitere Sonderfälle des Vatertraumas sind: die Mutter ist gegen ihren Willen geschwängert worden; oder sie lehnte den Erzeuger immer schon (ggf. heimlich) ab; oder die Ehe wird früh geschieden. Solches überträgt sich auf die Seele des Kindes später, kann aber auch schon in einem Geburtstrauma wirksam werden. Die Träume zeigen verborgene Wahrheiten auf, wenn auch vielleicht erst spät oder anfangs undeutlich. Eine solche Wahrheit kann sein: Der Vater lehnte mich ab. Oder ein Stiefvater versteckte heimlich seine Aversion. Die Aufklärung über die Wahrheit im Vaterverhältnis – wie auch im Mutterverhältnis – ist schmerzlich, aber sie heilt und erklärt manchmal schlagartig viele scheinbar unverständlichen Verhaltensweisen eines Menschen (eines Träumers). Bei der Wahrheit, auch der grausamen, geht dem Menschen ein Licht auf, und das hilft. Desillusionierung ist das heilsame Ende von Täuschungen, von Ent-Täuschungen.

Ein Sonderfall des Vatertraumas ist die Sache mit den Kuckuckskindern. Es gibt mehr untergeschobene Kinde als man denkt. Sie sind belogen worden (manchmal lange), aber in ihrem Unbewussten, was weiser ist und die Wahrheit kennt, rumort es. Die Träume bringen ständig Botschaften, dass mit dem Stief- oder Adoptiv- oder Pseudo-Vater irgendetwas nicht stimmt. Abstammung (manchmal im Traum als „Fleisch"-Thema dargestellt), Zuwendungs- sowie Namensfragen werden angesprochen, auch Identitäts-Ausweise, Cards, Fahrkarten als Traumsymbole. Länger geistert ein affines Motiv durch die Träume – bis die Information einmal konkret wird. Träume zeigen eindeutig, dass ein Ersatzvater den biologischen Vater letztlich nicht ersetzen kann.

Die originäre Vaterwunde bleibt! Ebenso kann eine Ersatzmutter ein Muttertrauma letztlich nicht heilen, nur mildern. Als verräterischen Ausdruck kann man oft beobachten, dass in der Pubertät die Kuckucks- oder Adoptivkinder auffällig werden... Da meldet sich das verdrängte Unbewusste. Wenn Adoptivkinder länger belogen werden, entwickeln sie am Ende eine Aggression gegen die Stiefeltern.

Eine besondere Bedeutung hat der Vater für einen Sohn. Der Sohn wird männlich ‚über den Vater', in Pubertät, Vorpubertät. Er strebt, z.B. als Scheidungskind, unbewusst stark hin zu seinem fehlenden Vater, wenn er nicht extrem manipuliert worden ist, spätestens in oder nach der Pubertät. Damit hat der Junge im eigenen Interesse recht, welchen fragwürdigen Charakter der Vater auch haben mag. Sohn braucht Vater, und Tochter braucht Mutter, in vordringlicher Weise, für das eigene geschlechtliche Werden. Spätestens ab der Vorpubertätszeit gilt es, das zu berücksichtigen. Hier ist darauf hinzuweisen, dass grandiose Lügen oder Verschleierungen über den biologischen Vater die Sache nur noch schlimmer machen, d.h. die Entwicklung des Kindes zusätzlich schädigen. Im Traum ist die Sehnsucht und „Suche" nach dem fehlenden (echten) Vater überwältigend. Die Gefahr ist, dass man leider selbst, wie fast trotzig und bockig, auf jeden Fall bewusst sehr ahnungslos, solche Traumsignale überhört. Bei zwei Vätern, d.h. einem biologischen und einem sozialen Vater, kann das träumende Ich oft nicht unterscheiden, d.h. in der Traumsymbolik fallen diese Väter gern zusammen (das ist verständlich). Darüber muss man bei der Trauminterpretation, der Frage also, um welchen der beiden Väter es sich hier handelt, subtil nachdenken.

Das bekannte Phänomen, dass im Traum Stellvertreter eingesetzt werden, gilt es auch bei dem Vaterthema zu beachten: Sehr oft wird die Vatererfahrung, Vaterfigur mit den Traumsymbolen „Freund, Schulkamerad, Kollege" dargestellt. Auch nicht selten durch väterliche Vorgesetzte, Chef-Figuren. Das Unbewusste hat eine entsprechende Besetzung des Vaters als Autorität: z. B. „Ministerpräsident, Landeschef, Lehrer, Schulleiter", sogar der „Papst", können im Traum ein Vaterthema meinen.

Verarbeitung

Es ist ein gern gebrauchter Allerwelts-Terminus, dass Träume etwas „verarbeiten" würden. Dagegen lässt sich nichts sagen. Aber das Unbewusste arbeitet und verarbeitet sowieso ständig. Nicht nur das Unbewusste, auch die Realität, auch unser Leben sind ständig dabei, Erlebnisse zuzuordnen, zu begreifen, abzulegen. Der Ausdruck „Verarbeitung" ist für die Tätigkeit des Traum-Ichs nicht falsch, aber zu schwach. Man kann ihn allgemein so verwenden, dass man sich klarmacht, das Traum-Ich verarbeitet und bearbeitet insbesondere Unerledigtes, d.h. es möchte anschauen, lösen, begreifen können, löschen können, akzeptieren können usw. Die Verarbeitung hat also mehr mit Gefühlen und sehr starken Zielen zu tun, als der Begriff nahelegt. Wichtig ist er in dem Sinne, dass man versteht, warum Träume eigentlich stattfinden. Träume wollen Ordnung schaffen und heilen. Da wird nicht alles verarbeitet, sondern nur das, was noch nicht erledigt ist, was noch nicht erlöst ist. Die Verarbeitung hat dann den Zweck, das Unerledigte, das Unverstandene, das ggf. Belastende so zu bearbeiten, dass es in eine entsprechende Datei abgelegt werden kann. Beziehungsweise von jeder Erfahrung erstellen wir eine Datei, und diese muss in den entsprechenden Ordner. Dazu muss sie gestaltet, „bearbeitet" werden. Leben ist Entwicklung und Fortschritt, dazu gehört immer auch die Vergangenheit hinter sich lassen zu können. Die sehr unerledigte Vergangenheit aber bindet enorm. Das hindert den Fortschritt.

Das sieht man deutlich an den Albträumen. Wenn der Albtraum verstanden ist, dann ist er „verarbeitet", d.h. erledigt, kann abgelegt werden und kommt nicht wieder. Traumverarbeitung bedeutet also, Ereignisse und Gefühle so zu gestalten, dass sie in Ruhe zur Seite gelegt werden können. Die Bedingungen der Abspeicherung müssen hergestellt werden, das ist Traum als Verarbeitung. Ihr Ziel ist, sich mit früheren Erlebnissen nicht mehr als nötig noch beschäftigen zu müssen. Verarbeitet liegt das Ereignis in der Schublade, das entlastet und beruhigt.

Verfolgungstraum

Wir werden in einem Verfolgungstraum in der Regel von Bedrohlichem verfolgt. Das kann eine mentale, psychische Gefahr sein oder aber auch sehr handfest eine Lebensgefahr. Meistens geht es in Verfolgungsträumen um Erinnerungen, und zwar um Erinnerungen an Unerledigtes bzw. um Erinnerungen an kaum Bewusstseinsfähiges. Dies liegt oft in der frühen Kindheit oder auch in der Schwangerschaftszeit. Z.B. kann man als Frucht im Mutterbauch bedroht sein, abgetrieben zu werden. Das ist schon etwas recht Massives, was unser Überleben angeht. Man kann aber auch bedroht sein durch einen überdominanten Einfluss, z.B. von Erziehungspersonen, oder auch von gesellschaftlichen Faktoren, denen wir gerne entkommen wären. Zum Verfolgungstraum gehört meistens die Tatsache, dass eine Bedrohung wenig bewusst ist oder sehr früh stattfand, und besonders die Tatsache, dass uns eine Gegenwehr und ein Entkommen nicht möglich waren, und ein Zurückschlagen war uns schon gar nicht möglich. Das ist ein Faktor der Unterlegenheit, und der ist sehr wichtig bei Verfolgungsträumen. Manche Verfolgungsträume haben aber immerhin auch die Aussage, dass uns die befürchtete Katastrophe letztlich denn doch nicht getroffen hat, sondern dass sie nur immer lauernd vor oder hinter uns stand.

Man muss also bei einem Verfolgungstraum annehmen, dass es eine derartige Verfolgung, wenn auch symbolisch sehr verfremdet oder etwas alternativ zu deuten, tatsächlich gegeben hat und dass wir in der Situation ohnmächtig waren, z. B. als Kind unterlegen, dass wir aber durchaus die evtl. latente, versteckte Gefahr gespürt haben. So müssen wir im Traum vielleicht unser Gefühl von damals nachholen, die Angst, die Aversion, die unterbliebene Gegenaggression. Auch ein Davonlaufen wird nachgeholt, weil es ehedem nicht möglich war.

Eine andere Möglichkeit, die in einem Verfolgungstraum enthalten sein kann, ist die, dass ein Teil von uns einer bedrohlichen Situation entfliehen will, ein anderer Teil sich aber gebunden und gehalten fühlt. Da geht es um Konflikte, die gar nicht selten sind im Menschlichen, dass nämlich beispielsweise der Bauch zu uns sagt: ‚Nur ja weg hier', während aber die Vernunft sagt: ‚Ich muss wohl bleiben'. Das kann Beziehungen betreffen, das kann Elternpflichten betreffen, und es kann auch nicht selten eine interessante Stellung im Beruf meinen. Das heißt, man kann einen Verfolgungstraum auch manchmal so deuten, dass es einen inneren Konflikt gibt zwischen der Tatsache, einer Bedrohung entkommen zu wollen, und der Tatsache, aus anderen Gründen aber nicht wegzugehen oder wegzulaufen. Wir alle wissen, dass so ein Konflikt sehr oft im Leben vorkommt. Das trifft besonders zu in Träumen, in denen wir weglaufen wollen, aber nicht von der Stelle kommen, oder wo immer wieder kurios erscheinende Hindernisse uns am erfolgreichen Weglaufen oder Entkommen bremsen.

Verstrickung:

siehe → **Systemische Psychologie**

Visionen

Was man in Visionen schaut, erlebt, kann man mit den Inhalten, die in spirituellen Träumen auftauchen, vergleichen. Wir könnten die religiösen Träume und die Visionen als Erleuchtungserlebnisse bezeichnen. Es gibt jedoch auch Unterschiede. Wenn wir an die Visionen von z. B. Hildegard von Bingen oder Meister Eckart oder Yogananda denken, oder gar auch an visionäre Bilder unter Drogen, oder auch an Visionen in Meditation, durch Fasten oder Selbstkasteiung, so fällt der Unterschied zum Träumen auf: es fehlt nämlich der Schlafzustand. Die Inhalte von Traum und Vision kann man also vergleichbar deuten – doch die Frage ist: Fällt der Unterschied von Schlafen und Wachzustand ins Gewicht? Ein wenig, so scheint es uns, macht es aus, d.h. wir gehen davon aus, dass im Schlaf das Bewusstsein, der Wille, das Ich mehr zur Seite geschoben oder ausgeschaltet sind als in der Vision. Wegen des sozusagen geringeren Ichs könnten die Träume objektiver, authentischer und wahrer sein. Die Zielrichtung von Vision und Traum ist aber ähnlich: Im religiösen Traum wie auch „ in der Vision kann ein Mensch sein erstes Selbst, seine körperlose Substanz sehen, hören, spüren..."[29] Gerade die Indianer Nordamerikas sahen keinen bemerkenswerten Unterschied in Vision oder Traum, in beiden konnte der junge Mensch seine Lebensaufgabe erkennen bzw. mitgeteilt bekommen oder auch sein Krafttier erleben.

Vogelträume

Vögel können fliegen, es scheint so, als könnten sie die Erdanziehung überwinden. Sie stehen daher in Analogie zu Objekten, die nicht der Schwerkraft unterliegen. Sie machen den Eindruck, „frei" zu sein. Sie stellen nicht das Körperliche des Menschen dar, sondern seinen Geist, seine Seele. Man kann auch sagen:

V Vögel sind Gedanken. Das „Fliegen" ist grundsätzlich ein Symbol für Freiheit und Transzendenz. Wenn die Gesetze der Materie überwunden zu sein scheinen, dann auch die der Zeit. Den Vögeln eignet etwas Himmlisches, Ewiges, sie sind ein Kontrast zur Erdenschwere. Ihre Art von Unabhängigkeit ermöglicht ihnen eine Distanz, etwa in der Form von Höhe, so dass sie einen besseren Überblick repräsentieren, was im Effekt Wissen und Weisheit meint. So hat der ägyptische Thot einen Ibiskopf und ist der Gott der Weisheit und des Aufschreibens. Als sozusagen Unmaterielles stellen Vögel gern die vorgeburtliche menschliche Seele dar – und ebenso die freie, körperlose Seele nach dem Tod. Solange sich das Kind noch im Mutterleib befindet, ist es einem Vögelchen vergleichbar, und nicht umsonst zeigen Grabsteine manchmal die Plastik, dass ein Vogel davon schwebt, das meint den Flug der körperlosen Seele ins Jenseits.

Eine weitere Vogelsymbolik ist das Hacken, das Aggressive des Schnabels, besonders bei Raubvögeln. Ebenso gibt es das „Schnäbeln" und das „Vögeln": hier geht es um Sex. Der Falke z. B. bedeutet in der Traumsymbolik (der Antike) eine hochgestellte, edle, fast königshafte Person/Seele, dazu den aggressiven Jäger sowie besonders auch die sehr kluge Seele (mit optimalem Auge). Mystisch-jenseitig angehaucht sind Kraniche, Reiher und Störche. Es ist kein Zufall, dass der Storch in der Anderwelt beheimatet scheint, von woher er nach dem Aberglauben die Kinder holt und bringt. Die Taube ist in der Antike der Beivogel der Göttin (Aphrodite, Astarte), als solches Attribut repräsentiert sie die weibliche Gottheit. Der Heilige Geist im Christentum ist eigentlich weiblich (das weibliche Element in der Trinität), was man an seinem Symbol, der Taube, noch ablesen kann. Im Kontrast zu Raubvögeln trägt die Taube auch eine Friedens- und Liebessymbolik. „Weibliche Seele" wäre die erste Bedeutung, an die man in einem Tauben-Traum denken könnte. Schon der berühmteste Traumdeuter der Antike, Artemidor, sagte: „Tauben bedeuten Frauen" [II, 20]. Grundsätzlich passen Vögel zum Thema Frau, Weiblichkeit, Mutter, auch Mutterabhängigkeit, auch die Hühnervögel. „Hahn" dagegen ist stark männlich, tendenziell phallisch. Vogel mit Ei oder Kugel oder Ball kann ein Schwangerschaftsthema andeuten. Weißer Vogel kann Bezug haben zu einer Seele im Jenseits, Totenreich.

Wenn wir die Symbolik des Vogels dem Seelischen zuordnen, dann meinen wir eine menschliche, persönliche Seele. Sie wird treffend ausgedrückt in der ägyptischen Ba-Seele. In der Totenkammer oder Pyramide steht sie als Vogelfigur mit Menschenkopf. Sie ist die Lebensenergie, Vitalseele des Verstorbenen, die im Jenseits, in der Unterwelt weiterlebt. Es gibt zwei Lebensenergien oder Seelenkräfte im Ägyptischen: eine Ba-Seele als Persönliches und eine Ka-Seele als überindividuelle belebende kosmische Kraft. Aus deren Zusammenspiel existiert „Leben" eines Subjekts auf der Welt. Ähnlich wie im Hinduismus Jiva und Atman. – Zusammengefasst gesagt, assoziiert ein Vogel im Traum zu einer Seele (welche im Prinzip zur transzendenten Welt gehört).

W

Wald:

siehe → **Pflanzenträume**

Warnträume:

vgl. → **Zukunftsträume**

Wasser

Wasser hat mehrere Bedeutungen: Es steht prototypisch für Materie/Natur, und es steht aber auch manchmal für Geist, und es steht oft für Gefühl. Als Fluss oder Bach stellt der Wasserlauf einen Lebenslauf dar, nicht selten auch, besonders als Bächlein, das sehr vital strömen kann oder auch umgekehrt gestaut ist oder durch Hindernisse erschwert ist, den Schwangerschaftsverlauf. Als ruhender See kann das Wasser die mentale Aufgabe (Lebensaufgabe) einer Person oder eines Paares anzeigen. Ein Blick in ggf. sehr klares tiefes Wasser bedeutet eine besondere Erkenntnis oder allgemein die Weisheit. Dagegen ist das schmutzige Wasser ein Stresszeichen, vielleicht sogar ein Krankheitsomen, wenigstens weist es auf gewisse Probleme hin. Die Steigerung wäre Matsch, Schlamm, das ist schon erheblich negativ. Im Wasser zu ertrinken kommt nicht so selten in Träumen vor: Verlust, Aufregung, Trauma, eine Grenznähe zum Todthema, also insgesamt etwas wie Todesangst, Todesnähe – aber noch weit von Sumpf, Morast entfernt, wo die Todnähe größer und ernster ist. Zum Eintauchen ins Wasser gehört auch das Motiv „Sprung ins kalte Wasser": Dies meint eine radikale Entwicklung, Änderung, ob nun als Lebensabschnitt oder als ‚Sprung' ins Diesseits oder auch gern in das Jenseits, in die andere Dimension (wie auf altgriechischen Vasen).

„Wasser" ist als Traumsymbol ambivalent. Es gibt wie im Märchen die Bedeutungen „Wasser des Lebens" und „Wasser des Todes". Für den Dürstenden und für den Sinkenden hat es eben zwei ganz verschiedene Bedeutungen. Wasserzustand und Wasseroberfläche in Träumen spiegeln unseren aktuellen Gefühls- und Gemütszustand: Ruhe, Frieden, Aufregung, Erregung, Stress, Wut und Ähnliches. In der Regel verheißt es eine ungute Sache, wenn im Traum Kleidungsstücke oder Körperteile „nass" werden, wenn man „im Regen" steht oder wenn gar das Wasser in ein Zimmer eindringt. „Wassereinbruch" verweist manchmal auf eine Bedrohung in der Uteruszeit.

Eine Besonderheit ist das Motiv „Schwimmen im Wasser". Es zeigt einen erotischen Zustand an: Sex, Verliebtheit, Gefühl (a). Und zum anderen ist es auch eine Erinnerung an den Aufenthalt im Mutterbauch (wir schwimmen vor der Geburt im Uterus) (b). Der innere Zusammenhang dieser Doppelbedeutung ist der, dass unsere Erotik als Erwachsener vom Uterusaufenthalt, vom Geburtsprozess und von der Erfahrung bezüglich Mutterbrust abhängig ist. Das Sexualverhalten eines Menschen wird äußerst früh festgelegt, wenn man auch sagen kann, das geschehe indirekt.

Die Bewegung des Wassers beinhaltet ein Geheimnis und eine Energie. Stehendes Wasser hat weniger Heilkraft als gegossenes, fließendes Wasser. Eine ideale Energie entsteht, wenn das Wasser sich in horizontaler und zugleich vertikaler Drehbewegung sowie in noch weiteren inneren Strudeln fortbewegen kann (vgl. Quellen, Wasserfälle, mäandrierende Wasserläufe). Hier haben wir die gleiche geniale Bewegung wie im Kosmos, bei Galaxien und anderen Naturphänomenen. (Über diese Art schraubenähnlicher Bewegung äußerten sich näher die Österreicher Jakob Lorber und Viktor Schauberger.)

Wiedergeburt und Karma

Es ist weder zu übersehen noch zu bestreiten, dass die Träume oft die Wiedergeburt lehren. Und zwar als banale Normalität, als Selbstverständlichkeit, bar jeder komplizierten Diskussion. Wenn beispielsweise in einem Geburtstraum von oben herab der Träumer in banger Erwartung die weiße nebelige Wolkendecke durchstößt und sich mit anderen auf ein ungewisses Schicksal unten vorbereitet, dann wird diese Reise oder dieser Eintritt mit dem Attribut „wieder" kommentiert. Was eigentlich bei einer Seelenwanderung oder Wiedergeburt reinkarniert, kann nicht logisch, exakt, präzise genau, sondern nur per Bild dargestellt werden. Rational hat man für die verschiedenen Elemente des Menschlichen keine ausreichende Beschreibung. Man kann z. B. vom „Atman" sprechen, um den übergeordneten, ewigen Geist des Weltalls zu bezeichnen. Atman ist ein Begriff für den unindividuellen Nous, der das Prinzip der Kreativität, des Lebens und der Lebendigkeit ist, eine Art Schöpferkraft wie Brahman, an welchem die Lebewesen partizipieren. Man mag diese Kraft als Geist bezeichnen, als die unsichtbare Energie hinter allem, ständig schaffend, nie sich selbst manifestierend, als die unsichtbare Gabe der Existenz und des Lebens. Bei einer gedachten Dreiteilung der menschlichen Bestandteile gibt es auch einen Ausdruck für die individuelle Seele, die ebenfalls im Kreislauf der Inkarnationen überzeitlich ist, aber sich persönlich manifestiert, nämlich als Individuum, und auch sich ändern kann und entwickelt. Dieses seelische Aggregat, was das Karma aufnimmt und jeweils immer wieder austrägt, kann man wie im Hinduismus „Jiva" nennen. Der dritte Bestandteil des Menschlichen ist dann der Körper, die Materie.

In den Träumen ist es eigentlich weniger komplex: Es wird meist nur auf das Geistig-Seelische, zusammengefasst, abgezielt und auf den Kontrast dazu, das ist das Materielle oder der Körper. Das läuft bei den Träumen beispielsweise so ab: Ab der Zeugung oder nach der Zeugung tritt ein Vogel auf, in vielen Varianten, als der auch anderweitig sehr verbreitete Archetyp für „Seele", und diese Seele verbindet sich mit dem Dinglichen, wir könnten auch biologisch sagen mit dem zellulären Gewebe. Diese Verbindung geht sukzessive vor sich in den neun

Schwangerschaftsmonaten, nicht schlagartig. Sodass die Seelen der Kinder bis zur Geburt immer auch Himmelsbewohner sind, also höchst transzendent. Die Verbindung von Seele und Körper ist spätestens fest und definitiv ab der Geburt. Es kann auch in Träumen so ausgedrückt werden, dass eine „Feder" von oben herabschwebt und sich langsam auf dem „Schiffchen unten" niederlässt. Beide Elemente zusammen bilden ein Menschlein. Oder der Traum zeigt die Teppich-Leinwandunterlage als Körper, Zellgewebe, – und das Muster, das darüber liegt oder hinein zu weben ist oder sich auch schon zum Teil verbindet, als Seele bzw. als seelische Erlebnisaufgabe im Leben dann später.

Die Träume bestätigen die Theorie, dass die Seele, das jedes Individuum mental gesehen, eine Wiedergeburt seiner selbst ist, und dass die Eltern in erster Linie nur die körperlichen Bestandteile des neuen Menschen ausmachen. Der Traum bestätigt auch manchmal die Theorie, dass man sich die Eltern ausgesucht hat vor der Zeugung. Wobei es aber in den Theorien, in den Weltanschauungen Varianten gibt, dass nämlich diese Anziehung im Jenseits von mehreren Faktoren ausgeht, bestimmt ist, und auch von Schicksalsmächten beeinflusst wird. Der Philosoph Schopenhauer würde sagen, dass die Seele, die inkarnieren will, die beiden Eltern, die sie sich ausgesucht hat, vom Himmel aus zum Geschlechtsverkehr zwingt, während die Eltern unten meinen, sie täten es um ihrer selbst willen. Die Kombination (also zwei Faktoren), dass sowohl höhere Gesetze als auch der individuelle Wunsch das Schicksal oder die Eltern bestimmen, ist die häufigere Antwort. Man kann den Träumen nicht ein Gesetz entnehmen, das entscheidet, ob wir einen freien Willen haben oder nicht. Dass aber seelisches Element und körperliches Element sich verbinden für eine Inkarnation, zeigen die Träume fraglos; zumal in Träumen über die Schwangerschaftszeit zeigt sich dieser Grundsatz.

Im Urchristentum, im Keltentum, im Germanentum, bei den Griechen, besonders natürlich im Hinduismus und Buddhismus und in vielen anderen religiösen Anschauungen ist und war die Wiedergeburtslehre vorhanden. Ich nenne nur als zufällige Auswahl einige Größen, die an die Wiedergeburt glaubten: Origenes, Pythagoras, Platon, Horaz, Giordano Bruno, Leibniz, Goethe, Lessing, Herder, Tolstoi, Hugo, Balzac, Strindberg, Twain, Poe, Shaw, Richard Wagner, Henry Ford. Selbst in der mit eindeutigen Absichten bearbeiteten und korrigierten Bibel, im kanonischen Text also, wird die Wiedergeburt erwähnt, obwohl das Christentum auf einigen Konzilien im späten Römischen Reich diesen Gedanken verteufelte. Bei den Kelten spricht das religiöse Symbol des „Kessels" für die Wiedergeburt. Cäsar berichtete, dass die jungen Gallier (Kelten bzw. Germanen) deshalb sehr todesmutig seien, weil sie an die Wiedergeburt glaubten. Vor der Christianisierung Skandinaviens war es üblich, dass die Angehörigen bei der Geburt eines neuen Kindes darüber sprachen, wer denn da wiedergeboren sei, z. B. der Onkel oder Großvater Olaf oder ähnlich. In der jüdischen Kabbala findet sich sogar der interessante Gedanke, dass es Teilinkarnationen geben mag in der Weise, dass ein Gelehrter sich in seinem Wissen aufsplittere und in vielleicht 10 oder 100 späteren Inkarnationen auftreten könne. Es mag also sein, dass nur die Kant'sche Philosophie oder das Kneipp'sche Gesundheitswissen inkarnieren, nicht unbedingt die betreffende Person selbst oder ganz; darauf deuten die Träume hin.

Es ist oben schon kurz angesprochen, dass man nicht genau definieren kann, was genau reinkarniert: eine Matrix, eine Erfahrung, eine Seele, ein Individuum, ein Fazit? Mit dieser subtilen Frage beschäftigt sich der Traum nach unserer Kenntnis nicht, vielleicht wird es aber auch nur in der Deutung übersehen. Der Träger der früheren Inkarnationen, der Sektor, wo die frühere Inkarnation weiterlebt, ist das Unbewusste. Dieses Alte ist erstens aktuell nicht manifest in einem neuen Leben, sondern nur über spezielle Besonderheiten, Auslöser abrufbar, und zweitens sind seine Inhalte bei der Geburt „vergessen". Der römische Dichter Horaz ist der Meinung, dass das Vergessen ein Geschenk ist, weil dann die Seele unbelastet wie neu und frisch und ggf. optimistisch und mutig ihr Leben angehen kann. Letztlich spricht die Wiedergeburt gegen die Illusion der Zeit und der Entwicklung. Streng genommen gibt es nach der Wiedergeburtslehre keine Evolution, sondern sie ist eine hübsche Illusion.

Nietzsche hat die „ewige Wiederkehr des Gleichen" (ohne jeden Entwicklungsgedanken) erkannt und hat tapfer versucht, dieses Rad anzuerkennen, zu bejahen; das ist für ihn ein Teilaspekt des sogenannten Übermenschen. Was zwangsläufig ist – lohnt sich das anzunehmen, ist das nötig? Es scheint, dass ein solcher Akt Sinn macht. Aus dem Rad der Wiedergeburten auszusteigen, aus dem „Samsara", ist nicht ein endgültiger Ausstieg, sondern nur dem Sattheits- und Kontrastprinzip geschuldet. So wie die Seelen sich danach sehnen, der göttlichen Welt zu entfliehen und zu inkarnieren, die Kreisläufe im Himmel zu verlassen und sich in die Materie zu stürzen (Sokrates), so dürfte es auch in den „Wassern des Nicht-Seins" eine Energie geben, die aus dem Nirwana wieder hineinführt in das interessante Spiel von Leben und Bewegung und Entwicklung (auch wenn es eine Pseudo-Entwicklung ist). Buddha erkannte eine archaische Lebensgier, einen Existenzdurst, der zur Inkarnation, und nebenbei gesagt auch zum Leid, führt.

Im Alten Testament wird die Wiederkehr des Menschen verschiedentlich erwähnt. Es wird auch gesagt, dass der Mensch sich dessen nicht bewusst ist, weil es keine Erinnerung an Früheres gibt. Aber Gott, der distanziert und unbeweglich draußen steht, der kann sagen: „Es gibt nichts Neues unter der Sonne". D.h. tatsächlich, es ändert sich nichts an der Schöpfung oder am dahinter stehenden All-Geist, nur für zeitliche Individuen sieht das Ganze aus wie Entwicklung, wie Evolution, dass also Neues hinzu kommt oder hinzu käme. Das All und die dahinter stehende Schöpfungskraft, gerade die letztere, sind konstant. Bewegung und Entwicklung ist lediglich eine Frage der Perspektive.

Es stellt sich die praktische Frage: Kann es dem Menschen etwas nützen, wenn er von früheren Inkarnationen oder überhaupt von dem ganzen Prinzip etwas weiß? Mögliche Antwort: Die Basis und die Gründe unseres Werdens und unserer menschlichen Entwicklung zu verstehen, seien es frühere Inkarnationen oder seien es Träume als Information, das macht den Menschen freier, standfester und sicherer. Die Erinnerung an frühere Leben, ggf. die vollständige, stellt die Erleuchtung dar, die Befreiung, die Vollendung, wenigstens etwas Ähnliches wie diese Zustände. Mit dem Wissen um seine früheren Inkarnationen ist Buddha der „Erwachte", Jesus mit ähnlichem Wissen ist nüchtern und findet seine Mitmenschen dagegen ‚trunken' vor. Wenn man die Erinnerung an seine früheren Leben hat, sieht und versteht man seine ganze Genese und hat dadurch eine außerordentliche Ganzheit erreicht. Man kennt nun alle Elemente seines Unbewussten, kann sich mit diesen identifizieren und sie anerkennen. Nicht nur der psychologische Jungsche „Schatten" ist auf diese Weise integriert. Nicht zufällig wurden dem Buddha in der Nacht seiner Erleuchtung nicht nur die Erinnerungen an seine früheren Inkarnationen, d.h. mit anderen Worten an seine ganze Entstehungsgeschichte, an seinem Werden, geschenkt. Sondern in diesem Zusammenhang erkannte Buddha auch die Gesetze des Kosmos und der Kausalität und die Gründe für das Leid. Die Welt ist hinter den Kulissen vollkommen logisch, d.h. jede Ursache hat eine Wirkung, alles hat Konsequenzen.

Die Auswirkungen oder Niederschläge von Geschehnissen und Handlungen finden sich im Karma-Buch. Das Karma kann man übersetzen mit „Tatenfolgen", d.h. es sind dort gespeichert die Taten und ihre (zwingenden) Folgen. Zur Befreiung müsste das Karma gelöscht oder ausgeglichen werden. Seine Reste sind immer wieder Anlässe für neue Ereignisse und Taten. Die Verstrickungen, die man als Karma bezeichnen kann oder auch als die Zwänge im Unbewussten, stellen das Prinzip der „Anhaftung" dar. Damit sind wir an die Welt der Materie, der Zeit, des Kreislaufs gebunden. Die subtilste Form der Anhaftung ist die Ich-Anhaftung.

Der Karma-Gedanke widerspricht der Ansicht, dass das Schicksal ein zufälliges sei. Mit dem Karma-Gedanken kann die sogenannte Theodizee, d.h. die Theorie von der unbedingten Gerechtigkeit Gottes, aufrecht erhalten werden – aber natürlich nur über mehrere Leben, nicht in der Beobachtung eines einzigen Lebens. Jesus betont das Karma-Gesetz in vielen Sätzen, z.B.: „Wer mit dem Schwert tötet, wird durch das Schwert umkommen". Der wörtliche Begriff für Wiedergeburt ist im Neuen Testament vielfach vorhanden, in der griechischen Ursprache des Neuen Testaments heißt er „Palingenesis". Auch wenn späte Christen, nach dem Konzil von Konstantinopel (553 n.Chr.), den biblischen Terminus Wiedergeburt/Palingenesis gerne als Geburt eines neuen oder geistigen Menschen übersetzen und entstellen. Auf dem genannten Konzil wurde definitiv die Ansicht verboten, dass Seelen geistige vorgeburtliche Entitäten seien, die in einen Körper hinein inkarnieren.

Befreiung aus dem endlosen Rad des Leidens und der materiellen Illusion verspricht, als Möglichkeit, die Erkenntnis der Wiedergeburt. Sie ist auch psychologisch eine relevante Erkenntnis, nämlich indirekt die, dass der Mensch polar aufgebaut ist: Der

Mensch ist eine Seele und hat einen Körper (vgl. auch die Psychosynthese). Der Mensch ist ein geistiges Element, er ist Bestandteil der Ewigkeit, und momentan und vorübergehend ist er in einer körperlichen Gestalt gefangen. Aber er ist nicht nur gefangen, er liebt und schätzt auch diese materielle Formation. Sie ermöglicht ihm sehr interessante Bereicherungen auf seinem spirituellen Weg. Die Identifizierung mit dem Körper, die wir auch als Ichbewusstsein der körperlichen Erscheinungsform bezeichnen können, kann gesehen, erkannt und aufgehoben werden. Einfach ausgedrückt: Der Mensch begreift, dass er mehr ist als seine körperliche Erscheinungsform. Das kann man über Wiedergeburtserinnerungen, aber auch durch andere Methoden erreichen. D.h., das Ich wird als tiefste, verborgenste Form der Anhaftung erkannt, und damit kann das Ewig-Geistige im Menschen sich von dem Welt-Ich distanzieren, zumal oder zuerst von dem leidenden Welt-Ich. Das Ich wird in seinen ganzen Ich-Rollen relativiert. Das schafft Freiheit und Unabhängigkeit – und Wahrheit. Auf diese Weise, mit Hilfe und Unterstützung der Träume, ist zu erkennen, dass es einen höheren Nicht-Ich-Bereich gibt. Im Kontrast zu den Inkarnationen mit den Jiva- oder Ich-Rollen wird am Horizont so gerade eben, oder auch manchmal schlagend, erkennbar, dass das Größte die Ichlosigkeit ist. Dass das Ich bindet und abhängig macht. So erkennt man, wenigstens potentiell, dass das Nirwana keine Fiktion ist, sondern unsere ewige Heimat. Dort gibt es kein Ich, das begehrt – wir wissen ja, ein Ich ist immer hungrig. Im Nirwana gibt es nur das reine Sein und die absolute Einheit und, so mögen wir sagen, den Höhepunkt jeglicher denkbarer Art von Satisfaktion.

Das Thema „Wiedergeburt" drängt sich in der Traumdeutung bei Katastrophen-Angst und Todesträumen auf. Todesfurcht im Traum wie im Unbewussten beruht grundsätzlich auf Fakten.

Mag das Ereignis auch im Traum übertrieben dargestellt sein. Das todumflorte Ereignis kann in der Aktualität, in der Kindheit, im Mutterbauch liegen. Es kann aber auch verortet sein in der Familienseele, d.h. im Geist des Clans. Irgendein Todesfall oder ein tod-nahes Ereignis im Leben eines Sippschaft-Angehörigen kann, ob nun verdrängt oder unterdrückt, zu einem Familiengeheimnis geworden sein, und ein solcher Komplex kann durchaus auf andere Personen, auf Träumer als Angehörige, wandern. Neben diesen zwei Quellen für ein Tod-Thema im Traum, nämlich neben der eigenen Biografie und einem größeren Familiengeheimnis, ist als dritte Quelle ein früheres Leben denkbar, hat theoretisch eine gewisse Logik, Attraktivität. Besonders der unmittelbar vorangegangene Inkarnationsversuch, z.B. ein Getötetwerden oder eine Todesgefahr im gerade vergangenen Leben, können stark auf das aktuelle Unbewusste ausstrahlen. So sollte man eine Abtreibung oder eine Fehlgeburt in einer vorangegangen Inkarnation als Quelle für einen Traum keineswegs ausschließen oder vorschnell abtun. Umgekehrt könnten auch besondere Talente, z.B. die des Musikers Mozart, auf die Beschäftigung mit Musik in vielen früheren Leben zurückzuführen sein. Die Träume legen nahe, dass eine vorangegangene Inkarnation eine wesentliche Quelle für den diesmaligen Charakter ist; für Furcht und Schrecken gibt es in dieser Denkweise eine Begründung, einen Grund. Der philosophische Ansatz ist der, dass für die Genese, für das Verständnis eines Charakters nicht nur die frühe Kindheit (a) und nicht nur die Schwangerschaftszeit (b), sondern auch ein früheres Leben (c) erläuternde Momente beibringen. Die Wiedergeburtslehre unterstützt auch eventuell erklärend das Phänomen, dass Frauen wie ejakulierende Männer träumen können; man scheint abwechselnd als Frau und als Mann zu inkarnieren.

Wiederholungszwang

Geistige oder psychische Inhalte, genauer: Inhalte des Unbewussten und des „subsubconsciousness", haben ein Streben, eine Energie, sich in Gestalt, Gestaltung auszudrücken. Unbewusstes wird gern Bild, Traum, Erlebnis, Film, Krankheit, Kunst und ähnlich. Gesellschaften sind ein Symbol der unbewussten Gedanken ihrer Mitglieder bzw. ihrer leitenden Verführer. Ein selbsttätiger Automatismus ist dieser Prozess, so dass man ihn „Zwang", d.h. recht zwingend nennen kann. Es ist der allgemeine Werdensprozess, kurz so formuliert: Der Geist wird auf Dauer Materie. Vermutlich kann man mit diesem Satz Schöpfung und Schaffen beschreiben. Verschiedene Vorstufen oder das Vorbewusste sind die erste Stufe, in der etwas „symbolisiert" wird; die nächste Stufe ist dann die Realität.

Dieser generell zu beobachtende, sich selbst steuernde Prozess im Menschen findet sich explizit erlebbar im Träumen. Was anderes sind Träume als Bildgestalt, Symbol gewordene Gedanken, Erinnerungen, Wünsche, Traumata, mentale Wahrheiten? Um den Symbolisierungszwang im Menschen zu erkennen, ist der Traum das beste Medium. Ständig ist er aktiv und produziert bildliche Entwürfe, Geschehnisse. In der Regel hat es zuvor ein Faktum als Grundlage für die bildliche Darstellung gegeben, oder die Symbolwelt im Traum entspricht den Fakten, Ereignissen des aktuellen Tages, oder gar so: aus den Bildern werden in Zukunft Fakten. Der nicht näher beschreibbare Impetus ist das eine, anfängliche, d.h. der energiereiche Impuls ist das erste, dann folgt die Bilderwelt (der Traum, die Fabel und Parabel) per Symbolisierungszwang, schließlich wird der Impuls (der alte Impetus und Imperativ) Realität. S. Freud drückt das so aus: der „Wunsch" wird Traum.

Der Wiederholungszwang wird verstärkt durch folgende Gesetzmäßigkeit: „Unbekanntes macht Angst", so S. Freud. Alles was vertraut ist, macht weniger Stress. Deshalb freut man sich spontan, wenn man Bekannte trifft (und nicht Fremde). Oder auch, wenn man eine Aufgabe gestellt bekommt, die man beherrscht. Oder wenn man eine Maschine reparieren muss, die man kennt. Das widerspricht nicht unserer auch vorhandenen Neugier dem Neuen gegenüber oder unseren Entwicklungsabsichten. Besonders in sozialen Beziehungen bevorzugen wir Wiederholungen, Vertrautes – das verleiht uns tiefe emotionale Sicherheit. Außerdem greifen wir ebenso gern wie unbewusst bei archaischen biologischen Vorgängen nach bekannten Mustern, auch nach solchen, die schon Generationen vor uns nutzten und die uns ohne nachzudenken bewährt vorkommen. In sehr andersartige, uns fremd erscheinende Beziehungsformen steigen wir aus Unkenntnis, Stress nicht ein. So wählen wir in der Regel auch nicht glückliche Ehen, wenn wir eine unglückliche Kindheit hatten – wir könnten uns auf ungewohntem Terrain nicht oder nur schlecht bewegen Mit anderen Wort: Auch und besonders bzgl. der negativen Erlebnisse ist der Wiederholungszwang stark; als hätte er seine Prüfungen in der Evolution bestanden.

So werden unsere Träume z. B. über den Partner von ständigen „Wiederholungen" aus Kindheitsbeziehungen, vornehmlich der Mutterbeziehung, durchkreuzt, durchmischt. Inhalte und Personen aus Vergangenheit und Gegenwart purzeln durcheinander, ergeben ein reduziertes Muster, nach Sigmund Freud: eine „Traumkomprimierung". Mit Vorwissen als Hilfsmitteln sucht man Aktuelles und Neues zu verstehen. Es ist unser Wiederholungszwang auch etwas wie der Zwang im Gehirn, zu vergleichen. Auch solches assoziative, vergleichende Denken hat die Evolution als für gut befunden. Wer kritisch und selbstkritisch genug ist, kann in seinen Träumen erkennen und sich eingestehen, dass das Unbewusste dem Wiederholungs- und Vergleichsdenken heftig unterliegt. Der wichtigste Grund aber für den Wiederholungszwang ist und bleibt die Stressminderung, dass man nämlich annimmt (und erlebt hat), auf gesicherter oder bekannter Erfahrung sich besser, effektiver und erfolgreicher bewegen zu können. Der Wiederholungszwang wird verstärkt durch Energie- und Druckaspekte: Komplexe, Frustration und Traumata am andern zu wiederholen, das „Abgeben und Abladen", entlastet.

Die Vorgänge, wo Wiederholung sich besonders zwanghaft breitmacht, sind die elementarsten: Schwangerschaftsverlauf, Geburtsprozess, Stillzeit, Erziehung, Sexualität, Partnerschaft.

Wunschtraum

Es ist eine zentrale Aussage der Sigmund Freudschen Theorie, dass die Träume, eigentlich alle, Wunschträume seien. Er beschreibt die Energie, den Motor, welcher einen Traum erzeugt, als einen unbewussten Wunsch. Dass wir unbewusste Wünsche in uns haben, wie wir überhaupt unerledigte psychische Themen in uns haben, überrascht nicht – diese Ansicht kann man teilen. Nach Sigmund Freud haben diese unbewussten Wünsche meistens mit Triebverzicht zu tun und nicht selten mit dem Thema Aggression, Sex und Tod. Dass aber alle Träume Wunschträume seien, das unterstützt nicht jeder Forscher. Im Sinne von Sigmund Freud kann man selbst Angstträume oder masochistische Träume und dergleichen zuletzt noch deuten als Ausdruck von unterdrückten Wünschen. Tabuisierte Wünsche, dargestellt in Angst, Panik und Schrecken, sind schließlich auch Wünsche. Auch vieles Verdrängte kann man als unbewussten „Wunsch" bezeichnen. Dennoch ist diese Theorie einseitig, man muss kollektive Träume, Zukunftsträume, spirituelle Träume, Träume als Abbildungen von tatsächlich stattgefunden Katastrophen nicht unbedingt als Wünsche bezeichnen.

Nach S. Freud „überträgt" sich ein unbewusster, ggf. verdrängter, infantiler, tabuisierter Wunsch aus der Seele des Träumers auf ähnliche, passende Tagesereignisse. Auf diese Weise hat der Wunsch die erste Station seines Weges zu einer erstrebten Befriedigung eingeschlagen. Selbst eine Bestrafung soll im Freudschen Sinne ein Wunsch im Traum sein. Dagegen spricht die C.G.Jungsche Annahme und auch die Alltagserfahrung, dass der Traum eine Ist-Aufnahme ist, eine Bestandsaufnahme, dass er eine Wahrheit darstellt. Und zwar relativ unabhängig von den Wünschen und Ängsten des Träumers, dessen Bewusstsein und Steuerungsvermögen ausgeschaltet sind. Der Traum folgt seinen eigenen Gesetzen, sehr oft nicht den Wünschen eines Träumers. Der unausgesprochene Hintergrundgedanke der Freudschen Theorie ist: Hinter allem seelischen Produzieren, hinter der Kunst wie auch hinter dem Traum, steckt doch ein Wollen. Also würde man das Produkt nicht herstellen, wenn nicht irgendeine Triebkraft das will. Auf diese Weise wird immer ein Wunsch unterstellt. Dagegen steht aber die Erfahrung: ‚Es träumte mir; gegen Träume kann man sich nicht wehren'. Die kleinlichen Wünsche des Egos fegt der Traum in Wahrheit rücksichtslos beiseite. Wunschträume, so wollen wir abschließend sagen, kommen oft vor, aber keineswegs ausschließlich. Dem Wert des Traums wird man nicht gerecht, wenn man ihn nur als unbewussten Ego-Wunsch versteht.

Z

Zahlen und Buchstaben

Zahlen und Buchstaben sind zum einen Benennungen und Messwerte, die ein dazugehöriges Konkretum aus der Realität meinen. Zum anderen sind sie Symbole, sehr aussagekräftige und tiefe Symbole, also Archetypen. Auch Schriften, Schriftgrößen, Schriftarten, Schriftfarben im Traum haben einen Informationsgehalt. Z.B. entspricht schwarz auf weiß geschrieben oder gedruckt der Redewendung: „schwarz auf weiß". Das ist also eine Nachricht, die sehr ernst genommen werden sollte. Die Optik und Grafik der Buchstaben ruft im Unbewussten Assoziationen hervor. In uralter Zeit war die Verbindung noch offensichtlicher. Z.B. im Buchstaben „M" – er entspricht dem ägyptischen Zeichen „mem", was wiederum „Wasser" bedeutete und was durch eine Wellenlinie als Hieroglyphe dargestellt war. Ein O z.B. kann eine Assoziation zu weiblicher, erotischer Empfänglichkeit hervorrufen, weshalb ein bekannter Pornografie-Roman nicht zufällig „die Geschichte der O" heißt. Der Buchstabe X hat eine Anmutung von: etwas zu durchkreuzen oder etwas als quer stehend zu empfinden. Das große A kann zum Inhalt Aversion und Aggression und Abwehr gehören, damit ist ein singuläres, aversionsbereites Ich gemeint, wie etwa Kafkas Figur „Amalia" in seinem Roman „Das Schloss".

Namen im Traum sind oft nicht wörtlich zu nehmen, sondern sie sind ein Omen, d.h. sie haben einen Bedeutungsinhalt, der lautmalerisch im Namen versteckt ist. Z.B. bedeutet ein Herr „Obliers" in einem deutsch- oder französischsprachigen Traum, dass „oublier" gemeint ist, d.h. es geht in dem Traum um das große Vergessen. Der Buchstabe B, auch das Wort Belgien oder

Brüssel, können wegen der doppelten Bogengrafik die mütterliche Brust meinen.

Zahlen im Traum sind meist als psychische Qualitäten zu übersetzen, nicht als Aufreihungs-, Unterscheidungsmerkmale für Anzahlen oder Mengen anzusehen. Es sind in der Regel archetypische unbewusste Inhalte gemeint. Z.B. steht die 4 im Ostasiatischen dem Tod nahe, ihre Nennung wird im Alltag deshalb gerne vermieden. Schon die moderne kantige Form der 4 kann ein Problem, eine Aversion ausdrücken. In der Welt verbreitet sind Zahlen wie 4 und 40 leid-besetzt. Die 4 ist auch die typische Zahl der Welt, der Materie, d.h. nicht des Ichs und nicht des Geistes und nicht des Himmels. Das materielle Weltleben ist nicht selten mit Leid verbunden. In der Regel kann man die erweiterten Zahlen wie 50 oder 500 als Archetyp der Zahl 5 deuten, es ist dann manchmal nur eine Verstärkung des Inhaltes 5 gemeint. Wichtig ist bei zusammengesetzten Zahlen, dass man bei der Traumdeutung gegebenenfalls die Einzelelemente berücksichtig. Ein Beispiel dafür ist die Zahl 15, erfahrungsgemäß steht sie oft für einen Jungen. Das lässt sich so erklären bzw. übersetzen, dass die 1 für ein Ich steht und die 5 für das Männliche. So etwas muss man auch bei 16, 17 oder 21 berücksichtigen.

Der archetypische Wert einer Zahl im Traum ist ebenso gravierend wie auch ganz schwierig zu übersetzen. Deshalb ist die Zahlenmystik auch in der Welt relativ verschieden. Wir geben hier einige grobe Anhaltspunkte, aber nicht mit letzter Verbindlichkeit. Es ist schon erwähnt, dass eine 1, wie das große I als Buchstabe für eine Persönlichkeit stehen kann. Die 2 bedeutet Trennung, erste Entwicklung, nämlich aus der 1, aus dem Tao heraus, sie bedeutet sehr oft Zwiespalt, Streit, einfach ein Negativum. Man könnte sagen, Widerspruch, Nicht-Einheit ist die

Zwei. Die 3 ist die Zahl der Entwicklung, der Dialektik, des Prozesses, des Werdens. Kurz gesagt ist die 3 die Zahl der Faktizität. Wenn etwas dreimal geschieht, im Traum, aber auch in der Realität, hat es mehr Bedeutung und Gewicht, als wenn es nur einmal oder zweimal geschieht. 5 ist die Zahl von Aggression, Männlichkeit, Power, Tatkraft. Die Zahl 6 hat tatsächlich mit einer gewissen Harmonie, Partnerschaft, Beziehung und auch Sexualität zu tun. Die 7 ist die klassische Zahl der Zeit, als würde sich die Entwicklung des Menschen und auch der Geschichte in Siebener-Schritten vollziehen. Außerdem ist sie in der Regel positiv zu sehen. Die Zahl 8 ist sehr ambivalent, sie hat etwas an sich von Höhepunkt, Vollendung, Vollkommenheit. Daher ist sie eine Erleuchtungszahl, allerdings auf Leid oder Verzicht fußend. Im Negativen ist sie eine doppelte 4 und kann schweres Leid und Tod ankünden. Achteckige Kirchen kommen nach den Trauminformationen dem göttlichen Wesen am nächsten. Man kann die 8 auch übersetzen als zwei Karma-Hälften. Die 9 kann ganz banal zum schwangeren Bauch assoziieren, ist aber andererseits auch die Zahl der Hermetik, also die klassische Merkurzahl. Die 9 steht für Einweihung und esoterische Geheimnisse. Die 9 hat auch den Charakter von 3 mal 3, d.h. also, sie ist eine Potenzierung der Qualität der Zahl 3. Die 10, wie auch die 100 oder die 1000, meint Ganzheit, Fülle, Abschluss, Vollendung, d.h. sie drückt immer eine starke Potenz aus oder eine Verstärkung eines anderen Traummotives. Die 11 ist, besonders auch gegenüber der 10 zu sehen, eine Überschreitung, d.h. die 11 bedeutet Ungewohntes, Neues, Abenteuerliches, Stress-Machendes, sie steht gern für das Risiko allgemein, das schließt auch Gefahren oder Unbekanntes mit ein. Die 12, das Dutzend, ist ähnlich wie die 10 eine Art Abschluss, Vollendung, Ganzheit, Vollkommenheit, Fülle. Die 13, die dann folgt, ist wieder eine Grenzüberschreitung, als würde sie etwas Gutes, Ganzes verlassen, nämlich die 12, als würde sie über Abgerundetes hinausgehen und zwar ungut. So ist sie zu der landläufigen Besetzung als Unglückszahl gekommen, nur deshalb, weil die 12 vollkommener ist. Die 14 ist unter anderem zu deuten als zweimal 7 und ist generell eine Glücks- und Heilszahl. Die 21, so drücke ich mich einmal symbolisch aus, „ist die Zahl des Heiligen Geistes", d.h. sie deutet etwas Hoch-Spirituelles an. Solche Zahlen wie 144 oder 666 sind in der Regel als Potenzierung zu deuten, in diesem Falle der Zahl 4 und der Zahl 6. 7 ist die Zahl der Zeit, und 12 ist die Zahl des Raumes – so etwa spricht Rudolf Seiner, und damit liegt er richtig.

Zahnträume

Überall im Volksglauben oder Aberglauben gibt es die Vorstellung, dass ein Zahnverlust den Verlust oder Tod eines Menschen anzeige. Generell haben Zahnverlustträume etwas Schockierendes, sie werden als belastend, als sehr negativ empfunden. Die Funktion der Zähne ist überlebenswichtig, zumindest in Zeiten, in denen es noch keine künstlichen Zähne gab. Archetypisch kann man sagen: Die Zähne sind nicht nur unsere Überlebenshilfen, sondern auch „unsere Waffen". Gesunde Zähne zeigen aggressive Stärke und sexuelle Stärke an. Um solches zu dokumentieren, kann man die Zähne blecken. Zahnlos zu sein bedeutet, kraftlos, alt, auf der Verliererseite zu sein. Zahnverlustträume haben also den Generalnenner: Schwäche, Verlust, Unterlegenheit. Dennoch kann man mit einem Zahnverlusttraum insofern unspektakulär umgehen, als er nur zeigt, dass der Träumer aktuell sich nicht durchbeißen konnte, nicht Sieger war, z.B. am gestrigen Tag, bezogen auf die frischen Eindrücke. Da es in unserem Lebenslauf abwechselnd eine unterlegene und eine überlegene Position gibt, wird auch wieder der Tag und Traum mit den gesunden, kräftigen Zähnen kommen. Als wohlverstandene Momentaufnahme kann man mit einem Zahnverlusttraum

Z daher einigermaßen gelassen umgehen, auch wenn er den Träumer tief unangenehm berührt.

Doch kann im Einzelfall der Traum auch einen sehr ernst zu nehmenden alten traumatischen Verlust zeigen oder einen großen Dauer- bzw. Grundzustand. Als Traumbild gibt es die Möglichkeiten, dass ein Zahn fehlt – dann ist auch wichtig, wo – oder dass viele bzw. alle Zähne wackeln oder herausfallen. Wieso der weiter o. g. tod-verbundene Volksglauben entstanden ist und wieso er einen verständlichen Hintergrund hat, erklären wir am besten mit Artemidor, dem berühmten Traumdeuter aus der Metropole Ephesos im zweiten nachchristlichen Jahrhundert: Bei ihm [I 31] heißt es dazu:
„Man hat nämlich den Mund als ein Haus, die Zähne als die Menschen im Haus aufzufassen; dabei bezeichnen die der rechten Reihe Männer, die der linken Frauen [I 31]."[30]

Die Rechts-Links-Symbolik hat mehrere Aspekte, der von Artemidor erwähnte Männlich-Weiblich-Aspekt ist nur einer unter vielen. Artemidor weiter: „Die oberen Zähne weisen auf Personen von höherem Range, ... die unteren aber auf die von geringerem Stande." Außerdem nehmen wir als Erklärung hinzu die Erkenntnisse des Traumforschers und Freud-Schülers Wilhelm Stekel (1911). Er formuliert in seiner „Symbolischen Gleichung", dass Oben und Unten sich beim Menschen entsprechen können und dass daher der Mundraum im Traum auch den genitalen Raum (bevorzugt bei der Frau) meinen kann. Wenn also der genitale, uterale Raum den Mundraum als stellvertretendes Symbol, als Gleichnis nimmt, wählt, dann sind die Zähne den Inhalten, Bewohnern im Uterus analog. Auf diese Weise stellen „Zähne" Embryos, Foeten, Menschen, Verwandte dar. Zwar ist eine solche Deutung nicht zwingend, aber nie auszuschließen. Der untere Teil des Gesichts entspricht hier dem unteren Teil des

Rumpfes, d. i. dem Unterleib. Man sieht also, es gibt einen, sogar ernstzunehmenden, Hintergrund für das verbreitete Großmutterwissen, dass mit einem Zahn im Traum ein nahestehender Mensch gemeint sei.

Manchmal kann man in Zahnträumen auch bemerken, dass der Oberkiefer den Vater (die Vatererfahrung) oder das Männliche darstellt, der Unterkiefer die Mutter oder das Weibliche. Diesen Unterschied sieht Artemidor, etwas ähnlich wie auch zugleich etwas anders, in der Stände-Zuordnung der Kiefersymbolik. Die Position eines Zahnes im Mundraum kann vorne, mittig, zentral sein oder seitlich weit hinten. In der Deutungsschiene, dass Zähne denn doch auch manchmal Menschen darstellen können, sind die Zentral- oder Vorderzähne nächste Angehörige, die hinteren Zähne entferntere Angehörige oder Personen/Bekannte.

Ihre ursprüngliche und oft zutreffende Relevanz hat die Deutung des Zahnes als angehöriges Lebewesen, wenn es um die Schwangerschaftszeit geht. Das kann man verifizieren anhand der Realität: Die Träume, in denen aus dem Mundraum – als einem eventuell stellvertretenden Uteralraum – „Störendes entfernt wird" passen oft zu dem ehemaligen faktischen Geschehen von Abtreibung, Fehlgeburt usw. Bzw. wir können im Traum einen Hinweis darauf erhalten, dass ehemals die Frucht möglichst abgetrieben, entfernt werden sollte, in etwa folgenden Traumbildern: Hölzer oder kleine Echsen (Salamander) oder Zecken oder Ähnliches sollen möglichst aus dem Mundinnenraum – oder auch in anderen Traumbildern aus den Oberschenkeln – herausgezogen, entfernt werden. Eine ungewollte, ungeliebte Frucht wird nicht selten als Problem im stellvertretenden Mundraum geträumt. So dass man sagen kann: es gibt tatsächlich eine solche ursprüngliche Analogie zwischen Zahn und Embryo.

Und diese uterale Geschichte, Sehweise wird dann auch auf die Deutung übertragen: Zahn = Mensch (ggf. erwachsener) bzw. Verwandter. Das wären also die zwei Hauptbedeutungen von Zahn im Traum: Kraft, Stärke, Vitalität, mit dem Thema Unterlegenheit-Überlegenheit (a), und andererseits und eventuell Zahn = Lebewesen/Mensch (b).

Zeit im Traum:

siehe → Zukunftsträume

Zensur im Traum

Nach Sigmund Freud ist die Traumzensur verantwortlich für Lücken im Traum, für Missverständnisse und für Unverstehbares. Die Traumzensur soll einem Persönlichkeits-Ideal entsprechen und den Traum so ändern, dass das Über-Ich sagen kann: dies ist richtig, dies gehört sich, dies ist realistisch, dieses kann und soll so sein, dieses darf so sein. Das Über-Ich ist eine seelische Instanz, die unseren erworbenen Moral- und Wertvorstellungen entspricht, die wertet, gutheißt, was zulässig ist, was zur momentanen Kultur gehört, was zur political correctness gehört und was dem Zeitgeist angemessen ist. Das Über-Ich ist im Laufe eines Menschenlebens zu einer persönlichen Ethik und zum individuell erscheinenden Bewertungsmaßstab geworden, zu einem inneren Anspruch.

Nach Freud ist das Über-Ich auch im Traum bzw. Schlaf noch tätig und zensiert besonders Egoistisches und Tabuisiertes. Viele Forscher negieren die Existenz einer Zensur grundsätzlich. Für Freud war das Wirken der Zensur die Erklärung dafür, dass der Traum als Wächter des Schlafes fungieren kann (a) und dass der Traum in seinem Endergebnis so unverständlich, sprich harmlos ist (b). Freund musste allerdings auch erkennen, dass die Zensur manchmal versagt, z. B. bei bestimmten Angst- oder Albträumen.

Kritisch ist generell gegenüber der Zensur-Theorie zu sagen, dass das Ego und das Bewusstsein sich gerne verstellen und also auch gerne Schlimmes zensieren und Wahrheiten manipulieren, dass aber gerade das Unbewusste, was den Traum produziert, was wie die Natur arbeitet und nach Automatismen und Archetypen vorgeht, eher frei ist von Zensur und Show und Verstellung. Was man als Zensur und Entstellung versteht, ist den Sprachmitteln des Unbewussten geschuldet: der Verwendung der Symbole. Die Bilder und Gleichnisse und Analogien werden als Verschleierungen missverstanden. Den Unterschied zwischen dem wahren Trauminhalt und der oberflächlichen Fantasiestory, die wie ein Märchen am Morgen nach dem Erwachen sich zeigt, konnte Sigmund Freud am besten mit der Hypothese der Traumzensur erklären. Es geht um den Unterschied zwischen dem manifesten Trauminhalt und dem latenten Trauminhalt – das ist eigentlich nur der Unterschied zwischen der Symbolsprache und den Elementen der kognitiven (rational-logischen) Sprache. Subjektive Ich-Interessen zensieren – das Unbewusste ist dagegen unkontrolliert, es agiert gegen und ohne Zensur und Ideologie.

Zukunftsträume

Wir Zeitgenossen können nicht übersehen, dass alle Völker über Jahrtausende die Träume als Zukunft gedeutet haben, also prognostisch. Der moderne Mensch aber hat dem sogenannten Aberglauben abgeschworen, er lässt nur die sogenannte Wissenschaft gelten. Und seit der Philosophie der Aufklärung, also seit einigen wenigen Jahrhunderten, wird der Mensch aufgefordert,

Z sich aus der selbstverschuldeten Unmündigkeit zu befreien und sich mutig seiner Ratio zu bedienen. So weit, so gut. Damit ist aber auch eine Einstellung aufgetreten, nur das zu glauben, was wiederholbar ist (per wissenschaftlichem Versuch) und was materiell messbar ist, was also zuletzt dinglich ist. Zugleich wird die Selbstbestimmung, Autonomie und Autarkie des Menschen, inclusive des sogenannten freien Willens, theoretisch vertreten und hochgehalten – und überall gelehrt. So weit, so gut. Dennoch gibt es Zukunftsträume. Und damit haben wir nun ein großes Problem, eine Aporie, d.i. eine unlösbare Schwierigkeit. Die Tatsache, dass bei einzelnen Menschen einige Träume bald danach oder auch viel später eingetroffen sind, ist unbestreitbar. Selbst wenn man sehr, sehr kritische Maßstäbe anlegt und alles nicht hundertprozentig Sichere aussortiert. Ein einziger Fall eines nachgewiesenen Zukunftstraumes würde sogar reichen, um unser ganzes modernes Weltbild zum Einsturz zu bringen.

Die Zukunft im Traum scheint unvereinbar zu sein mit der Annahme, dass die Zukunft offen, noch nicht geschehen, unbekannt ist (1) und dass besonders der Mensch – wenigstens in Maßen – einen „freien Willen" hat und also an der Zukunft selbst etwas oder viel gestalten kann (2). Manche Menschen würden sich wohl lieber umbringen als sich einzugestehen, dass der freie Wille eine Illusion ist oder wäre. Welch ein großes Problem haben wir mit dem Thema einer freien oder festgelegten Zukunft. Die Faktenlage zu diesem Problem ist die, dass nachprüfbar ist, dass es Zukunftsträume gibt. Man kann auch z.B. ein Traumtagebuch führen und dieses etwa nach 20 Jahren durchlesen. Da wird man staunen über den Anteil der Träume, die mittlerweile, beeindruckend, eingetreten sind. Es ist zwar verständlich, aber doch dogmatisch, zu glauben, dass Zukunft im Traum unvereinbar sei mit der Freiheit des Menschen, mit der postulierten Freiheit der Menschheit.

Die erste wichtige Überlegung, die es zu berücksichtigen gilt, ist die, dass im Traum grundsätzlich die Zeitstruktur aufgehoben ist. Und zwar in Varianten, manchmal merkt man nichts davon, manchmal fällt es auf. Das ist vergleichbar mit der bekannten Tatsache, dass im Traum auch die Naturgesetze der Materie nicht stimmen oder gelten müssen: Man kann im Traum durch Mauern gehen oder auch fliegen, im materiellen Tagesgeschehen aber nicht. Zeit und Materie, und Raum und Bewegung, hängen zwingend zusammen – ohne Materie gibt es keine Zeit. In materielosen Welten bewegt sich aber zuweilen der Träumer. Ob das überhaupt noch ein „Dimension" ist? Das Problem der Zukunftsträume ist einfach durch die Erkenntnis zu lösen, dass es eine Dimension mit Materie und Zeit, also mit den bekannten Naturgesetzbedingungen, gibt, wo „die Zukunft noch nicht geschehen ist" – und eine andere Dimension, wo „die Zukunft schon geschehen ist", wo es überhaupt nichts Zeit-Ähnliches gibt. Für die zweitgenannte Dimension sagt man gern: die geistige, himmlische oder göttliche Welt (mögen das auch Ersatzbegriffe sein). Der Mensch ist Bürger zweier Welten. Allein schon sein animalischer Trieb und sein moralischer Verstand sind zwei Welten. Auch sein Egoismus und seine altruistische Liebe sind zwei Welten. So auch der Tag mit seinem Ich-Bewusstsein und die Nacht mit Schlaf und Traum. In der nächtlichen Dimension gilt: „mir träumte" und „gegen Träume kann man sich nicht wehren" – da gibt es also viel an automatischer Empfänglichkeit anstelle einer Ich-Steuerung. Auch als betont materialistischer Wissenschaftler kann man heutzutage nicht mehr die Theorie aufrechterhalten, als gäbe es nur eine, überall gleichgeartete Dimension. In allen Religionen und Mythen und Märchen ist wenigstens von einer anderen, zweiten, himmlischen Schicht, Welt, Dimension die Rede, die dem Ich-Bewusstsein unbekannt ist. Der indianische Seher kann eine Welt erleben, in der alle Dinge aus Geist sind, also eine zweite, transzendente

Z Dimension. Der moderne Mensch leugnet vielfach eine alternative, geistig zu nennende Dimension. Damit kann er das Problem zwischen Zukunftstraum und Freiem Willen nicht lösen. Auch wir lassen diesen Menschen in seinem Dilemma stehen. Die Unwilligkeit oder Allergie, von der Zukunftsdimension, besser gesagt von der Zeitlosigkeitsdimension zu hören, ist groß. Die Religionen haben natürlich oft auch hinderliche Ansätze, Dogmen zu diesem Thema. Denn selbst wenn sie Gott und Himmel als existent postulieren und daher auch nahelegen, dass bei Gott die Zukunft schon geschehen ist, also dort „Ewigkeit" herrscht, stellen sie viele Regeln auf über Falsch und Richtig, über Schuld und Sünde, auch über die Schöpfungszeit oder über die Zeit des Jüngsten Tages. Es findet sich da Verwirrendes. Um jemand zu „beschuldigen", braucht man die unumstößliche Theorie oder das Dogma, dass der Mensch frei sei (a) und dass seine Zukunft offen sei (b). Fast alle Religionen, Ideologien und Richter benötigen diesen Ausgangspunkt. Eine andere Ansicht würde Schuld-Vorwürfe erheblich stören.

Wir wenden uns einer etwas praktischeren Frage zu, die enger mit dem Thema Traumdeutung zu tun hat: Nämlich, wie gehe ich mit einem vermutlichen Zukunftstraum um? Auf jeden Fall: sehr vorsichtig. Das meint, Zukunftsträume sind sehr leicht misszuverstehen, sie neigen dazu. Zukunftsträume verführen zu einer falschen Deutung deshalb, weil das Wissen, Verstehen des Interpretierenden oder des Traum-Betroffenen nicht so weit ist die Weisheit, die der Traum schon hat. Das Bewusstsein hinkt dem vorauseilenden Traum hinterher, mit anderen Worten, es versteht die Zukunft im Jetzt noch nicht – was nicht überraschend ist (über die Zukunft kann man ja bewusst nur rätseln). Und das interpretierende Ich-Bewusstsein hat auch so viele Wünsche, dass es der Zukunft – und dann auch noch der eigenen – nicht neutral gegenüberstehen kann. Ignoranz und

Ich-Wille, Parteilichkeit und Wünsche, die ganze Subjektivität, verführen dazu, den Zukunftstraum falsch zu deuten. Man muss feststellen: Erst später, wenn ein bestimmtes Ereignis eingetreten ist, kann man einen eventuellen Zukunftstraum mit diesem entsprechenden Ereignis wirklich verbinden; also erst nachträglich; erst dann ist ein Zukunftstraum beweisbar, definierbar. Es mag eine höhere Macht geben, die zwar Zukunftsträume zulässt – auch zulässt, dass wir uns im Traum in zeitlosen Zuständen bewegen –, dennoch ist uns nicht gegeben, die Zukunft faktisch-real zu verstehen, sie voraus zu wissen. Selbst innerhalb des Zukunftstraums liegt durch die enorme Schwierigkeit, ihn richtig zu deuten, ein Schleier vor der Zukunft. Zukunftsträume gibt es, aber sie sind apokryph und codiert, sie gehören zum Ahnen, zum Sehertum, zur außersinnlichen Wahrnehmung, sie zeigen etwas, aber in einem eher verschwommenen Video. Jedoch, für den Erfahrenen oder für den der Transzendenz, Metaphysik fähigen Philosophen sind sie übersetzbar. Vielleicht ist es im Sinne des Menschen, vielleicht zu seinem Besten, die Zukunft nicht genau zu kennen. Die Existenz der Zukunft, in einer der anderen Dimensionen als der unsrigen, und die Kenntnis über die Zukunft – das sind zwei verschiedene Dinge.

In der Antike und auch sonst bei Schamanen behandelte man die „Orakel" gern wie Zukunftsträume. Man begab sich z.B. nach Delphi, um in einem priesterlich geleiteten Schlaf und Traumerlebnis Heilungshinweise für seine Zukunft (Krankheit) zu bekommen. Letzteres hing erstens von der Deutung durch angebliche oder tatsächliche Fachkundige ab und hatte zweitens auch einen kommerziellen Hintergrund. Es mögen die Orakel der Priesterin Pythia, über dem Dreistuhl, und über den Dämpfen, originärer und eher denn Träume als Zukunft begriffen worden sein. Am Text, Spruch des Orakels selbst wurde nichts verändert, aber auch hier wurde vieles im egozentrischen Sinne missverstanden. So erhielt ein König aus Kleinasien den Orakelspruch: „Wenn du den Grenzfluss XY überschreitest, wirst du ein großes Reich zerstören." Er tat dies per Kriegszug, in großer Hoffnung – doch zerstörte er am Ende sein eigenes Reich. Für solche Geschichten gibt es viele Beispiele. Hinzukommt, traumpsychologisch, die Ambivalenz eines jeden Symbols. „Wasser" kann positiv oder negativ sein, „Lachen" kann Trauer meinen, „Schwarz" oder „Rot" können negativ oder positiv sein, ähnlich „Überschreiten" usw. Und Komplementär-Träume meinen ihr Gegenteil. Es gibt also nicht Sicherheit, Verlässlichkeit in der Deutung von Zukunftsträumen – eher im Gegenteil.

Eine andere Qualität Zukunftstraum könnte dieser (vorgekommene) Vorfall sein: Eine Mutter träumt von einem Auto-Unfall ihres erwachsenen Sohnes. Sie weiß, dass er sich nie anschnallt. Sie bedrängt ihn also sehr, sich in Zukunft anzuschnallen. Es dauert nicht lange, so erlebt er auf der Überholspur der Autobahn einen schweren Unfall. Der Gurt aber, den er wegen der Mutter mittlerweile denn doch angelegt, schützt ihn vor Verletzungen. – Man wird nie entscheiden können, ob der Traum als Zukunftswarnung gesandt und genutzt wurde und ob durch ihn eine fatale Zukunft abgeändert worden ist. Oder ob der Gesamtvorgang genau in diesen ganzen Facetten schon so ‚vorgesehen' war. Oder ob sonst irgendwelche Zufälle greifen. Die Frau als Mutter jedenfalls war von den Zusammenhängen beeindruckt, war dankbar.

Wir finden das Thema „Warnung", bezogen auf die Zukunft, vielfach in der Weltliteratur. Die Trojanerin Kassandra ist ein bekanntes Beispiel. Sie wusste die Zukunft, aber sie rief und warnte vergebens vor dem Untergang der Stadt. Ändert Vorahnung, Warntraum etwas an der Zukunft? Unbeantwortbar (eher Nein). Nur in Einzelfällen gibt es einmal eine Antwort, und sie bleibt recht subjektiv. Nicht wenige Zeugen sind bekannt bzw. Träume belegt, die die Katastrophe des II. Weltkriegs vorausgeträumt haben. Aber das Geschehen war tendenziell in Symbolen dargestellt, so dass das Verstehen ein Problem war, und zweitens glaubte, erwartete niemand etwas so Gravierendes. Und ob drittens etwas hätte geändert werden können – das ist sehr die Frage. Zukunftsträume gibt es, aber die Erfahrung zeigt, dass man durch sie die Zukunft im Prinzip nicht beeinflussen kann. Doch wer will ganz ausschließen, dass man es vielleicht könnte?

Dass man den Zukunftstraum nicht richtig deutet, ist das Hauptproblem. Ein anderes, sekundäres Problem ist, dass man die Zeit nicht bestimmen kann, nach der ein eventueller Zukunftstraum eintreten soll oder könnte. So träumte eine Frau, dass auf einem Bahnhof ihre ganzen Möbel, d.h. der Hausstand, abtransportiert würden, dass sie das nicht verhindern konnte und auch nicht, dass der Kontakt zu den Freunden verlorenging. „Der Zug war abgefahren", so berichtete sie das enttäuschende Ende des Traums. Sie sagte uns dann weiter, dass sie „9 Monate später geschieden" worden sei und davon zum Zeitpunkt des Traumes noch nichts geahnt hätte. Das ist doch einmal ein konkreter, griffiger Zeitraum bis zu einem Zukunftsereignis: diese 9 Monate als Latenzzeit (entspricht der Schwangerschaftszeit). In der Regel ist die Zeitangabe in Träumen jedoch irrelevant, beliebig, austauschbar. Ein Zukunftstraum kann morgen, in einem Jahr oder in 20 Jahren eintreffen. Er wird geträumt weil ein Tagesereignis ihn massiv „anstößt", das Thema ist für ihn wichtig, Zeitfragen spielen keine Rolle. Das ist bedeutsam für Angst-, Alb- und Todesträume: die müssen, wenn sie denn ein Vorgriff und keine Vergangenheit sind, keinesfalls morgen eintreten! Schon ganz selten am nächsten Tag, also am Tag nach der Traumnacht, eher 2 Tage später – oder eben ganz weit in der Ferne. Zeit ist im Zusammenhang von Zukunftsträumen nicht bestimmbar. Auch

Z Zeitangaben, die man in den Mitteilungen von Verstorbenen im Traum erhält oder von gedachten Engeln oder von sprechenden Tieren, sind nicht verbindlich, verstehbar, greifbar. Nur Übereifrige interpretieren in Gesichte, die Seher haben, sowie in Zukunftsträume konkrete Zeitangaben hinein, der Wunsch kolportiert die Träume.

Schon die Frage, um welches Thema es sich überhaupt in einem möglichen Zukunftstraum handelt, ist schwierig zu beantworten. Klare Träume, als „Klarträume" bezeichnet, sind grundsätzlich selten. Nehmen wir das Beispiel des weltbekannten „Zukunftsträumers" (so nennen wir ihn hier) Nostradamus: Er „sah" etwas, und zwar etwas Hoch-Symbolisches, ob nun im Himmel oder vor seinem inneren Auge, unterstützt durch Kräuter/Drogen in einem großen Behältnis, in dem er auf seinem Dach saß. Nun schließt sich das außerordentlich schwierige Übersetzungsproblem an: Nostradamus übersetzte die Bilder/Symbole/Visionen (ähnlich wie Träume) in rationale Sprache, in Dichtung, fasste die Inhalte in Vierzeiler. Auffallend: Er legte sich nicht präzise fest, er dichtete sibyllinisch, ließ die Aussagen teilweise im apokryphen Zustand. Als würde man Traumbilder nur zur Hälfte aufbrechen. Seine Vierzeiler sind rational und irrational zugleich. Hatte er Absichten? Oder konnte er gar nicht anders übersetzen? Oder irrte er sich vielleicht sogar in der Umsetzung der Symbolwelt in kognitive Sprache? Einmal vorausgesetzt Nostradamus sah Zukunft – was kann ein Leser, ein Nicht-Eingeweihter mit seinen Fazit-Aussagen anfangen? Man beobachtet auch, dass Nostradamus Zeitfragen ganz geschickt oder sinnvollerweise oder aus Unwissenheit umgeht, ob nun aus Taktik oder Unfähigkeit. Insgesamt verhält es sich mit den Zukunftsträumen so: Der Traumperson kann ein solcher Traum unter Umständen einen interessanten Hinweis geben, sogar einen großen, genialen Hinweis, aber bei der Übersetzung,

Informationsweitergabe wird's schon schwierig, und eine präzise Zeitangabe sucht man vergebens. Aber nach Einsteins Relativitätstheorie braucht es niemanden mehr zu wundern, dass in anderen Dimensionen unsere Zeit, der gewohnte Zeitablauf, die gewohnte Zeitlänge, nicht vorkommt. Es liegt in der Sache selbst, dass Zukunftsträume keine Zeitangabe enthalten (das ist theoretisch logisch).

Alles in allem empfiehlt sich äußerste Zurückhaltung bei der Übersetzung möglicher Zukunftsträume. Und es bleibt auch dabei, dass die Seher in der Regel umsonst warnen. Sie sind ja auch von ihrer Qualität her sehr schwer zu unterscheiden. Wer kann da Gold von Müll trennen?

Zum Abschluss ein Traum von Frau H. K.: Sie möchte in einem großen Gebäude ihren Chef besuchen. Sie selbst befindet sich gerade im Urlaub. In dem großen Haus nun strebt sie zu Zimmer Nr. 4 oder 28 oder ähnlich. Es wird ihr gesagt: „Nein, da ist er nicht. Er ist einige Etagen höher in Zimmer Nr. 72 – und da bleibt er auch."
Bald darauf starb der Chef real im 72. Lebensjahr.

Anmerkungen

1 Aus Laura Hermes, Aphrodites Traum, Königsfurt-Verlag 2000, Seite 171 [ursprünglich als „Traum und Traumdeutung in der Antike", 1966 im Artemis und Winkler-Verlag erschienen]

2 Das arabische Traumbuch des Ibn Sirin, aus dem Arabischen von Helmut Klopfer, München 1989, Diederichs-Verlag, Seite 19

3 Die Volks-Traumbücher des byzantinischen Mittelalters, aus dem Griechischen übersetzt von Karl Brackertz, dtv, München 1993, Seite 9,10,11 und15

4 Das arabische Traumbuch des Ibn Sirin, aus dem Arabischen von Helmut Klopfer, München 1989, Diederichs-Verlag, S. 37 2x, 39, 40 und 88

5 Nigel F. Palmer und Klaus Speckenbach, Träume und Kräuter. Studien zur Petroneller ‚Circa instans'-Handschrift und zu den deutschen Traumbüchern des Mittelalters, Böhlau-Verlag Köln und Wien 1990, Seite 130 f.

6 C. G. Jung, Mensch und Seele. Aus dem Gesamtwerk ausgewählt von Jolande Jacobi. Walter Verlag, 1971 S.77 ff.

7 Erinnerungen, Träume, Gedanken von C. G. Jung, aufgezeichnet von Aniela Jaffé, Walter Verlag, 12. Auflage 1982, S.196

8 Worte wie Spuren. Weisheit der Indianer, herausgegeben von Maria Otto, Herder-Verlag, Freiburg im Breisgau 1993, Seite 89

9 Text über die Irokesen zitiert aus: Günter Pössiger, Traumbuch, Humboldt-Taschenbuchverlag, München 1974, Seite 41

10 Ullrich Ahrens, Fremde Träume. Eine ethnopsychologische Studie. Berlin, Reimann Verlag, 1996, Seite 319

11 Ullrich Ahrens, Fremde Träume. Eine ethnopsychologische Studie. Berlin, Reimann Verlag, 1996, Seite 325

12 Ullrich Ahrens, Fremde Träume. Eine ethnopsychologische Studie. Berlin, Reimann Verlag, 1996, Seite 336

13 Ullrich Ahrens, Fremde Träume. Eine ethnopsychologische Studie. Berlin, Reimann Verlag, 1996, Seite 333

14 Schwarzer Hirsch, Ich rufe mein Volk. Leben Visionen und Vermächtnis des letzten großen Sehers der Ogalalla-Sioux, Augsburg 1997, S. 20 (ursprünglich „Black Elk Speaks")

15 Schwarzer Hirsch, Ich rufe mein Volk. Leben Visionen und Vermächtnis des letzten großen Sehers der Ogalalla-Sioux, Augsburg 1997, S. 107 (ursprünglich „Black Elk Speaks")

16 Quelle: http://www.mara-thoene.de/html/indianer-weisheiten.html (Internet, Stand Ende 2015)

17 Edward F. Edinger, Der Weg der Seele. Der psychotherapeutische Prozeß im Spiegel der Alchemie, deutsche Übersetzung: Kösel Verlag, München 1990, S. 133

18 G. J. Bellinger, Im Himmel wie auf Erden. Sexualität in den Religionen der Welt, München 1993, S.198f.

19 G. J. Bellinger, Im Himmel wie auf Erden. Sexualität in den Religionen der Welt, München 1993, S.200

20 Ludwig Janus, Der Seelenraum des Ungeborenen, Patmos Verlag, Ostfildern, 2011

21 Hildegard von Bingen, dargestellt von Helene M. Kastinger Riley, Rowohlt Verlag, Reinbek 1997, S. 110

22 Edward F. Edinger, Der Weg der Seele. Der psychotherapeutische Prozeß im Spiegel der Alchemie, deutsche Übersetzung: Kösel Verlag, München 1990, S. 133

23 Edward F. Edinger, Der Weg der Seele. Der psychotherapeutische Prozeß im Spiegel der Alchemie, deutsche Übersetzung: Kösel Verlag, München 1990, S. 134

24 Jürg Wunderli, Vernichtung oder Verwandlung. Der Tod als Verhängnis und Hoffnung, Klett Verlag Stuttgart 1976, S. 111f.

25 Verena Kast, Trauern. Phasen und Chancen des psychischen Prozesses, Kreuz Verlag Stuttgart 199, S. 62

26 Heft „Kosmos", 1/1998, S. 10

27 Friedrich Nietzsche, Der Wille zur Macht, Spruch 524

28 Schwarzer Hirsch, Ich rufe mein Volk. Leben, Visionen und Vermächtnis des letzten großen Sehers der Ogalalla-Sioux, Augsburg 1997, S. 87f. (ursprünglich „Black Elk Speaks")

29 Worte wie Spuren. Weisheiten der Indianer, Herder Verlag 1993, S. 93

30 Artemidor, Traumkunst, aus dem Griechischen übersetzt von Friedrich S. Krauss, Reclam Verlag Leipzig 1991, S. 49

„Ich glaube an die Vision des Wahren in den Tiefen des Geistes, wenn die Augen geschlossen sind."

(William Butler Yeats, im Essay über Magie)

Literaturauswahl zur Traumsymbolik

Artemidor von Daldis, Traumkunst (Oneirokritikon), aus d. Griechischen übersetzt und bearbeitet von Friedrich S. Krauss, Reclam-Verlag, Leipzig 1991

Bächtold-Stäubli, Hanns, Hrsg., Handwörterbuch des deutschen Aberglaubens, unveränderter photomechnanischer Nachdruck der Ausgabe Berlin und Leipzig 1927-1942, Verlag Walter de Gruyter, Band 1 bis 10, Berlin und New York 1987

Bauer, Wolfgang, und I Dümotz und S. Golowin, Lexikon der Symbole, Fourier Verlag, Wiesbaden 1983

Betz, Otto, Das Geheimnis der Zahlen, Kreuz-Verlag, Stuttgart 1994

Biedermann, Hans, Knaurs Lexikon der Symbole, Droemer Knaur Verlag, München 1989

Cheiro, das Buch der Zahlen, Verlag Hermann Bauer, Freiburg i.Br. 1994

Cooper, J.C., Das große Lexikon traditioneller Symbole, aus dem Englischen von G. und M. Midell, Arkana Goldmann Verlag, München 2004

Diffenbaugh Vanessa, Die verborgene Sprache der Blumen, Droemer 2012

Eberhard, Wolfram, Lexikon chinesischer Symbole. Die Bildersprache der Chinesen, Hugendubel Verlag, München 2004

Edinger, Edward F., Der Weg der Seele. Der psychotherapeutische Prozeß im Spiegel der Alchemie, Kösel Verlag, München 1990

Endres, Franz Carl, und Annemarie Schimmel, Das Mysterium der Zahl. Zahlensymbolik im Kulturvergleich, Eugen Diederichs Verlag, München 2005

Flöttmann, Holger Bertrand, Träume zeigen neue Wege. Systematik der Traumsymbole, Vandenhoeck und Ruprecht, Göttingen 2004

Freud, Sigmund, Die Traumdeutung, ursprünglich Wien 1900, in der Folge noch viele weitere Ausgaben

Focke, Wenda, Die Symbolwelt in den Träumen alter Menschen, Königshausen und Neuman Verlag, Würzburg 1994

Hark, Helmut, Der Traum als Gottes vergessene Sprache. Symbolpsychologische Deutung biblischer und heutiger Träume, Herder Verlag, Freiburg im Breisgau, 1996

Heinz-Mohr, Gerd, Lexikon der Symbole. Bilder und Zeichen der christlichen Kunst, Diederichs Verlag, München 1998

Hillman, James, Am Anfang war das Bild. Unsere Träume – Brücke der Seele zu den Mythen, aus dem Amerikanischen, Kösel Verlag, München 1994

Holzapfel, Otto, Lexikon der abendländischen Mythologie, Herder Verlag, Freiburg im Breisgau 2002

Jacobi, Jolande, Vom Bilderreichtum der Seele. Wege und Umwege zu sich selbst, Walter Verlag, Olten und Freiburg i.Br., 1997

Jung, Carl Gustav, Archetypen, dtv-Sachbuch, München 2014

Jung, Carl Gustav, Der Mensch und seine Symbole, Patmos Verlag, Ostfildern, 18. Aufl. 2012

Jung, Carl Gustav, Traum und Traumdeutung, dtv-Sachbuch, München 2001

Lexikon der östlichen Weisheitslehren. Buddhismus – Hinduismus – Taoismus – Zen, von verschiedenen wiss. Bearbeitern/Autoren, Scherz Verlag, Bern, München und Wien 1986

Lurker, Manfred, Die Botschaft der Symbole. In Mythen, Kulturen, Religionen, Kösel Verlag, München 1992

Lurker, Manfred, Lexikon der Götter und Symbole der alten Ägypter, Droemer Knaur (O. W.Barth Verlag), 12. Aufl. München 2011

Lurker, Manfred, Hrsg., Wörterbuch der Symbolik, Kröner Verlag, Stuttgart 1991

Müller, Willy Peter, Traumsymbole. Lexikon, Drachenmond Verlag, Leverkusen 2012

Müller, Willy Peter, Trauer in Träumen. Traumbilder können helfen und heilen, Vandenhoeck und Ruprecht Verlag, Göttingen 2014

Nagera, Humberto, Hrsg., Psychoanalytische Grundbegriffe. Eine Einführung in Sigmund Freuds Terminologie und Theoriebildung, aus dem

Englischen (London 1974), Fischer Taschenbuchverlag, Frankfurt/M. 1998

Oesterreicher-Mollwo, Marianne, Bearbeiterin (im Auftrag der Herder Lexikonredaktion), Herder Lexikon Symbole, Herder Verlag, Freiburg i.Br. 1991

Riedel, Ingrid, Farben. In Religion, Gesellschaft, Kunst und Psychotherapie, Kreuz Verlag, Stuttgart 1999

Riedel, Ingrid, Formen. Kreis – Kreuz – Dreieck – Quadrat – Spirale, Kreuz Verlag, Stutgart 2001

Schimmel, Annemarie, siehe: Endres

Schliephacke, Bruno, Bildersprache der Seele. Lexikon zur Symbolpsychologie, Telos-Verlag, Berlin 1979

Schwarz, Hildegard, und Norbert Teupert, Das Bilderbuch der Träume, Kreuz Verlag, Stuttgart 2004

Taxis, Adrienne von, und Eva Geelen, Traumdeutung und Lexikon der Traumsymbole, Wien 2002

Tripp, Ewald, Reclams Lexikon der antiken Mythologie, (ursprünglich: Crowell's Handbook of Classical Mythology, New York), Philipp Reclam jun. Verlag, Stuttgart 2012

Vollmar, Klausbernd, Handbuch der Traum-Symbole. Die Bildersprache der Träume verstehen und nutzen, Wilhelm Heyne Verlag, München 2007

Weinreb, Friedrich, Zahl – Zeichen – Wort. Das symbolische Universum der Bibelsprache, Verlag der Friedich Weinreb Stiftung 2011

Wörterbuch der Symbolik, unter Mitarbeit zahlreicher Fachgelehrter hrsg. v. Manfred Lurker, Stuttgart , Kröner Verlag, 1991

Zerbst, Marion, und Werner Waldmann, DuMonts Handbuch Zeichen und Symbole. Herkunft, Bedeutung, Verwendung, DuMont monte Verlag, Köln 2003

Zerling, Clemens, Lexikon der Pflanzensymbolik, AT Verlag, Baden und München 2007

Zerling, Clemens, Lexikon der Tiersymbolik. Mythologie – Religion – Psychologie, hrsg. Von Wolfgang Bauer, Kösel Verlag, München 2003